MAJORQUE

TOUR DE L'ÎLE

MARGA FONT

TRIANGLE BOOKS

TABLE DES MATIÈRES

PALMA
CIUTAT DE MALLORCA
→ P. 21

TOUR DE L'ÎLE
LE LITTORAL : VILLAGES, CRIQUES ET PLAGES
→ P. 47

PAYSAGES DE L'INTÉRIEUR
VILLAGES ET SITES À NE PAS MANQUER
→ P. 193

ESPACES PROTÉGÉS
LE TRÉSOR DE LA BIODIVERSITÉ
→ P. 229

CIRCUITS THÉMATIQUES
À LA DÉCOUVERTE DU PATRIMOINE
→ P. 259

TOURISME ACTIF
LOISIRS EN FAMILLE ET ACTIVITÉS D'AVENTURE
→ P. 283

GASTRONOMIE
SAVEURS MÉDITERRANÉENNES
→ P. 297

GUIDE PRATIQUE
→ P. 311

PALMA

CIUTAT DE MALLORCA

La ville s'ouvre sur la mer par la vaste baie présidée par la cathédrale gothique, entourée de rues flanquées de palais seigneuriaux. Un long boulevard maritime permet d'accéder à des plages urbaines et à des quartiers populaires du bord de mer.

→ P. 21

LE CENTRE HISTORIQUE
→ P. 23

LA VILLE ET LA MER
→ P. 35

LE CHÂTEAU DE BELLVER
→ P. 42

TOUR DE L'ÎLE

LE LITTORAL : VILLAGES, CRIQUES ET PLAGES

De longues étendues de sable, des criques isolées, des stations touristiques animées ou des rades dans lesquelles la présence humaine est à peine perceptible. Plus de 200 plages à vos pieds, à proximité de villages chargés d'histoire.

➜ P. 47

Portals Vells, Calvià

TRONÇON 1 **SERRA DE TRAMUNTANA | CÔTE DE PONENT**
DE CALVIÀ À BANYALBUFAR

➜ P. 49

Serra de Tramuntana

TRONÇON 2 **SERRA DE TRAMUNTANA | CÔTE NORD**
DE VALLDEMOSSA À POLLENÇA

➜ P. 69

Port de Pollença

TRONÇON 3 **BAIES DE POLLENÇA ET ALCÚDIA**
DU PORT DE POLLENÇA À ARTÀ
➜ P. 103

Cala Agulla, Capdepera

TRONÇON 4 **CÔTE DE LLEVANT**
DE CAPDEPERA À MANACOR
➜ P. 131

Cala Figuera, Santanyí

TRONÇON 5 **CÔTE DE MIGJORN**
DE FELANITX À LLUCMAJOR
➜ P. 157

PAYSAGES DE L'INTÉRIEUR

VILLAGES ET SITES À NE PAS MANQUER

Le caractère local se respire dans les villages de l'intérieur des terres, qui surgissent parmi les champs de céréales, les amandiers ou les oliviers. Emblèmes de l'architecture traditionnelle austère, généreux en fêtes populaires et en foires agricoles.

➜ P. 193

TRAMUNTANA INTERIEURE

➜ P. 197

EL RAIGUER

➜ P. 201

EL PLA

➜ P. 209

▲ Sencelles

ESPACES PROTÉGÉS

LE TRÉSOR DE LA BIODIVERSITÉ

Pour les passionnés de nature, Majorque est un paradis à découvrir par les écosystèmes qui reflètent une grande diversité : des montagnes abruptes, des îlots, des marécages et des dunes, et bien sûr des plages de rêve.

→ P. 229

CABRERA

→ P. 231

S'ALBUFERA

→ P. 235

S'ALBUFERETA

→ P. 239

MONDRAGÓ

→ P. 241

Fauvette mélanocéphale (*Sylvia melanocephala*)

SA DRAGONERA
➜ P. 245

LLEVANT
➜ P. 249

SERRA DE TRAMUNTANA
➜ P. 253

CIRCUITS THÉMATIQUES

À LA DÉCOUVERTE DU PATRIMOINE

Découvrez le patrimoine culturel de l'île, accumulé au fil des siècles et enrichi depuis le XIXe siècle par le travail d'artistes et d'écrivains du monde entier qui ont résidé à Majorque.

→ P. 259

ARCHEOLOGIE

→ P. 260

CHÂTEAUX FORTS

→ P. 264

LITTERATURE

→ P. 266

MODERNISME

→ P. 270

ARTISANAT

→ P. 274

ART CONTEMPORAIN

→ P. 276

SANCTUAIRES

→ P. 280

TOURISME ACTIF

LOISIRS EN FAMILLE ET ACTIVITÉS D'AVENTURE

Seul, en couple ou entre amis, une multitude d'activités de tourisme actif permettent de découvrir l'île en pratiquant différents sports, qu'ils soient terrestres, maritimes ou aériens. Les parcs aquatiques et les parcs d'aventures garantissent de bons moments d'amusement en famille.

→ P. 283

SPORTS NAUTIQUES
→ P. 284

PLONGÉE SOUS-MARINE
→ P. 286

PARCS AQUATIQUES
→ P. 287

CYCLOTOURISME ET VTT
→ P. 288

RANDONNÉES
→ P. 290

EQUITATION, ACTIVITÉS AÉRIENNES, GOLF... → P. 292

GASTRONOMIE

SAVEURS MÉDITERRANÉENNES

Une cuisine qui mêle les meilleurs produits de la terre et de la mer, comme par exemple la soubressade, le vin et l'huile d'olive. Certains plats sont emblématiques, comme le *pa amb oli* (pain à l'huile) ou le *frit* (plat à base de viande et de légumes en petits morceaux).

➜ P. 297

LE PORC
➜ P. 296

POISSONS ET FRUITS DE MER ➜ P. 298

DELICES DE LA BOULANGERIE ➜ P. 300

ENSAÏMADES
➜ P. 302

HUILE D'OLIVE
➜ P. 304

LIQUEURS ET VINS
➜ P. 306

▲ Grenadier

UN ENDROIT DE RÊVE

Écrire un guide sur Majorque, le lieu où l'on vit et le lieu qu'on aime, provoque des sentiments contrastés. L'écriture est motivée par le désir de partager la beauté évidente d'un territoire unique au monde, et à la fois réprimée par la crainte de révéler des paysages chers à notre cœur. Peut-être que ce dernier sentiment s'inscrit dans l'instinct de conservation séculaire dont font preuve les Majorquins qui ont fait face aux invasions des Carthaginois, des Romains, des Vandales, des Arabes et des Chrétiens, envahisseurs qui ont nettement influencé leur culture et leur patrimoine. Cette publication aspire néanmoins à maintenir cet équilibre difficile.

Il est important de préserver les petits coins secrets ayant échappé à l'explosion touristique qui a démarré dans les années 1960. Cette invasion pacifique, tolérée et encouragée, a profondément transformé le territoire : abandon de l'agriculture, urbanisation d'énormes tronçons de côte, transformation de possessions (grandes propriétés agricoles) en hôtels de luxe, ou de pâturages et de forêts en terrains de golf. Cet ensemble de changements a sacrifié des kilomètres de paysages au service d'un tourisme qui, paradoxalement, a également servi à revaloriser la singularité de l'île — son plus grand atout —, qui se manifeste dans la gastronomie, les marchés et les fêtes, les chemins flanqués de murs en pierre sèche, la langue — le catalan — ou l'imaginaire collectif, évoqué dans des mystères ancestraux comme la danse des cossiers ou le *Cant de la Sibil·la* (chant de la Sibylle).

Cet esprit ancestral se révèle uniquement aux voyageurs qui se perdent dans les chemins sinueux et éloignés des agglomérations touristiques, qui s'arrêtent dans un bar sur une place pour déguster un verre de *palo* (alcool à base de quinine) au siphon et qui conversent avec les locaux. Lentement, comme le préconisa l'artiste Santiago Rusiñol dans le titre de son livre *L'illa de la calma* (L'île du calme). Un calme dense que respirent certaines enclaves de la Serra de Tramuntana, la baie de Pollença en hiver ou n'importe quel village de l'intérieur. Ce voyageur découvrira à Majorque ce que vit Jorge Luis Borges : « Un endroit qui ressemble au bonheur, un endroit où être heureux, un endroit qui provoque le bonheur ».

◂ **Cala Pi de sa Posada, Formentor**

▲ Caló des Moro, Santanyí

Offices du tourisme
Casal Solleric
Passeig des Born, 27
Tél. 902 102 365
Parc de la Mar
Tél. 902 102 365
Parc de ses Estacions
Plaça d'Espanya
Tél. 902 102 365
Platja de Palma
Plaça de les Meravelles
Tél. 902 102 365
Aéroport
Aéroport de Palma
Son Sant Joan
Tél. 971 789 556
OIT de Mallorca
Plaça de la Reina, 2
Tél. 971 173 990

Office international du tourisme
www.palmademallorca.es
cultura.palma.es
balearsculturaltour.net
palmavirtual.es

Transports
Autobus
Tél. 900 700 710
971 214 444
www.emtpalma.es
Taxi
Tél. 971 755 440
971 201 212
971 401 414
971 728 081
971 743 737
971 744 050
Taxis pour les personnes à la mobilité réduite :
Tél. 971 703 529

◂ La Cathédrale

PALMA

CIUTAT DE MALLORCA

Palma a toujours vécu tourné vers la mer, au milieu de l'immense baie qui a séduit les envahisseurs pendant des siècles. Une longue promenade parcourt sa façade maritime, de Portopí à la Platja de Palma, embellie à mi-chemin par la Seu, la cathédrale de Majorque. Le centre historique regorge d'églises et de palais aux cours intérieures ombragées, qui constituent une particularité architecturale sobre. À chaque promenade, la gastronomie locale propose ses délices, surtout dans les marchés et les boulangeries. Le château de Bellver surveille la ville, du haut d'une colline surplombant la capitale. Les plages urbaines sont animées en été, paisibles en hiver.

À NE PAS MANQUER

CATHÉDRALE P. 23

L'ALMUDAINA P. 25

LA LLOTJA P. 35

CHÂTEAU DE BELLVER P. 42

C. dels Àngels
Rambla dels Ducs de Palma
C. de Sant Miquel
C. de Josep Tous i Ferrer
C. de Velazquez
Plaça de Cavalleria
C. dels Bisbe
C. dels Sastre Roig
C. de Cavalleria
C. Ermità
C. de Sant Jaume
C. de les Caputxines
C. de Can Oliva
Església de Sant Miquel
13
C. de Moliners
Pl. de la Mercè
C. Concepció
C. de Can Armengol
C. de Palma
C. de Can Campaner
C. de Can Pueyo
12
Museu de la Fundación Juan March
C. Sant Esperit
C. de Can Vallori
C. de Can Martí Feliu
C. Ample de la Mercè
Caixaforum Palma
9
Gran Hotel
Avinguda de Jaume III
C. Rosa
Plaça Weyler
Teatre Principal
Banc de s'Oli
Plaça del Rei Joan Carles I
C. de l'Unió
Plaça des Mercat
Can Casasayas
Can Berga (Palau de Justicia)
11
Plaça Major
Plaça Nova de la Ferreria
Església de Sant Nicolau
Pl. Marques del Palmer
Pl. Capallers
C. des Sindicat
8
Can Morell Casal Solleric
C. de Can Damús
C. de Sant Nicolau
Can Rei
Plaça del Coll
C. Hostals
Pl. Quartera
Plaça del Mercadal
C. de Ferreria
Passeig des Born
C. Pararires
C. de Jaume II
C. de Colom
C. Argentaria
C. Can Sanç
C. Constitució
Carrer d'Estanc
Plaça del Rosari
Sant Domingo
Can Corbella
Plaça de Cort
Can Vivot
C. de Gerreria
7
14
Ajuntament
15
Consell de Mallorca
Plaça de Josep Mª Quadrado
Plaça de la Reina
C. Conquistador
Parlament Balear
Pl. Santa Eulària
6
Palau March
Estudi General Lul·lià
16
Església de Santa Eulàlia
C. Sant Francesc
Plaça de Sant Francesc
17
Església i Claustre de Sant Francesc
18
Sepulcre de Ramon Llull
Avinguda d'Antoni Maura
Costa de la Seu
C. Estudi General
C. Sant Roc
Plaça de l'Almoina
C. Ramon Llull
Plaça des Pes de la Palla
Can Olesa
C. Morei
C. Sol
S'Hort des Rei
5
4
Palau de l'Almudaina
C. de Monti-Sion
Museu de Mallorca
1
Cant de la Sibil·la
La Seu
C. de Sant Alonso
Església de Sant Jeroni
Palau Episcopal (Museu Diocesà)
3
C. Miramar
Església de Monti-Sion
Plaça de Sant Jeroni
2
Ses Voltes
Can Morell de Santmartí
19
Banys Àrabs
Convent de Santa Clara
C. de la Posada Montserrat
Passeig de Mar
Passeig de Dalt Murada
C. de Calatrava
Plaça de Llorenç Villalonga
Parc de la Mar
Avinguda Gabriel Roca
Parc de la Mar
Autopista de Llevant
10

LE CENTRE HISTORIQUE

Des ruelles étroites et sombres, mais aussi des espaces baignés par la splendide lumière de la Méditerranée, comme l'Almudaina ou la cathédrale. Le centre historique de Palma, dont la structure est d'origine médiévale, permet de parcourir les différentes étapes traversées par la ville. La plupart des monuments et des bâtiments historiques de style arabe, gothique, baroque, moderniste et contemporain s'y concentrent. On y trouve également les magnifiques palais de la vieille noblesse majorquine, des constructions robustes où le temps s'arrête dans les cours intérieures fraîches et silencieuses, uniques au monde.

TOP 20

1. CATHÉDRALE
2. SES VOLTES
3. PALAIS ÉPISCOPAL
4. PALAIS DE L'ALMUDAINA
5. S'HORT DES REI
6. PALAIS MARCH
7. PASSEIG DES BORN
8. CASAL SOLLERIC
9. CAIXAFORUM PALMA
10. LA RAMBLA
11. PLAÇA MAJOR
12. MUSÉE FUNDACIÓN JUAN MARCH
13. ÉGLISE DE SANT MIQUEL
14. MAIRIE
15. CONSELL DE MALLORCA
16. ÉGLISE DE SANTA EULÀLIA
17. ÉGLISE ET CLOÎTRE DE SANT FRANCESC
18. TOMBE DE RAMON LLULL
19. BAINS ARABES

● COURS INTÉRIEURES DE PALMA

LA SEU

La **cathédrale de Santa Maria**, appelée populairement la Seu, domine la façade maritime de la ville, et est visible depuis toute la baie de Palma. Sa construction est immédiatement postérieure à la conquête catalane de Majorque en 1229. Selon la légende, elle serait le fruit d'une promesse : une terrible tempête surprit Jacques Ier lors de son voyage vers l'île, et le roi promit à la Vierge que, s'il s'en sortait vivant, il lui construirait une église en signe de gratitude. Il tint sa promesse, et les travaux furent inaugurés au début du XIVe siècle, à l'endroit occupé par l'ancienne mosquée musulmane, christianisée et utilisée comme église pendant un certain temps.

La partie la plus ancienne de la Seu correspond à l'abside centrale, où sont enterrés les monarques Jacques II et Jacques III de Majorque, dans la **chapelle de la Trinitat**. Les travaux du **portail du Mirador** furent entrepris à la fin du XVIe siècle. Tourné vers la mer, c'est un exemple de la splendeur gothique insulaire, bâti sous la direction de **Pere Morei** ; au XVe siècle, le sculpteur majorquin **Guillem Sagrera** — maître d'œuvre de la Llotja de Palma —, créateur des statues de Sant Pere et Sant Pau, et à qui est également attribuée l'image centrale de la Vierge, participa aux travaux.

La cathédrale fut achevée à la fin du XVIe siècle. Au même moment, les travaux du **portail principal** ou **de l'Almudaina** furent entrepris. Seul élément préservé de la façade originale, il fut endommagé par un tremblement de terre en 1851 et reconstruit dans un style néogothique. La **façade de l'Almoina**, orientée au nord, date du XVe siècle, et est interrompue par la tour du clocher, du même siècle. Elle mesure 48 m de haut. La partie supérieure comporte les neuf cloches de la Seu, dont la

▲ La Seu (la cathédrale) ▼ Côte de la Seu

À NE PAS MANQUER

CHAPELLE DU SANTÍSSIM
P. 277

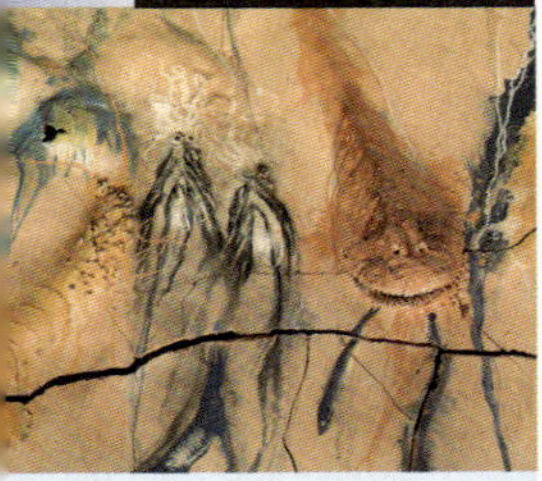

En 2007, l'artiste majorquin Miquel Barceló a réalisé le revêtement en céramique qui représente « La multiplication des pains et des poissons » dans la chapelle du Santíssim de la cathédrale de Santa Maria.

LE CHANT DE LA SIBIL·LA

Lors des offices religieux de la nuit de Noël, une personne habillée d'une tunique et portant une énorme épée à la main interprète ce chant médiéval, qui prophétise l'arrivée du Rédempteur et du Jugement dernier. Inscrit au patrimoine immatériel de l'humanité par l'UNESCO en 2011.

▲ Rosace principale

▲ Retable de Sant Jordi

plus grande est n'Eloi, mesurant 2 m de diamètre et pesant 4,5 tonnes.

À l'intérieur de l'église se trouvent trois nefs avec huit chapelles de chaque côté. La lumière intense qui pénètre par les vitraux multicolores est surprenante, mais la rosace centrale l'est encore plus. Appelée l'**œil du gothique**, c'est la plus grande d'Europe de ce style : elle mesure 13,8 m de diamètre et est constituée d'environ 1 300 morceaux de verre.

Entre 1904 et 1915, **Antoni Gaudí** entreprit une rénovation de l'église, quelque peu critiquée car elle supposa la destruction d'éléments tels que le *Corredor dels Ciris*, de style mudéjar. Parmi ces contributions, il convient de signaler la décoration du presbytère avec un revêtement en céramique, l'installation d'une rampe, de lampes et de candélabres en fer forgé, et l'installation de deux baldaquins sur l'autel principal.

Au pied de la cathédrale s'étend **Ses Voltes**, une enceinte militaire transformée en espace scénique et en centre d'expositions. Le **palais épiscopal** se trouve à proximité de la cathédrale. Il s'agit d'un bâtiment médiéval avec un portail maniériste, à l'intérieur duquel se trouve le **Musée Diocésain**, rassemblant un remarquable patrimoine archéologique et religieux, comme par exemple le **retable de Sant Jordi**, œuvre du XVe siècle qui reproduit la ville médiévale, de **Pere Nissart**.

L'ALMUDAINA ET LE BORN

Face au portail principal de la Seu s'érige le **palais de l'Almudaina**, un bâtiment d'origine romane qui servit de résidence aux gouverneurs arabes. Après la conquête de Majorque, le roi Jacques II le restaura et l'élargit avec de nouveaux espaces, comme le **saló del Tinell** et la **chapelle de Santa Anna**. Par

▲ Palais de l'Almudaina

▲ S'Hort des Rei

▲ Passeig des Born

FÊTES DE SANT SEBASTIÀ

Les fêtes les plus populaires de Palma, celles de Sant Sebastià, ont lieu en janvier. La veille, les habitants de Palma sortent dans la rue pour se rapprocher des *foguerons* (brasiers) où l'on grille des botifarrons et des *llonganisses* (saucisses) et assister aux concerts organisés sur différentes places de la ville, comme la Plaça Major. Sant Sebastià fut déclaré saint patron de la ville au XVIe siècle : la légende dit que l'une de ses reliques permit d'enrayer une épidémie de peste.

MARCHÉS

Un marché populaire a lieu tous les samedis matins sur l'avenue Gabriel Alomar i Villalonga, avec des stands de vêtements, d'accessoires, d'artisanat, ainsi qu'un vaste espace consacré aux objets d'occasion et aux antiquités. Le même jour, un marché de produits écologiques a lieu sur la place du Bisbe Berenguer i Palou.

la suite, le roi Sanche I de Majorque commanda de nouvelles modifications, comme l'incorporation de la sculpture qui couronne la **Torre de l'Àngel** (tour de l'ange) représentant l'archange Gabriel et qui est devenue un symbole de la ville. Pendant des siècles, le palais fut le lieu de résidence des rois de Majorque.

Près de l'Almudaina s'étendent les jardins de S'**Hort des Rei**, ancien jardin potager royal transformé en espace vert orné de pergolas, de fontaines et de sculptures de **Subirachs**, **Alexander Calder** ou **Joan Miró**. Les jardins débouchent sur la **plaça de la Reina** (place de la reine), présidée par le **Palau March**, qu'il est possible de visiter. Il conserve un nombre important de sculptures, avec des œuvres d'**Henry Moore**, de **Chillida** et de **Rodin**, entre autres, un fragment des fresques murales réalisées en 1944 par **Josep Maria Sert**, la cartographie de Majorque et des crèches de Naples.

Le **passeig des Born**, promenade arborée et centrale, commence vers le nord. Rénové en 1833 pour lui conférer son aspect actuel, il est surveillé par les sphinx en pierre qui le caractérisent. Pendant des siècles, Es Born a conditionné la physionomie de la ville. Il s'agit en réalité du lit asséché du torrent de Sa Riera. **Sa Riera** divisait la ville en deux, et a donné naissance à la distinction entre ville haute — où s'établit la nouvelle aristocratie après la conquête catalane — et ville basse, reliée à la vie portuaire. Au Moyen-Âge, il arrivait que le torrent déborde et provoque des catastrophes comme *Es Diluvi* en 1403, causant la mort de 5 000 personnes. Cet événement conduisit à sa déviation, en 1613, à l'extérieur des murailles. C'est ainsi qu'apparut Es Born, où étaient organisés des tournois de chevaliers et des actes d'exécution publique : on y brûlait les hérétiques du tribunal

▲ Plaça de la Reina

▲ Ancien Grand Hôtel, siège du CaixaForum Palma ▼ La Rambla

MARCHÉ DE L'OLIVAR

C'est l'un des principaux marchés de la ville, où sont livrés tous les jours des produits frais issus de la terre et de la mer de Majorque. La zone réservée aux poissons montre la diversité des espèces de la Méditerranée. Certains stands proposent des huîtres accompagnées de Cava ou des sushis frais.

PETIT DÉJEUNER AU BAR BOSCH

Situé à la confluence d'Es Born et de la rue Unió, ce bar avec terrasse est célèbre pour sa vaste carte de llagostes (sortes de petits pains) et de llonguets grillés avec plusieurs ingrédients. Un endroit idéal pour s'asseoir et voir la vie et les gens passer.

de l'inquisition. Au numéro 27 de la promenade se trouve le **Casal Solleric**, qui peut être visité. Cet ancien palais bourgeois a été transformé en salle d'expositions et en point d'information touristique.

La **font de Ses Tortugues** (fontaine des tortues) est située au croisement d'Es Born avec **Jaume III**, axe commercial qui rejoint le quartier de l'Eixample. On y célèbre les victoires des équipes de football. La **plaça de Weyler** est à environ 50 mètres, avec le **Gran Hotel**, siège du CaixaForum, l'un des exemplaires d'Art nouveau les plus importants de Majorque et l'établissement précurseur du tourisme dans l'île, avec une exposition permanente du peintre catalan post-impressionniste **Anglada Camarassa**.

LA RAMBLA ET LA PLAÇA MAJOR

La rue Unió est reliée à la **Rambla**, pleine de stands de fleuristes, et

dont l'extrémité coïncide avec **La Misericòrdia**, institution religieuse du XIXe siècle transformée en centre culturel, avec deux excellentes bibliothèques et un jardin décoré de sculptures d'artistes contemporains.

La **plaça Major**, ornée de porches, est un lieu où convergent les principales rues commerçantes et piétonnes du centre historique : Sant Miquel, Colom et Sindicat. La place a été construite à l'endroit jadis occupé par un couvent, puis par le lugubre siège de l'Inquisi-

▲ Plaça Major

tion, la Casa Negra (maison noire), abolie en 1820. Un petit **marché artisanal** a lieu ici le mardi et le samedi. Le **musée de la fondation Juan March** se trouve dans la rue Sant Miquel. Sa collection montre les tendances artistiques les plus marquantes du XXe siècle, avec des œuvres de **Pablo Picasso**, **Juan Gris**, **Joan Miró**, **Salvador Dalí**, **Antoni Tàpies** ou **Modest Cuixart** et d'artistes contemporains comme **Miquel Barceló**.

L'**église de Sant Miquel** se trouve dans la même rue. Construite sur une mosquée où la légende dit que la première messe fut célébrée le jour où les troupes de Jacques Ier entrèrent dans la ville ; elle fut utilisée jusqu'au début des travaux de construction de la nouvelle église, aux alentours de 1390. Du bâtiment gothique, il ne reste que la façade et la première chapelle en entrant à droite, puisqu'un incendie détruisit toute la structure au XVIe siècle. L'auteur du retable majeur, baroque, est **Francesc Herrera**.

AUTOUR DE CORT

La rue commerçante de Colom mène à la **Plaça de Cort**, où était jadis concentrée une grande partie des curies et des cours de Majorque. Et peu de choses ont changé, parce que c'est ici que se trouve la **mairie**, dans un bâtiment qui hébergea jadis l'Universitat de la Ciutat i del Regne de Mallorca (université de la ville et du règne de Majorque), organisme de gouvernement insulaire actif entre le XIIIe et le XVIIIe siècle. À sa droite se trouve le siège du **Consell de Mallorca**, construit au début du XXe siècle. C'est un exemplaire splendide du néogothique majorquin.

La place de Cort jouxte celle de **Santa Eulàlia**, présidée par l'**église** du même nom, qui adopte le style du gothique catalan du XIIIe siècle : nef centrale à trois

▲ **Mairie de Palma**

CAN JOAN DE S'AIGO

À l'heure du goûter, on peut se rapprocher de la rue Sanç, où se trouve cet établissement typique qui propose, depuis 1700, une délicieuse glace aux amandes accompagnée d'*ensaimadës* (viennoiserie locale) et de *quartos*, petits gâteaux à la texture spongieuse.

FORN DES TEATRE

La façade de cette boulangerie constitue un bon exemple de l'influence de l'Art nouveau à Palma au début du XXe siècle, dans ce cas appliqué à la décoration d'un local commercial. La spécialité de la maison sont les ensaimadas, fourrées ou nature.

CENTRE MAIMÓ BEN FARAIG

Centre d'Interprétation des quartiers juifs ou « calls » de Palma.
c/de l'Almudaina, 9

▲ Plaça de Cort

▲ Sant Francesc

▲ Consell de Mallorca

▲ Cloître de Sant Francesc ▼ Can Juny

BAINS ARABES

Les vestiges arabes les plus importants de Majorque, les bains arabes, se trouvent dans la rue de Serra. Une salle centrale à douze colonnes destinée aux bains chauds a été conservée, ainsi qu'une une pièce rectangulaire annexe.

MUSÉE DE MAJORQUE

Situé dans l'ancien palais de Ca la Gran Cristiana, dans la rue de la Portella, il accueille la collection la plus importante de vestiges archéologiques trouvés dans différents sites de l'île, ainsi que des œuvres d'art de tous les temps. www.museudemallorca.caib.es

tronçons, avec des nefs latérales abaissées et des chapelles entre les contreforts. Sa construction s'est prolongée jusqu'au XVe siècle, et la façade actuelle, néogothique, a été érigée à la fin du XIXe siècle. L'intérieur conserve des œuvres importantes, comme un retable gothique de **Gabriel Móger I** et le ***Crist de la Conquesta*** (Christ de la conquête) ; ce dernier est considéré comme un don du roi Jacques Ier.

La plaça de Sant Francesc renferme un autre monument gothique : l'**église et le cloître de Sant Francesc**, dont la splendeur a été maintenue grâce à la protection dont l'ordre franciscain bénéficia lors du règne du palais royal majorquin. **Ramon Llull**, érudit et béat, est enterré à l'intérieur de l'église, dans une tombe réalisée par **Francesc Sagrera**, achevée à la fin du XVe siècle. La sacristie conserve le **retable du *Couronnement de la Vierge***, de Joan Desí, et deux œuvres capitales de la sculpture gothique majorquine : la ***Mare de Déu del Llamp*** et la ***Verge***, toutes deux de **Gabriel Móger II**. Le cloître du couvent constitue un véritable havre de paix. Il a une structure quadrangulaire irrégulière avec différentes arches ajourées : c'est le seul de cette époque qui a été conservé dans son intégralité.

Le centre historique contient de nombreuses boulangeries et pâtisseries, dont certaines d'entre elles sont centenaires. Il fait bon y déguster des panades de viande d'agneau, des *cocarrois* — petits gâteaux en forme de demi-lune fourrés aux légumes — ou une véritable *ensaïmada*.

LES PATIOS

Les patios, espaces ombragés des maisons seigneuriales du centre historique, attirent l'attention par leur style sobre et élégant. Leur singularité a séduit des voyageurs et des écrivains tels que l'archiduc Louis-Salvador de Habsbourg-Lorraine, Jules Verne ou Josep Pla, et ils sont devenus un élément caractéristique de l'architecture de Palma. Les visiter permet de suivre l'évolution des goûts esthétiques de leurs propriétaires : gothiques, baroques, Renaissance ou historicistes. On y trouve des escaliers, des puits et des créations en fer forgé. Leur histoire remonte au XIIIe siècle et culmine entre le XVIe et le XVIIIe siècle, quand les principales maisons nobles furent reconstruites ou rénovées. Beaucoup d'entre eux sont devenus des locaux institutionnels, des musées ou des logements particuliers.

La plupart des patios sont privés et ne peuvent pas être visités, mais d'autres sont ouverts au public, comme celui du **Casal Solleric**, sur la promenade d'Es Born, et celui de **Ca la Gran Cristiana** — le siège du musée de Majorque. Pour découvrir ce patrimoine architectural, la mairie de Palma organise des visites guidées au printemps et en automne, une bonne occasion d'en percer les secrets.

PARC DE LA MER

Ce parc, conçu sur un terrain gagné sur la mer, s'étend au pied des murailles. Caractérisé par un grand lac d'eau salée avec une fontaine, il dispose d'une esplanade consacrée à différentes activités et d'un grand espace vert avec une aire de jeux pour les enfants.

SA CALATRAVA

Près de la Seu s'étend l'ancien quartier des tanneurs, à la structure médiévale et protégé par les vieilles murailles, qu'il convient de visiter en prenant son temps. La visite du musée de Majorque, dans la rue de la Portella, est recommandée.

◂ **Façade maritime de Palma**

LA VILLE ET LA MER

Palma est intimement liée à la mer, et les habitants de la capitale passent une bonne partie de leur temps au bord de la Méditerranée, le long d'un grand boulevard maritime bordé de palmiers qui poussent sous la lumière et le vent de la vaste baie. Les anciens quartiers de pêcheurs de la ville sont encore tournés vers la mer : Portopí, Santa Catalina, El Jonquet, Puig de Sant Pere et Sa Calatrava — ces deux derniers sont délimités par les anciennes murailles de la ville —. Les enclaves maritimes d'Es Molinar et Es Portitxol sont situées à proximité. Les plages urbaines, bien équipées et où la baignade est autorisée, permettent de profiter du soleil, d'activités de loisirs et de nombreux restaurants.

QUARTIERS MARITIMES

Pendant des siècles, la mer a été la seule voie de communication de Palma avec l'extérieur, une source d'alimentation et d'espoir, mais aussi de menaces comme les maladies, les épidémies ou les invasions. Les Grecs, les Phéniciens, les Puniques, les Romains, les Byzantins, les Arabes et les Catalans sont effectivement arrivés par la mer. Berceau de grands navigateurs, Majorque a vécu sa splendeur commerciale et maritime à l'époque moderne, grâce à une grande flotte de bateaux qui échangeaient des marchandises avec des ports italiens, français et africains, tandis que de nouvelles routes vers l'Amérique s'ouvraient peu à peu.

Le quartier portuaire par excellence est le **Puig de Sant Pere**, annexe à la Llotja de la Mercaderia. Le Consolat de Mar et la chapelle de Sant Llorenç, joyau du gothique majorquin, y sont

▴ **La Llotja**

Son Moix
MA-20
es Camp Redó
Parc de la Riera
Son Cotoner
Lluis Sitjar
Son Dameto
Bons Aires
es Fortí
Camp de Serralta
Son Espanyolet
Santa Catalina
Poble Espanyol
Son Dureta
PALMA
es Jonquet
Puig de Sant Pere
Son Armadams
Avinguda Gabriel Roca
La Seu
Parc de la Mar
sa Calatrava
Real Club Náutico de Palma
MA-19
Marina Port de Mallorca
es Moll Vell
Pantalán del Mediterráneo
es Terreno
Port de Palma

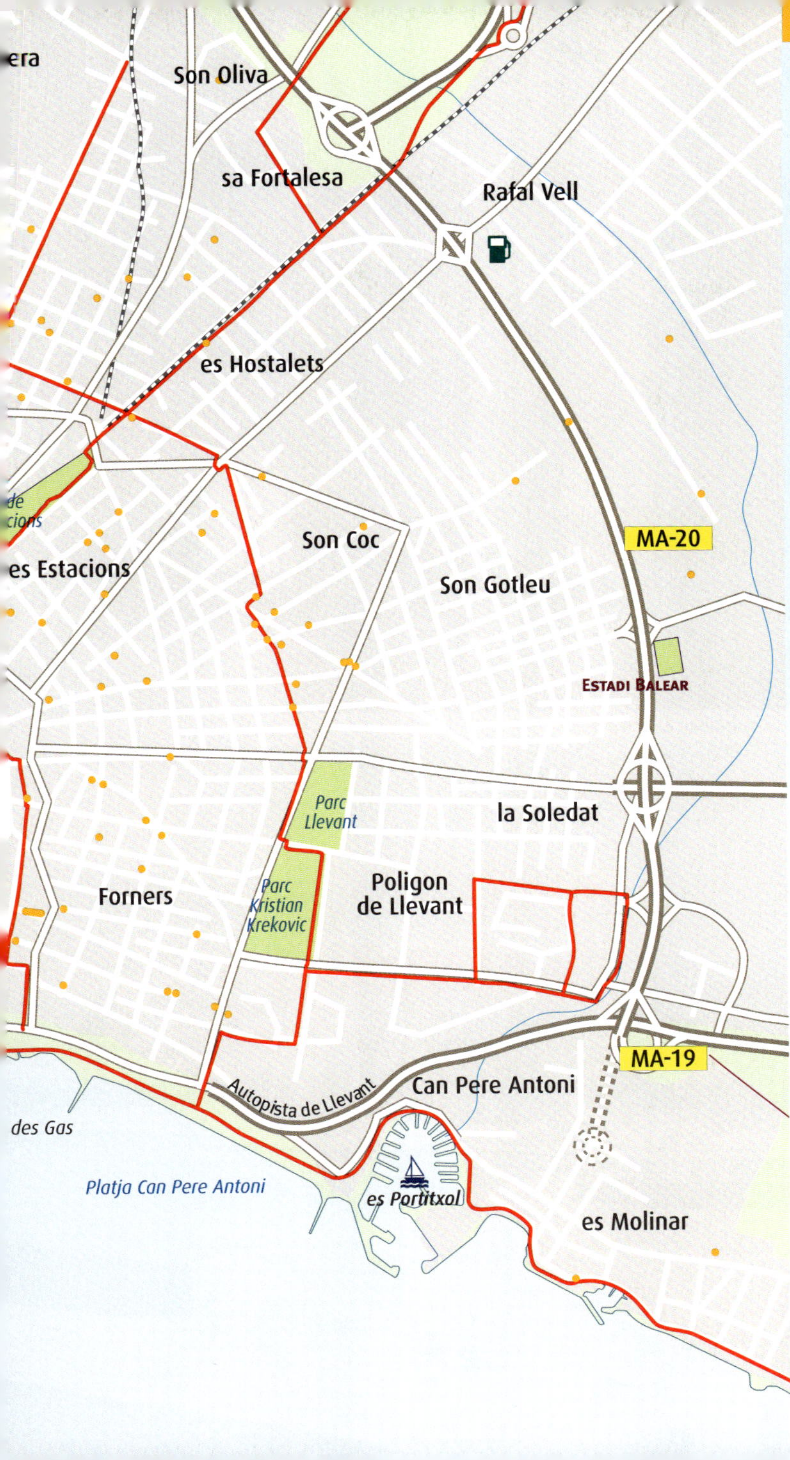

PROMENADE À VÉLO ET SEGWAY

La piste cyclable qui longe le sentier côtier mène de la Seu à la plage de Can Pastilla. Un parcours plat, parfait pour pédaler en famille et admirer la vaste baie de Palma.

Belori Bike
Marbella, 22
Platja de Palma
Tél. 971 490 358
www.belori-bike.com

Bicisport
Joan Miró, 244
Tél. 971 401 594

Palma On Bike
Av. d'Antoni Maura, 10
Tél. 971 718 062
www.palmaonbike.com

Rent a Bike
Joan Miró, 330
Tél. 971 401 821
www.rentabikemallorca.com

Segway
Jaume Ferrer, 7
Tél. 971 495 274
www.segwaypalma.com

Et aussi :

Calèches
www.palmademallorca.portaldetuciudad.com

Promenades en mer
www.crucerosmarcopolo.com
www.attractioncatamarans.com

Parking à vélos
Piste cyclable
Cyclorue
Piétons-vélo

▲ La Llotja ▼ Anciennes murailles de Palma

CARTOGRAPHES MAJORQUINS

Jadis, les cartographes fréquentaient le port pour y obtenir des informations auprès des marins, qui servaient à améliorer et à élargir les cartes nautiques. Cresques Abraham et Jafudà Cresques étaient célèbres, et sont les auteurs présumés de l'*Atles Català* (Atlas catalan) publié en 1375.

ES BALUARD, ART CONTEMPORAIN

Es Baluard, musée d'art moderne et contemporain, s'élève sur la citadelle de Sant Pere, sur une partie de l'ancienne muraille, avec une collection qui comprend des œuvres de Miró, Picasso et Miquel Barceló. Il dispose d'un restaurant avec vue sur la baie et d'une excellente librairie d'art.

installés. La **Llotja** (bourse de commerce) fut le siège du Col·legi de la Mercaderia, institution chargée de surveiller le commerce et le fonctionnement du port, fondé en 1403 et qui disparut au premier tiers du XIXe siècle. Le bâtiment était également utilisé comme centre d'embauche, où d'importantes transactions commerciales étaient réalisées. Du point de vue architectural, il représente la culmination du style gothique civil insulaire, et c'est la première œuvre à Majorque de **Guillem Sagrera**, originaire de Felanitx, commandée en 1426 et achevée 15 ans plus tard. L'intérieur accueille d'excellentes expositions d'art, et on y perçoit la composition équilibrée : un vaste espace rectangulaire avec six piliers ornés de stries qui se fondent dans les voûtes.

À sa droite et face au Reial Club Nàutic de Palma se trouve le **Consolat de Mar**, ancien tribunal de navigation ayant autorité sur les équipages, érigé sur demande du roi Jacques III en 1326. Le Consolat dictait des sentences sur des litiges qui affectaient différentes nationalités et législations, puisque les navires accueillaient à leur bord des marins de plusieurs pays. Le bâtiment actuel, d'époque moderne, est aujourd'hui le siège de la présidence du Govern de les Illes Balears (Gouvernement des Îles Baléares). Derrière, s'ouvre la **plaça de la Drassana**, conçue au XIXe siècle sur l'ancien arsenal, où les bateaux étaient construits et réparés ; le quartier disposait d'ateliers de charpentiers de vaisseaux à proximité du littoral (mestres d'aixa), de calafats, de fabricants de rames, de voiles, de gourdes pour transporter l'huile et le vin, et de tenanciers d'hôtels.

L'**église de la Santa Creu** s'élève sur une colline qui domine l'ancien quai, dans la rue de Sant Llorenç. Bien qu'elle ait été fondée peu après la conquête catalane, l'église actuelle est gothique. Elle a été érigée entre 1445 et 1779, et la plupart des pierres utilisées pour sa construction provenaient de la carrière royale de Bellver. Elle accueille l'exceptionnelle **crypte de Sant Llorenç**, oratoire au plan absidal avec cinq chapelles, daté d'entre la fin du XIIIe siècle et le début du siècle suivant.

Le quartier de **Santa Catalina** s'étend vers l'ouest. Il conserve la structure du quartier original de pêcheurs, avec des maisons traditionnelles à un ou deux étages dont les fenêtres sont protégées par des persiennes majorquines en bois, généralement peintes en vert. Des bâtiments modernistes y furent

▲ **Voiture à chevaux**

▲ Es Portitxol ▼ Cala Major

PHARE DE PORTOPÍ

Ce petit phare se trouve en face du quai de Pelaires. C'est le troisième phare le plus ancien du monde encore en fonctionnement, après celui de la tour d'Hercule, à La Corogne, et la Lanterna de Gênes. Il accueille une exposition permanente de signaux maritimes qui peut être visitée sur rendez-vous.

À NE PAS MANQUER

FONDATION PILAR I JOAN MIRÓ
P. 276

La fondation Pilar i Joan Miró, située à Cala Major, expose une partie de l'œuvre du peintre catalan et montre ses ateliers de travail dans l'île, l'atelier Sert et Son Boter. Cette collection comprend également des œuvres de Chagall, Chillida, Guinovart et Gordillo, entre autres.

construits à la fin du XIXe siècle, comme l'ancien théâtre Mar i Terra, rénové depuis. Aujourd'hui c'est un quartier cosmopolite avec de nombreux petits restaurants offrant des produits frais du **marché de Santa Catalina**, une visite indispensable pour s'imprégner de l'esprit de la ville, avec des stands qui proposent des huîtres au Cava ou des sushis frais.

Portopí est le quartier situé entre la fin de la promenade maritime et Cala Major. C'était le port naturel de la ville jusqu'à l'Époque moderne, et le **Club de Mar** a maintenu son esprit marin — des yachts de luxe s'y amarrent — ainsi que le terminal de passagers du quai de Pelaires. Le **musée militaire du château de Sant Carles**, forteresse du XVIIe siècle qui défendait Palma des attaques de pirates barbaresques se trouve dans ce quartier. Une tour s'élève de chaque côté de l'entrée du vieux port, ou plutôt les restes des cinq tours originelles : celle **de Paraires**, avec des vestiges de l'époque romaine, et la tour **des Senyals**, avec un phare construit en 1612.

ES MOLINAR ET ES PORTITXOL

Ces quartiers bordant la mer et débordant d'excellents restaurants de poissons et de fruits de mer, sont accessibles à pied ou en vélo en suivant le sentier côtier. Es Molinar était un quartier de pêcheurs construit au milieu du XIXe siècle dans une zone de moulins à farine, désormais disparus, qui connut son époque de gloire dans les années 1960 et 1970. C'est un plaisir de se promener dans ce quartier éloigné des bruits de la ville, avec des petites maisons à un ou deux étages, blanchies à la chaux ou peintes de différentes couleurs. Le port de plaisance d'**Es Portitxol** accueille des embarcations relativement petites, surtout des llaüts, bateaux à voile typiques de la Méditerranée et utilisés par les pêcheurs.

PLAGES URBAINES

Les habitants de Palma fréquentent régulièrement les plages urbaines, dotées de toutes sortes de services : postes de surveillance, douches, toilettes, location de chaises longues et de parasols, et une infinité d'activités de loisirs et de restaurants. Toutes les plages sont facilement accessibles depuis le centre-ville en transport public ou à bicyclette. L'une des plages les plus fréquentées, en raison de son accessibilité à pied, est celle de **Can Pere Antoni**, de plus de 700 m de long, la seule plage d'où il est possible de contempler la cathédrale de Majorque dans toute sa splendeur. Pendant toute l'année, c'est un endroit fréquenté par des sportifs et des promeneurs, avec des bars paisibles et des beach clubs animés.

Can Pere Antoni relie les quartiers d'Es Molinar et d'Es Portitxol, puis plus loin la zone résidentielle de **Ciutat Jardí**, avec une plage de sable d'environ 500 m de long, bordée d'hôtels et de restaurants, parmi lesquels Casa Fernando, où le client peut choisir les pièces de poisson ou les fruits de mer qui seront cuisinés devant lui. Plus à l'est se trouve **Cala Estància**, avec une plage de 250 m de sable régénéré et protégée par deux jetées, ce qui rend ses eaux calmes et peu profondes, idéales pour les familles.

La plage la plus touristique est la **Platja de Palma**, de plus de 4 km de long et 30 mètres de large, avec de nombreux hôtels, bars et restaurants, idéale pour ceux qui apprécient les bains de soleil à proximité de la ville. Le boulevard maritime permet d'atteindre à pied la zone humide de **Ses Fontanelles** et l'aire d'intérêt géologique d'**Es Carnatge**.

La zone résidentielle de **Cala Major**, où résident de nombreux étrangers qui ont choisi de rester vivre à Majorque, se trouve à l'ouest de Palma. Elle est reliée à la mer par une plage de sable naturel d'environ 250 m qui s'ouvre au milieu d'une côte rocheuse, où l'on trouve également de petites zones de baignade dépourvues de services.

LE CHÂTEAU DE BELLVER, FORTERESSE CIRCULAIRE

Le château de Bellever, gardien des secrets de l'île, s'érige en haut d'un promontoire visible depuis tous les endroits de la capitale. Bien qu'il semble aujourd'hui avoir perdu de sa prestance en raison de l'accumulation d'hôtels et de bâtiments résidentiels, il constituait une référence urbaine avant l'explosion du tourisme, du haut de ses 114 mètres de haut. Ce joyau du gothique fut construit entre 1300 et 1311 sur ordre de Jacques II, roi

PALMA AQUARIUM

Ce parc marin avec 55 aquariums et plus de 8 000 animaux de 700 espèces différentes est situé près de la plage de Palma. Il dispose de panneaux informatifs, d'un restaurant et d'activités pour que les plus petits enrichissent leurs connaissances sur la mer. www.palmaquarium .com

▾ Plage de Palma

LE CHÂTEAU DE BELLVER

Château de Bellver
Carrer de Camilo José Cela, s/n
Tél. 971 735 065
www.castelldebellver.palmademallorca.es
Horaires
D'avril à septembre :
Le lundi de 8 h 30 à 13 h.
Du mardi au samedi de 8 h 30 à 20 h.
Dimanche et jours fériés de 10 h à 20 h.
D'octobre à mars :
Le lundi de 8 h 30 à 13 h.
Du mardi au samedi de 8 h 30 à 18 h.
Dimanche et jours fériés de 10 h à 18 h.
Visites guidées
Des visites guidées du château de Bellver sont organisées tous les jours. Elles durent environ 30 minutes et peuvent être réalisées en différentes langues.

MUSÉE D'HISTOIRE DE LA VILLE

Ce musée occupe six salles, et expose des œuvres en céramique et en métal de l'époque talayotique, romaine, arabe et médiévale. Il permet aux visiteurs de découvrir les caractéristiques des civilisations qui se sont successivement installées sur l'île.

de Majorque. La forêt de Bellver s'étend aux pieds de ce palais-forteresse. C'est un espace de loisirs très fréquenté le week-end, un vrai poumon de la ville.

De loin, rien ne distingue ce château d'un autre : une forteresse avec quatre tours, orientées vers les points cardinaux, dont trois sont juxtaposées et une autre séparée du corps du bâtiment. Cependant, en y entrant, on se rend compte de ce qui le différencie de tous les châteaux européens de l'époque : son plan circulaire et une place d'armes ronde encadrée par deux étages du bâtiment. Au centre se trouve une vieille citerne, qui occupe presque tout le sous-sol, et dont seule une extrémité est visible.

Les murs du château ont été témoins de plusieurs siècles d'histoire. À la fin du XIVe siècle, le roi Jean Ier d'Aragon y installa sa cour pour fuir l'épidémie de peste qui dévastait la péninsule. Pendant les Germanías — conflit armé dans les royaumes de Majorque et Valence entre 1520 et 1522— , il servit de refuge à des commerçants et à des nobles qui fuyaient la ville.

Il a également été utilisé comme prison, et l'un des prisonniers les plus connus a certainement été **Gaspar Melchor de Jovellanos**, ministre de Charles IV et victime de la politique de Godoy, qui passa 6 ans à Bellver, de 1802 à 1808. Lors de son incarcération, il écrivit des œuvres telles que *Memorias del castillo de Bellver*

▲ **Le château de Bellver**

(Mémoires du château de Bellver). Quelques mois après sa libération, le Roussillonnais **François Arago** fut incarcéré dans ces lieux. Célèbre astronome et physicien, il fut accusé d'être un agent au service de Napoléon. De nombreux officiers français y furent également emprisonnés, parmi lesquels certains prisonniers de la bataille de Bailén, dont les troupes et les soldats restèrent confinés dans le camp de prisonniers de l'île de Cabrera. Lors de la Guerre Civile espagnole, plus de 800 personnes furent emprisonnées, et il y eut des exécutions de prisonniers, comme le dernier maire républicain de Palma, **Emili Darder**.

LA FORÊT DE BELLVER

Pendant des siècles, les habitants de Palma ont exploité les ressources naturelles de cette forêt qui s'étend aux pieds du château : ils en ont extrait du bois, du gibier, des champignons, ou l'ont utilisé comme pâturage pour le bétail. Il s'agit aujourd'hui de l'espace naturel le plus important de la ville, fréquenté par des promeneurs, des sportifs et des habitués du pique-nique dominical. La forêt constitue un bon refuge pour la faune et la flore autochtone, elle intervient dans la régulation du cycle de l'eau et oxygène la ville.

▲ La forêt de Bellver

La végétation de Bellver est constituée de garrigue, avec des plantes arbustives adaptées au climat méditerranéen, peu pluvieux et avec de longues périodes de sécheresse, comme la **steppe à armoise blanche**, la **steppe à armoise noire** et la **bruyère**. On y trouve plusieurs espèces d'orchidées rares et de petite taille, comme l'**ophrys miroir** (*ophrys speculum*). Dans la garrigue, on trouve des **oliviers sauvages** et des **pins blancs**. Des **huppes**, **des rossignols**, **des grives**, **des rouges-gorges** et des **hiboux** y trouvent refuge et y établissent parfois leur nid. On y trouve également des reptiles, comme des **tarentes** — en catalan, *dragonets* —, qui hivernent à la saison froide, et quelques serpents ***macroprotodon brevis*** inoffensifs. Mais le règne le plus étendu et le plus varié est celui des insectes.

Entre la forêt de Bellver et la mer se situe **El Terreno**, un quartier construit au XIXe siècle pour accueillir la bourgeoisie urbaine en été. Une colonie d'étrangers s'est établie ici au début du XXe siècle, composée d'artistes comme **Rubén Darío**, **Gertrude Stein**, **Santiago Rusiñol** et **Camilo José Cela**, entre autres.

CONCERTS DE MUSIQUE CLASSIQUE

Pendant les nuits de juillet et août, la place d'armes du château accueille des concerts de musique classique, où le violoniste Ara Malikian et le violoncelliste Jordi Savall ont déjà joué.

COLLECTION DESPUIG

Le cardinal Antoni Despuig i Dameto (1746-1813) était un grand collectionneur d'art classique. Il réunit de nombreuses œuvres lors de son séjour dans la *possessió* (ferme) **Raixa**, à Bunyola. Le château expose certaines d'entre elles : des stèles, des objets romains et des copies classiques du XVIIIe siècle.

▲ Escalier d'accès au château ▼ Place d'armes

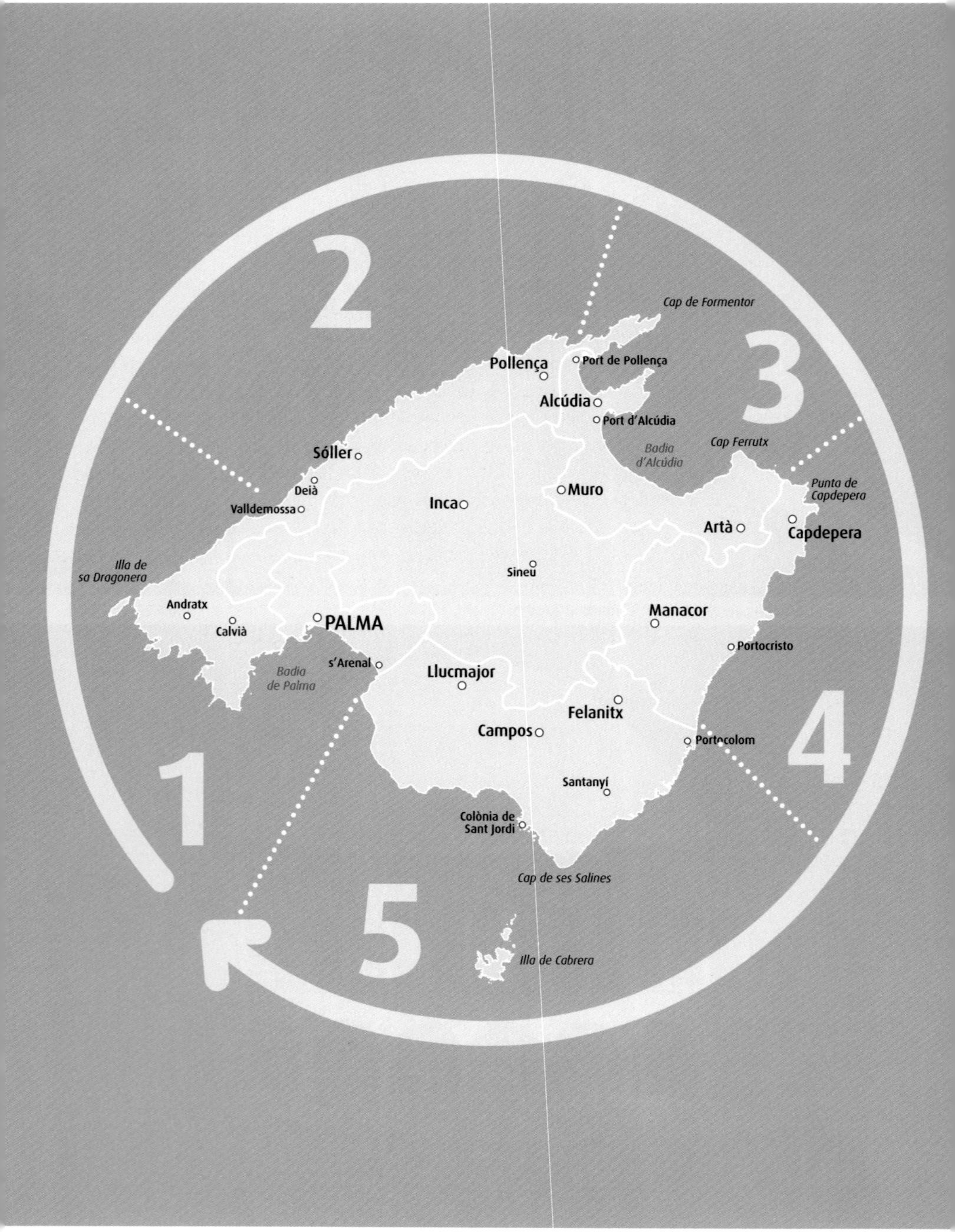
2
3
4
5
1
Cap de Formentor
Pollença
Port de Pollença
Alcúdia
Port d'Alcúdia
Badia d'Alcúdia
Cap Ferrutx
Punta de Capdepera
Sóller
Deià
Valldemossa
Inca
Muro
Artà
Capdepera
Sineu
Illa de sa Dragonera
Andratx
Calvià
PALMA
Manacor
Portocristo
s'Arenal
Badia de Palma
Llucmajor
Felanitx
Campos
Portocolom
Santanyí
Colònia de Sant Jordi
Cap de ses Salines
Illa de Cabrera

TRONÇON 1
SERRA DE TRAMUNTANA CÔTE DE PONENT
DE CALVIÀ À BANYALBUFAR
➔ P. 49

TRONÇON 2
SERRA DE TRAMUNTANA CÔTE NORD
DE VALLDEMOSSA À POLLENÇA
➔ P. 69

TRONÇON 3
BAIES DE POLLENÇA ET ALCÚDIA
DU PORT DE POLLENÇA À ARTÀ
➔ P. 103

TRONÇON 4
CÔTE DE LLEVANT
DE CAPDEPERA À MANACOR
➔ P. 131

TRONÇON 5
CÔTE DE MIGJORN
DE FELANITX À S'ARENAL DE LLUCMAJOR
➔ P. 157

TOUR DE L'ÎLE

LE LITTORAL : VILLAGES, CRIQUES ET PLAGES

Les villages les plus proches de la mer s'ouvrent au littoral via des ports éloignés des localités, une précaution séculaire visant à éviter les fréquentes attaques de pirates. Ces dangers répétés conduisirent à la construction au XVIe siècle d'un réseau de tours de surveillance, — dont certaines étaient dotées de canons — qui dissuadaient l'envahisseur ou alertaient la population pour qu'elle se protège. De ce système défensif, il reste encore de nombreuses tours de surveillance qui parsèment la côte et qui sont aujourd'hui devenues des sites privilégiés pour contempler la mer. À partir des années 1960, certains hameaux de pêcheurs furent transformés en complexes touristiques. Cependant il reste encore de belles criques et des plages presque vierges, dont la présence humaine est uniquement visible avec les *escars*, ces petites maisons parfois sculptées dans la pierre où les pêcheurs gardent leurs barques. Les activités sportives sont infinies : il est possible de pratiquer la plongée sous-marine, la voile, le kayak, la planche à voile, etc. Des promenades en mer permettent de contempler l'île depuis un nouveau point de vue, et d'admirer des paysages inaccessibles depuis la terre.

▲ **Cala Fornells, Calvià**

TRONÇON 1

- **CALVIÀ**
- **SES ILLETES**
- **PORTALS NOUS**
- **PALMANOVA**
- **MAGALUF**
- **PORTALS VELLS**
- **EL TORO**
- **SANTA PONÇA**
- **PEGUERA**
- **ANDRATX**
- **PORT D'ANDRATX**
- **SANT ELM**
- **ESTELLENCS**
- **BANYALBUFAR**
- Torre des Verger
- Cala Banyalbufar
- Port des Canonge

SERRA DE TRAMUNTANA
CÔTE DE PONENT
DE CALVIÀ À BANYALBUFAR

La Serra de Tramuntana commence dans la commune de Calvià et relie les communes d'Andratx, Estellencs et Banyalbufar. Ces deux premières communes ont cédé une partie de leurs côtes au tourisme de masse, mais elles ont également su préserver certains coins de montagne que l'on découvre par la *Ruta de la Pedra en Sec* (Circuit de la pierre sèche), sentier de grande randonnée qui relie la chaîne montagneuse à Pollença. La côte d'Estellencs et de Banyalbufar dessine un paysage unique dans l'île, avec des terrasses agricoles fertiles et des vignobles centenaires. Ce secteur offre une multitude de possibilités : des chemins secrets, des vestiges archéologiques, des plages tout confort ou des petites criques aux eaux turquoise.

À NE PAS MANQUER

PORT D'ANDRATX P. 60

BANYALBUFAR P. 65

PARC NATUREL DE SA DRAGONERA P. 245

◂ Banyalbufar

1

Punta Roja
Cala d'Estellencs
Mirador des Grau
Illes Farallons
Punta de na Foradada de Torre Nova
es Grau
Cala de ses Ortigues
Mola de s'Esclop
926
es Rajolí
Morro des Fabioler
ses Fontanelles
Raconada de sa Cova
ses Basses
ses Basses
es Puig Batiat
Morro de sa Rajada
492
Coll des Colom
Can Martí
640
Cap de Tramuntana
Cala en Basset
Puig de la Trapa
Coll de sa Gramola
s'Alquería
es Jas de sa Truja
446
Puig d'en Guida
MA-10
Illa de sa Dragonera
es Llamp
Na Pòpia
344
MA-1031
Cingle Gran
Can Tomeví
376
Can Tonions
Parc Natural de sa Dragonera
MA-1030
s'Arracó
Sant Elm
Andratx
Platja de Sant Elm
Cap de Llebeig
Son Fuster
Can Salvà
Son Mas
Puig d'en Tió
Puig d'en Ric
MA-1050
Garrafa
Son Vic Vell
Punta Galinda
MA-1
276
462
318
MA-1012
Cala d'en Tió
Cap Falcons
MA-1022
Ermita del Roser
Punta de sa Dent
es Port d'Andratx
Son Fortuny
Cala d'Egos
Biniorella
MA-1
Peguera
MA-1020
es Camp de Mar
MA-1A
Peguera
Biniorella
Mini Folies
Cala Fornells
es Cap de sa Mola
MA-1011
Cala Marmassem
Cala Llamp
Cala Blanca
Platja de Camp de Mar
Cala Peguera
Morro d'en Ferro
Cap des Llamp
Cap Andritxol
Punta des Castellot
Cala de Sant Ponça
Jungle Parc
Santa Ponça
Illa Malgrat
Punta d'en Guixar

sa Marina
Son Oleza
George Sand
Cartoixa
Valldemossa
Pastoritx
Alfàbia Vell
s'Alqueria d'Avall
Playtja de Son Bunyola
Punta des Cavall
Port des Canonge
MA-1130
Son Verí
Bunyola
Cala de Banyalbufar
Punta de na Ferranda
Ca Madò Paula
Son Coll
Nova Valldemosa
Son Cabaspre
Son Matge
Son Morro
Comellar de l'Infern
s'Alqueria Blanca
Raixeta
MA-2010
es Cocons
Torre des Verger
Mirador de ses Ànimes
Son Valentí
MA-1110
Club Hípico La Gubia
Puig des Boixos
626
Pedrera de Son Puig
Raixa
Banyalbufar
Son Dameto
Punta de Son Serralta
MA-1100
Can Granereta
Son Puig
MA-2020
Joan March
ses Mosqueres
Son Parcs
MA-2030
Torrent d'Esporles
Son Serralta
Planícia
Mola de Planícia
933
Esporles
sa Font seca
Son Amar
Sa Coma
Son Antic
Son Maxella
Son Termes
Palmanyola
Son Vic
sa Granja
Son Quint
MA-10
MA-1101
Son Galceran
MA-2032
es Salt
Ermita de Maristella
Son Ferrà
MA-1120
s'Esglèieta
MA-1140
Cas Binissalemer
Estellencs
Son Noguera
ses Rogetes
Son Serra Vell
Son Fortuny
Sant Onofre
Cas Mestre
Son Malferit
MA-1040
sa Cova
MA-2031
Son Sales
MA-2040
Can Masset
Universitat de les Illes Balears
Son Reus
Son Frau
Son Daviu Nou
Galatzó
1027
Reserva Puig de Galatzó
es Verger
Can Fava
Torrent de Son Llabrés
Establiments Nous
Parc BIT
Son Espanyol
Sa Garriga
Torrent de Bunyola
Can Frasquet
es Garrovers
es Caülls
Son Nét
Son Pont
Son Nét
Puigpunyent
Bunyolí
Son Nebot
Can Robiol
MA-13
Marratxí
sa Coma
Can Rosell
Son Puig
MA-1042
Son Sardina
Club Hípic Son Reus
MA-13A
Son Serralta
MA-1041
Son Cotoneret
ses Casotes
Can Riera
Establiments Vells
Galilea
Son Serralta
Secar de la Real
MA-1110
sa Indioteria
son Espases
MA-11
es Pont d'Inca
Galatzó
Son Marill
Son Castelló
Son Cortei
Na Bauzà
614
Cans
386
Son Ximelis
Santa Maria de la Real
MA-30
MA-1032
Coll des Tords
MA-1041
Aeròdrom de Son Bonet
Castell de Son Vida
Can Valero
Hipòdrom Son Pardo
Son Martí
MA-1016
Serra des Cans
es Quatre Vents
sa Vileta
Torrent de sa Riera
es Pla de na Tesa
MA-3013A
es Burotell
Coll des Vent
Son Rapinya
es Viver
Son Sastre
Valldurgent
Son Vida
es Capdellà
Son Font
sa Creu Vermella
Benàtiga Vell
MA-1043
MA-20
Son Gotleu
Vall Negra
ses Algorfes
Son Muntaner
Son Dureta
PALMA
Son Ferriol
Calvià
Son Suredeta
MA-1014
Son Llatzer
Benàtiga Nou
MA-15
Son Colomar
Son Boronat
Castell de Bellver
MA-30
ses Coves de Gènova
485
Gros de Bendinat
Gènova
es Molinar
Son Malero
Son Banya
Serra de na Burguesa
Casino de Mallorca
Port de Palma
Aeroport de Son Sant Joan
Torà
Cala Major
Coll d'en Rabassa
MA-1015
MA-1
Ciutat Jardí
Costa d'en Blanes
Cas Català
Portopí
Cala Gamba
Son Gual
Punta Colomer
s'Ullal
sa Plana
Castell de Bendinat
MA-19
Marineland
ses Illetes
Can Pastilla
es Pinaret
MA-1014
Platja d'Illetes
Illa Galera
MA-1
Capella de sa Pedra Sagrada
Portals Nous
Cala Estància
Costa de sa Calma
Galatzó
MA-1C
Illa des Pas
Badia de Palma
Palma Aquarium
Platja de Palma
Palma Nova
Platja de Palma Nova
MA-1013
es Salobrar
Punta de sa Porrassa
Aqualand
Magaluf
Platja de Magaluf
Illa de sa Porrassa
ses Penyes Roges
Son Ferrer
Alemany
Badia de Palma
Cala Vinyes
Cap des Talcó
Cala Falcó
Cala Mosques
Coló de ses Lleonardes
el Toro
Sol de Mallorca
Portals Vells
Torre de Portals Vells
Cap Enderrocat
Cala Portals Vells
Cala Rafaubetx
Cova de Portals Vells
Punta Negra
Illa del Taro
Cala Figuera
Punta des Captius
Cala Vella
Cap de Cala Figuera

▲ Calvià ▼ Ses Illetes

Mairie de Calvià
Julià Bujosa Sans, 1
Tél. 971 139 100
www.calvia.com
Offices du tourisme
Magaluf
Pere Vaquer Ramis, 1
Tél. 971 131 126
Palmanova
Passeig del Mar, 13
Tél. 971 682 365
Peguera
Ratolí, 1
Tél. 971 687 083
Santa Ponça
Via Puig de Galatzó, 1
Tél. 971 691 712
Renseignements touristiques
www.visitcalvia.com
birdingcalvia.com
elpasadodelpresente.es
Transports
Tél. 971 177 777
www.tib.org
Taxi
Tél. 971 134 700
971 680 970
www.radiotaxicalvia.es

PROMENADE À VÉLO
12 km (circuit)

Calvià est une commune fréquentée par les cyclistes, qui ont le choix entre plusieurs circuits de différents degrés de difficulté, comme celui qui relie le village d'Es Capdellà et celui d'Es Galatzó, un parcours circulaire d'environ 12 km qui traverse le domaine public d'Es Galatzó.
www.visitcalvia.com

CALVIÀ

SES ILLETES • PORTALS NOUS PALMANOVA • MAGALUF PORTALS VELLS • EL TORO SANTA PONÇA • PEGUERA

Cette vaste commune est accessible en à peine dix minutes depuis la ville de Palma. Elle englobe les contreforts de la Serra de Tramuntana, avec de denses forêts de pins, et Es Galatzó, montagne mythique et grandiose. Le calme règne au centre d'Es Capdellà et de Calvià, un fort contraste avec les longues portions de côte destinées au tourisme centré sur le concept de « soleil et plage » de Ses Illetes à Peguera, des étendues sableuses qui incarnèrent jadis le paradis sur terre. Il reste encore quelques petites criques pleines de charme et une infinité de chemins qui font le bonheur des randonneurs.

LE CALME INTÉRIEUR

La route d'accès au village de Calvià se faufile entre des flancs de montagne parsemés de denses pinèdes. C'est un paysage surprenant par rapport aux foules estivales de certains centres-villes touristiques de cette commune. Cependant, l'intérieur respire le calme et une atmosphère cosmopolite apportée par les étrangers qui s'y sont installés, en harmonie avec l'esprit local.

Le point le plus élevé est couronné par l'**église de Sant Joan Baptista**, visible depuis l'ensemble de la ville, et tout près, le petit **presbytère**. Autour, un point de vue sur toute la commune et des bars où déguster un bon petit déjeuner énergétique à base de pa amb oli. Les rues les plus anciennes renferment des maisons nobles importantes, telles que **Can Ros** — sur la voie du même nom — et des éléments patrimoniaux comme la citerne ou **aljub vell**, dans la rue Major, qui montre, au même titre que les citernes **Nou** et **de Dalt**, le système d'approvisionnement en eau utilisé jadis. À la sortie de Calvià, derrière un calvaire, se trouve **la Capelleta**, petit oratoire du XVe siècle dédié à la Mare de Déu dels Dolors.

Le tronçon de la ***Ruta de la Pedra en Sec*** qui unit Es Capdellà à Estellencs passe par cette commune : environ 23 km entre les propriétés publiques d'El Galatzó, de la Coma d'en Vidal et de Son Fortuny.

▲ Ses Illetes ▼ Portals Nous

ES CAPDELLÀ ET ES GALATZÓ

Es Capdellà, un autre havre de paix qui se découpe sur Es Galatzó, se trouve à environ 2 km. La route de Galilea mène au chemin de la légendaire *possessió* de Galatzó, où le mythe de son ancien propriétaire est encore inscrit dans les mémoires : le Comte Mal, deuxième comte de Formiguera, fut condamné, en raison de son extrême méchanceté, à errer pour l'éternité sur un cheval de feu.

CIRCUITS ORNITHOLOGIQUES

Un site Internet a été créé pour proposer des circuits destinés à contempler les espèces d'oiseaux les plus caractéristiques des pinèdes, des forêts de chênes verts, des forêts ripicoles, de la côte et des montagnes de Calvià.
www.birdingcalvia.com

SES ILLETES

Ce toponyme fait référence aux îlots qui caractérisent cette partie de la côte. Cette station touristique est facilement accessible depuis Palma en transport public. Elle dispose de trois plages familiales : **Illetes** — avec des restaurants et un beach club —, **Es Fortí** et **Cala Comtessa**, d'où on voit l'**Illot de sa Caleta**. Vers l'intérieur se trouve **Bendinat**, une zone résidentielle de luxe, dont le nom provient d'une légende sur Jacques Ier, selon laquelle le monarque, après y avoir dégusté un repas à base de soupe, de pain, d'ail et d'olives, s'exclama : « Bé hem dinat! » (en catalan, « Que nous avons bien mangé ! »). Au XIXe siècle, le marquis de la Romana construisit le **château de Bendinat**, original et néogothique.

PORTALS NOUS

Autour de cette zone résidentielle de luxe s'étendent trois plages de sable fin et doré, dotées de tous les services nécessaires et très fréquentées en été, en partie à cause du glamour qui émane du port de plaisance Portals Nous, où sont amarrés des yachts de luxe fréquentés par des célébrités, et où se trouvent de bons restaurants et des bars animés. La plage de Portals Nous est une petite crique entourée de pins et de falaises peu élevées. La plage de l'Oratori respire une atmosphère chic et dispose d'une paillote. Non loin de là se trouve la chapelle qui renferme la statue de la Vierge de Portals et d'où l'on peut voir l'îlot ou l'Illa d'en Sales. **Costa d'en Blanes** c'est une étendue de sable disposant de quelques services, située à proximité du delphinarium Marineland.

PALMANOVA

C'est la première zone résidentielle construite à Calvià, en 1934, sur les terrains de l'ancienne *possessió* de Ses Planes. Désormais, cette partie du littoral attire des milliers de touristes qui profitent de ses plages urbaines dotées de toutes sortes de services : **Es Carregador**, **Palmanova**, **Son Maties** et **Son Caliu**. Les trois premières plages sont constituées de sable fin, avec des eaux calmes et une pente douce situées à proximité de nombreux appartements, hôtels et installations de loisirs, tandis que la dernière constitue un petit havre de paix, avec une zone urbanisée et une autre plus préservée où il fait bon profiter du paysage.

▲ **Palmanova**

MAGALUF

▲ Magaluf

C'est un autre complexe touristique très fréquenté en été, saturé de jeunes Britanniques, avec d'énormes bâtiments qui bordent la **plage de Magaluf**. L'îlot plat de **Sa Porrassa** se trouve à environ 600 m au large. Il servit de refuge à la flotte de Jacques Ier avant son débarquement à Santa Ponça. Des plages plus tranquilles se trouvent à proximité, comme la plage nudiste **Sa Bella Dona**, couronnée par l'**îlot del Sec**, dont les eaux accueillent l'une des épaves les plus importantes de Majorque, un bateau grec du IVe siècle av. J.-C. **Cala Falcó**, une plage de sable et de débris d'herbier de posidonie, est flanquée de falaises de hauteur moyenne. **Cala Vinyes** est constituée de deux petites plages unies par un chemin de promenade.

PORTALS VELLS

La **plage de Portals Vells**, ensemble de quatre criques assez calmes, s'ouvre sur la baie de Palma. Elle est composée de : Portals Vells — entourée d'une pinède —, Sa Platgeta, El Mago et la plage del Rei. La **Cova de la Mare de Déu** se trouve sur **Sa Platgeta**. C'est une ancienne carrière de grès d'où était extraite la pierre utilisée au XIVe et au XVe siècle pour construire la cathédrale de Palma. La plage nudiste et aux eaux turquoise d'**El Mago** doit son nom au film homonyme tourné ici en 1967, avec les acteurs Anthony Quinn et Michael Caine. La **plage del Rei** est une petite plage à l'atmosphère détendue avec une zone de rochers.

▲ Portals Vells

ACTIVITÉS EN FAMILLE

Calvià propose une grande quantité d'activités de loisirs pour les plus petits, avec des parcs à thème comme Katmandú Park, Karting Magaluf, des toboggans vertigineux aux piscines Western Park, le spectacles d'acrobaties Piratas Aventura ou le delphinarium Marineland.

PROMENADE À PIED

12 km (aller et retour)

D'ES GALATZÓ À SES PLANES

Le point de départ de ce chemin qui arrive jusqu'à l'ancienne zone agricole de Ses Planes se trouve aux maisons de Galatzó. Si vous empruntez ce circuit, vous pourrez voir des moulins à eau, des canaux d'irrigation, des terrasses agricoles, des charbonnières et le paysage imposant de la vallée de Galatzó. www.visitcalvia.com

POSSESSIÓ DE GALATZÓ

Cette propriété appartient depuis 2006 à la mairie de Calvià. Elle est traversée par la *Ruta de la Pedra en Sec* avec des itinéraires balisés qui permettent de contempler les paysages uniques de la Serra de Tramuntana et des éléments ethnologiques tels que des charbonnières. www.elpasadodelpresente.es

EL TORO

Lotissement situé près de la **plage del Toro** ou **Racó de sa Fragata**, une plage de sable fin délimitée par un mur de couleur rougeâtre — riche en fer — qui donne son nom à la **Crique de Ses Penyes Rotges** toute proche, constituée de sable et de galets. Ce tronçon de côte est couronné par l'**îlot del Toro**, intégré dans une **réserve marine** qui protège les eaux comprises entre l'îlot, Es Clot des Moro et Cala Refeubetx ; les fonds marins ont une grande valeur écologique et de pêche, avec de vastes prairies de *Posidonia oceanica*, admirées par des plongeurs du monde entier. Tout près, le port de plaisance de luxe **Port Adriano** est doté d'installations conçues par **Philippe Starck**.

SANTA PONÇA

Il s'agit d'un lieu historique : à l'entrée du Club Nautique s'élève la **Creu del Desembarc**, croix qui signale l'endroit où Jacques Ier débarqua avec ses troupes le 10 septembre 1229 sur la **plage de Santa Ponça**. On commémore cet événement tous les ans à l'occasion des Festes del Rei En Jaume (Fêtes du roi Jacques). La plage est aujourd'hui occupée par des infrastructures pour le tourisme familial. Entre la plage et le club nautique se trouve le **Caló d'en Pellicer**, au sable fin, orné de pins, et à l'abri des foules. Les **Illes Malgrats**, réserve marine fréquentée par les plongeurs, surveillent la côte. Vers l'intérieur s'étend le **Parc archéologique du Puig de na Morisca**, avec des circuits de montagne signalisés qui traversent des sites archéologiques remarquables.

PEGUERA

Ce toponyme provient du nom du four utilisé pour extraire la résine ou pega des pins, et désigne désormais un important centre créé autour de trois longues plages de sable — **Palmira**, **Peguera Torà** et **Peguera Romana** — disposant de toutes sortes de services. De petits coins préservent leur aspect sauvage, comme la petite crique nudiste **Caló d'en Monjo** ou le minuscule **Caló de ses Llises**, accessible par un escalier. Un autre endroit agréable pour se baigner est **Cala Fornells**, une plage de sable entourée de lotissements, assez fréquentée mais à l'ambiance détendue. Près de Peguera se trouve le lotissement **Costa de la Calma**, par lequel on accède à de petites plages de galets.

▲ **Peguera**

▲ Port d'Andratx

▲ Camp de Mar

CAMP DE MAR

Cette station touristique conserve un certain calme familial, même si c'est un lieu très fréquenté en été, en raison de ses trois plages aux eaux transparentes : **Cala Blanca**, petite plage vierge de graviers, **Camp de Mar**, une étendue sableuse disposant de toutes sortes de services, et **Es Racó de Camp de Mar**, idéal pour les familles.

Mairie d'Andratx
Av. de la Curia, 1
Tél. 971 628 000
www.andratx.cat
Offices du tourisme
Andratx
Av. de la Cúria, 1
Tél. 971 628 019
Sant Elm
Av. Jaume I, 28
Camp de Mar
Av. de la Platja
Port d'Andratx
Av. Mateu Bosch, s/n
Tél. 971 671 300
Renseignements touristiques
www.andratx.cat
Transports
Tél. 971 177 777
www.tib.org
Taxi
Ràdio Taxi Andratx
Tél. 971 136 398

À NE PAS MANQUER

P. N. DE SA DRAGONERA
P. 245

Cet îlot en forme de dragon endormi, habité par des mouettes, des lézards et des faucons d'Éléonore, parcouru par des itinéraires balisés de randonnée pédestre, veille sur la côte. Des petites embarcations partent de Sant Elm pour rejoindre Sa Dragonera en 20 minutes.
www.crucerosmargarita.com

ANDRATX

PORT D'ANDRATX • SANT ELM

Des paysages abrupts de montagne, un littoral escarpé surveillé par deux vieilles tours défensives, de petites criques isolées et vierges et des plages de sable baignées d'eaux transparentes. Destination touristique de premier ordre, Andratx associe le tourisme familial, concentré au Camp de Mar et à Sant Elm, au tourisme de luxe au Port d'Andratx, ainsi que des propositions intéressantes pour les randonneurs et les amoureux de la nature, qui peuvent parcourir des tronçons de la *Ruta de la Pedra en Sec*, visiter le Parc naturel de Sa Dragonera ou rejoindre à pied la propriété de La Trapa. Un endroit idéal pour profiter de la nature et du sport, sur terre ou en mer.

LA SÉDUCTION DU PAYSAGE

Le village d'Andratx a maintenu ses quartiers traditionnels — Es Pantaleu, S'Almudaina et Es Pont d'Amunt — avec leurs maisons blanches situées de part et d'autre des rues qui naissent près de l'église de Santa Maria, du XVIIIe siècle. Sur la partie la plus élevée se trouve une esplanade avec trois anciens moulins à farine, vestiges d'un passé où la richesse locale provenait de l'agriculture, de la fabrication de savon et du commerce outre-mer.

La visite de la mairie, située dans les maisons et la tour de Son Mas, permet de découvrir une possessió imposante et bien conservée, avec une cour intérieure — dotée d'un perron et d'une galerie — où se trouve l'office du tourisme. Ce lieu était jadis une ancienne ferme arabe, qui passa aux mains de nobles catalans après la conquête.

S'Arracó, un village paisible de moins de 1 000 habitants, se trouve à 4 km de là.

▲ **Andratx**

À NE PAS MANQUER

PORT D'ANDRATX

Vaste port naturel entouré de criques aux eaux transparentes, comme **Cala Llamp** — aux nombreux rochers et dont le beach club est le plus tendance de Majorque, le Gran Folies —, **Cala Moragues** et **Cala d'Egos**, cette dernière uniquement accessible par la mer ou à une heure de marche depuis le port. L'ancien refuge de pêcheurs est devenu une destination touristique résidentielle exclusive. La promenade maritime déborde de restaurants qui servent d'excellents poissons frais. Le petit marché de pêcheurs à la criée est ouvert l'après-midi. Une promenade au bord de la mer mène au **phare** et à la tour de **Sa Mola** : un endroit idéal pour admirer le coucher du soleil avec Sa Dragonera à l'horizon.

▲ ▼ Port d'Andratx

S'ARRACÓ

S'Arracó, un village paisible de moins de 1 000 habitants, se trouve à 4 km de là. Des maisons basses à l'architecture traditionnelle se regroupent autour de l'église du Sant Crist, du XVIIIe siècle ; à l'intérieur, un retable dédié à la Mare de Déu de la Trapa, provient du monastère trappiste, alors situé à proximité. Des maisons modernistes, s'élèvent dans la rue principale.

LA TRAPA

Cette propriété de 75 ha est consacrée à l'éducation environnementale. En 1810, une communauté de moines trappistes fuyant la révolution française s'installa dans ce site magnifique pour y mener une vie en autosuffisance, solitaire, consacrée à la prière et au travail de la terre. L'accès s'effectue uniquement à pied, à une distance d'environ 9 km de Sant Elm. D'en haut, on y apprécie les plus belles vues sur Sa Dragonera.

SANT ELM

Ancien village de pêcheurs transformé en centre touristique où résident des familles de toutes les nationalités. Il dispose de plages tranquilles avec de belles vues sur Sa Dragonera. La plage d'**Es Carregador**, ne disposant d'aucun service, est en partie rocheuse. **Sa Platja Gran** ou **Es Geperut** est la plage de sable fin la plus grande et la plus fréquentée, avec 125 m de long et 30 m de large. L'îlot **Es Pantaleu** veille sur cette plage ainsi que sur **Sa Platja Petita** ou **Cala Petita**. **Cala es Conills**, une plage de galets, située dans un ensemble résidentiel estival, dispose d'un bon restaurant et d'un petit embarcadère. Le **château de Sant Elm**, un bâtiment historique construit au XIIIe siècle, s'élève en haut d'une colline. C'est désormais un hôtel.

▲ ▼ **Sant Elm**

▲ Estellencs ▼ Cala Estellencs

Mairie d'Estellencs
Síquia, 4
Tél. 971 618 521
www. ajestellencs.net
Transports
www. tib.org
Tél. 971 177 777
Renseignements touristiques
www. estellencs.com

FOIRE AU VIN ET AU FROMAGE

Cette foire consacrée au vin et au fromage de Majorque se tient tous les ans en mai. C'est le rendez-vous des producteurs de vin et de fromages artisanaux de l'île, où l'on trouve entre autres un fromage élaboré à base de lait d'*ovella roja* (brebis rouge) majorquine.

RANDONNÉE À PIED
10 km (circuit)

DE SON FORTUNY À GALATZÓ

Son Fortuny est l'une des grandes *possessions* de la commune, convertie en propriété publique, permettant de rejoindre le Galatzó par un itinéraire d'environ 868 m de nivelé (environ 4 h 30). Le point de départ se situe au km 96,7 de la route d'Estellencs à Andratx. www.conselldemallorca.net

ESTELLENCS

Estellencs est accroché au flanc de l'omniprésent Puig des Galatzó (1 008 m). Des rues pavées adaptées au terrain partent de l'église. Parfois labyrinthiques, elles créent un tissu urbain qui débouche sur la mer via la Cala Estellencs. Les terrasses agricoles caractérisent depuis des siècles la côte de la commune. Elles sont délimitées par des murs en pierre, et étaient jadis couvertes d'oliviers, de vignes et de potagers, et irriguées par un système complexe de réservoirs et de canaux d'origine arabe, qui répartissaient l'eau douce des fontaines.

LA RICHESSE DE L'EAU

Les maisons les plus anciennes se regroupent autour de l'église de **Sant Joan Baptista**, dont le clocher carré était jadis utilisé comme tour défensive contre les attaques de pirates. Un **orgue** datant de 1865, construit par Antoni Portell, est conservé à l'intérieur de l'église. Une autre tour fortifiée, celle d'**En Tem Alemany**, s'élève sur la place d'Es Triquet, et veillait sur la côte au XVIe siècle, tout comme la tour de l'église. Les anciens **lavoirs** publics sont situés à l'entrée du village. Ils étaient alimentés par l'eau de la fontaine ou **Font des Forat d'Amunt**, l'une de celles qui remplit les **réservoirs ou síquies**, un ingénieux ensemble de canaux d'origine arabe qui irriguent et fertilisent les terres cultivées.

La commune dispose de 6 km de côtes, un tronçon de littoral sauvage avec des falaises constituées de matériaux correspondant à l'époque géologique la plus ancienne de l'île, où ont été retrouvées des empreintes de *Chiroterium*, un prédécesseur probable des grands dinosaures. En raison de l'accès à la mer, la pêche a constitué pendant longtemps une partie de l'économie locale, au même titre que la contrebande de café et de tabac. Au XIXe siècle et jusqu'à la moitié du XXe siècle, Estellencs était également connu pour sa production d'huile, de vin et de tomates de ramellet, une variété de tomates longue conservation. Les **Serenates Guitarrístiques d'Estellencs**, un programme de concerts de guitare classique, sont organisées en été.

Cala Estellencs, une plage de galets entourée de falaises sauvages d'argile rouge couronnées de pins, est accessible à pied ou en voiture depuis la rue de la Mar, après une promenade d'1,5 km. Cet endroit plein de charme est fréquenté par des voisins et des estivants.

▲ Fontaine de Sa Menta

▲ **Banyalbufar** ▼ **Rue en escaliers**

Mairie de Banyalbufar
Plaça de la Vila, 2
Tél. 971 148 580
www.ajbanyalbufar.net
Transports
www.tib.org
Tél. 971 177 777
Taxi
Tél. 665 823 023
618 179 026

VIN DE MALVOISIE

Banyalbufar est connu pour la *malvasia*, une variété de raisin qui donne son nom à un vin blanc sec — le Malvoisie, dont le degré d'alcool oscille entre 14 et 14,5°. Les vignes poussent en terrasses près de la mer, constituant un paysage unique à Majorque, caractéristique de ce tronçon de côte. www.malvasiadebanyalbufar.com

À NE PAS MANQUER

BANYALBUFAR

Cette commune idyllique est à cheval entre la montagne et la mer, avec une géographie accidentée qui atteint son point culminant à la **Mola de Planícia**. La grandeur et la beauté de ses côtes escarpées sont visibles depuis la tour **des Verger**. En arabe, *Bahaya al-bujar* signifie « construction près de la mer ». Cette commune a hérité de l'époque islamique un système d'irrigation qui alimente en eau les terrasses fertiles de la côte grâce à un système de réservoirs, de canaux et de fontaines. Deux plages calmes s'ouvrent sur le littoral : **Cala Banyalbufar** et le charmant **Port des Canonge**.

TERRASSES FERTILES

Banyalbufar est un village aux forts dénivelés, sur lequel se détache la silhouette de l'**église de la Nativitat de Santa Maria**, en face de la place, qui conserve l'orgue provenant de l'ancien couvent de Sant Domingo de Palma, considéré comme l'un des instruments baroques les plus précieux au monde. L'architecture civile de la **Baronia** est remarquable. C'est une grande propriété du XVIe siècle transformée en établissement hôtelier, qui conserve une magnifique cour intérieure ou clastra ; elle fut jadis le centre de la vie féodale, doté de pouvoirs juridiques sur toute la vallée. D'autres maisons seigneuriales importantes sont dûment indiquées par des panneaux, comme **Cas Cosí** — désormais un bar avec terrasse, dans la rue Baronia — et **Cas Batle Negre**, dans la rue du Sant Esperit. La boulangerie **Forn des Casino** élabore d'inoubliables ensaimadas et des galettes de pain (*coques*) salées ou sucrées.

En été, la place se remplit de musique avec le festival **Banyalbujazz**, qui rassemble des grandes

▲ Terrasses

vedettes du genre. La journée gastronomique **Eres Negre** est célébrée en été : il n'y manque ni la tomate de ramellet ni le vin de Malvoisie. Cette variété de raisin a commencé à être cultivée à la Serra de Tramuntana à partir de la première moitié du XVIe siècle, mais la crise du phylloxéra au début du XXe siècle incita les cultivateurs à remplacer la production de raisin par celle de tomates. En 1995, un groupe d'entrepreneurs organisa la récupération de la variété malvasía de Banyalbufar. Le vin qui en résulte peut aujourd'hui être dégusté dans tous les bars et restaurants locaux.

▲ Tour des Verger ▼ Port des Canonge

RANDONNÉE À PIED

8 km (aller et retour)

VOLTA DES GENERAL

Il est possible de relier Banyalbufar à pied jusqu'à la plage du Port des Canonge par la Volta des General, un itinéraire signalisé adapté à tous les publics, qui s'effectue en une heure de marche. L'accès au chemin se trouve peu après le point kilométrique 85 de la route d'Esporles à Banyalbufar.

PROPRIÉTÉ PUBLIQUE DE PLANÍCIA

Cette magnifique propriété publique de 445 ha, dont les origines remontent au XIVe siècle, s'étend de la mer au sommet de la Mola de Planícia (940 m). Plusieurs sentiers balisés permettent de contempler des éléments patrimoniaux et ethnologiques de la région.
www.caib.es

Tour des Verger

C'est le monument le plus emblématique de Banyalbufar et l'un des plus beaux points de vue sur la mer de toute la côte de Tramuntana. Elle est également connue comme la tour de Ses Ànimes (la tour des âmes), en raison des différentes légendes évoquant des apparitions fantômatiques dans ce lieu. Il s'agit d'une tour à signaux construite au XVIe siècle pour alerter la population de l'arrivée éventuelle d'envahisseurs. Elle communiquait avec d'autres tours situées entre Sóller et Sa Dragonera. Elle fut rachetée par des particuliers à la fin du XIXe siècle : l'un de ses propriétaires était l'archiduc Louis-Salvador de Habsbourg-Lorraine. Avec le temps, elle subit les effets de l'abandon, jusqu'à sa récupération en 1995, lorsqu'elle fut déclarée Bien d'intérêt culturel.

▲ **Cala Banyalbufar**

Cala Banyalbufar

Cette crique entre la Punta de sa Galera et Sa Pedra de s'Ase s'étend en forme de V et s'achève sur une crique tranquille avec une plage de galets. L'affluence de touristes est modérée. Elle est entourée de falaises lumineuses ornées de vieux pins, dont certains sont penchés par l'effet du vent, et ses eaux transparentes sont une invitation à la baignade et à la plongée sous-marine. L'accès à pied ou par la route est simple, et s'effectue en suivant les indications depuis le centre de Banyalbufar. La plage dispose d'un parking. Une seule paillote de plage est ouverte en été et dégage une bonne ambiance.

Port des Canonge

Port naturel de Banyalbufar, dont la beauté a été maintenue presque intacte, avec une plage étroite de galets, parfois couverte de restes de *Posidonia oceanica*, plante marine qui contribue à rendre l'eau de mer transparente. Dans un coin, on voit des barques de pêcheurs ainsi que des escars, de petites cabanes où sont entreposés les filets et les outils. Pour y accéder par la route, il suffit de suivre les indications depuis Banyalbufar, en faisant attention lors du dernier tronçon, car les virages peuvent atteindre 180°. Il est facile de garer son véhicule dans les alentours. Des restaurants situés à proximité de la plage servent du poisson et des fruits de mer ou des plats à base de riz et de produits de la mer. L'accès à Banyalbufar depuis le Port des Canonge peut être effectué à pied en une heure par la splendide Volta des General.

2

TRONÇON 2

- **VALLDEMOSSA**
- Port de Valldemossa
- S'Estaca
- Miramar
- **DEIÀ**
- Son Marroig
- Sa Foradada
- Cala Deià
- **LLUCALCARI**
- **SÓLLER**
- **PORT DE SÓLLER**
- Platja d'en Repic
- Es Través
- **BINIARAIX**
- **FORNALUTX**
- **ESCORCA**
- **SANTUARIO DE LLUC**
- Gorg Blau
- Cúber
- Cala Tuent
- Torrent de Pareis
- Sa Calobra
- **POLLENÇA**
- **CALA SANT VICENÇ**
- Cala Bòquer
- Cap de Formentor

SERRA DE TRAMUNTANA

CÔTE NORD

DE VALLDEMOSSA À POLLENÇA

Ce tronçon est appelé la Côte Nord de Majorque, où la Serra de Tramuntana disparaît dans les falaises spectaculaires et vertigineuses de Formentor. Tout le littoral forme un paysage sauvage, agreste, dominé par des parois rocheuses très élevées, parfois adoucies par des criques isolées et solitaires comme Cala Castell, ou bien très fréquentées en été en raison de leur beauté, comme Sa Calobra. Vers l'intérieur, les villages de Valldemossa, Deià, Sóller ou Pollença sont fiers de leurs traditions : leurs vallées et leurs montagnes sont parcourues par des centaines de chemins, un vrai paradis pour les randonneurs.

À NE PAS MANQUER

CHARTREUSE DE VALLDEMOSSA P. 75

FORNALUTX P. 87

TORRENT DE PAREIS SA CALOBRA P. 93

CAP DE FORMENTOR P. 101

◂ **Son Marroig**

2

Badia de Sóller
Cap Gros
MA-1150
Punta de Sóller
sa Muleta
Muleta de Ca s'Hereu
Cala des Gall
sa Muleta
222
sa Roteta
Punta des Dolç
Ca n'Aí
es Canyaret
Llucalcari
s'Heretat
Can Prohom
Punta de Deià
Cala de Deià
Son Bujosa
Son Coll
Ca l'Abat
Son Marroig
s'Empeltada
Punta de sa Foradada
Torrent des Cinc Punts
sa Cova de sa Sal
Deià
Galera
905
MA-10
Can Pelat
Mirador de ses Pites
Miramar
sa Pedra Blanca
Son Vega
Cala de Valldemossa
Punta de s'Estaca
Son Galceran
Puig des Teix
1062
Coll de Sóller
Mirador des Puig de sa Moneda
la Trinitat
Puig des Caragolí
946
s'Estanca
Talaià Vella
871
MA-11A
Biniforaní Nou
Port de Valldemossa
Puig Gros
874
es Port des Canonge
es Racó de sa Cova
sa Marina
Biniforaní Vell
Alfàbia Nou
Platja de Son Bunyola
Son Mas
Son Moragues
Son Moragues
MA-1131
sa Coma
Pastoritx
Puig de sa Moneda
MA-1130
Cartoixa
Valldemossa
s'Alqueria d'Avall
Punta des Cavall
George Sand
Son Verí
sa Muntanya
Port des Canonge
Cala de Banyalbufar
Comellar de l'Infern
Punta de na Ferranda
Son Bunyola
Son Coll
sa Bèdula
Son Salvat
Son Morro
s'Alqueria Blanca
Sa Cabarola
Nova Valldemosa
Son Brondo
Raixeta
Ca Madò Paula
Son Cabaspre
Son Matge
Club Hípico La Gubia
Mirador de ses Ànimes
Punta des Verger
Puig des Boixos
Son Valentí
626
Pedrera de Son Puig
Banyalbufar
Torrent des Pinar de Conet
Raixa
Son Dameto
Biniatzar
MA-10
Son Sanutges
Can Granereta
Son Puig
Sanatori de Caubet
s'Arboçar
Joan March
MA-1100
Son Parcs
Son Serralta
Planícia
Mola de Planícia
ses Mosqueres
MA-1110
s'Heretat
933
Torrent d'Esporles
Esporles
Son Antic
sa Font seca
sa Granja
Son Maxella
Son Macelles
MA-2030
Serra

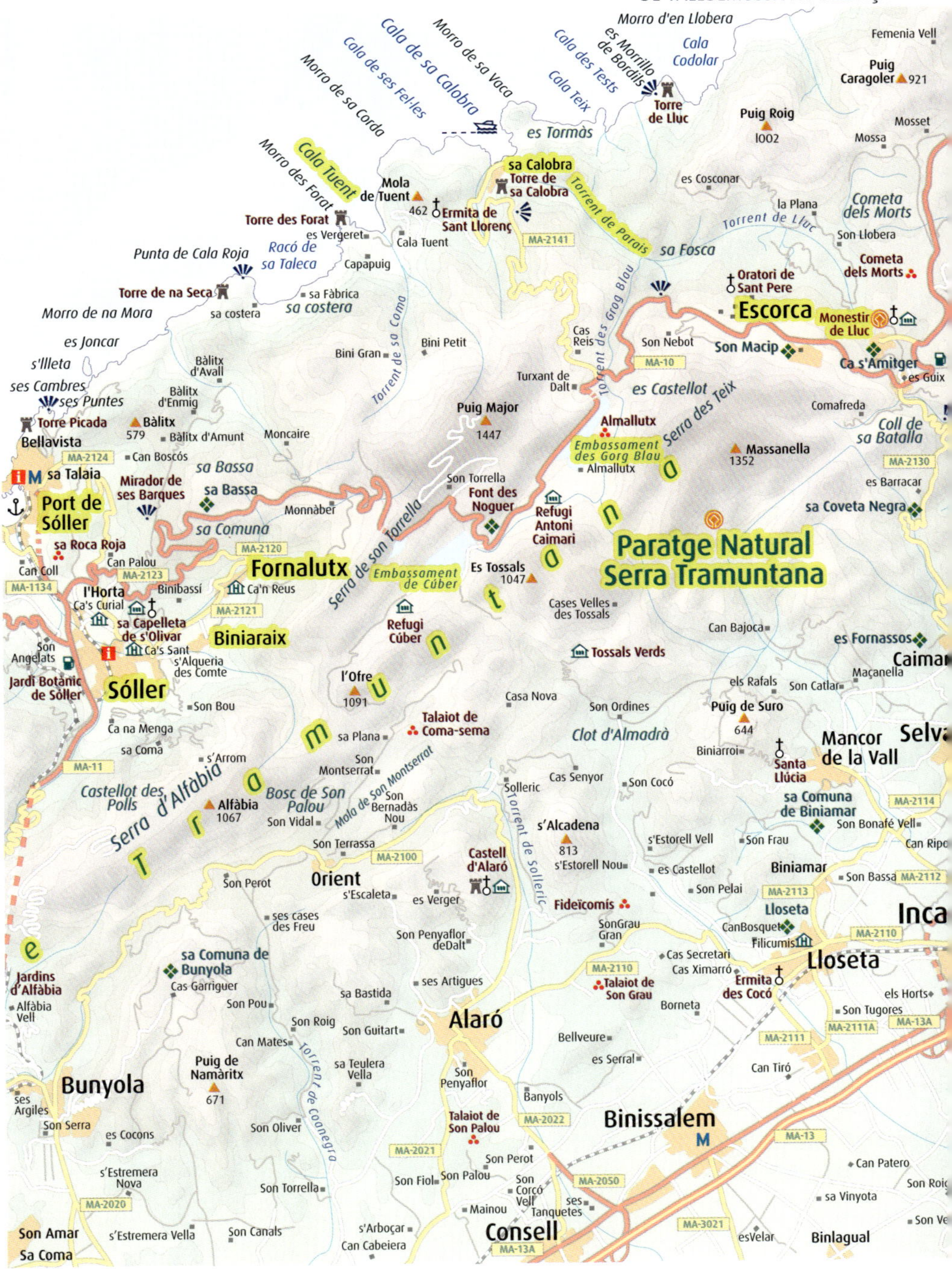
Morro d'en Llobera
Femenia Vell
Cala Codolar
es Morrillo de Bordils
Cala des Tests
Cala Teix
Torre de Lluc
Puig Caragoler 921
Morro de sa Vaca
Cala de sa Calobra
Cala de ses Fel·les
Morro de sa Corda
es Tormàs
Puig Roig 1002
Mosset
Mossa
Morro des Forat
Cala Tuent
Mola de Tuent 462
sa Calobra
Torre de sa Calobra
Torrent de Pareis
es Cosconar
Ermita de Sant Llorenç
Torre des Forat
es Vergeret
Cala Tuent
MA-2141
la Plana
Cometa dels Morts
Torrent de Lluc
Son Llobera
Punta de Cala Roja
Racó de sa Taleca
Capapuig
sa Fosca
Cometa dels Morts
Oratori de Sant Pere
Torre de na Seca
sa Fàbrica
sa costera
sa costera
Torrent de sa Coma
Torrent des Gorg Blau
Morro de na Mora
Escorca
Monestir de Lluc
Cas Reis
Son Nebot
Son Macip
es Joncar
Bini Gran
Bini Petit
Ca s'Amitger
s'Illeta
Bàlitx d'Avall
MA-10
Turxant de Dalt
es Guix
ses Cambres
Bàlitx d'Enmig
es Castellot
Serra des Teix
ses Puntes
Comafreda
Torre Picada
Bàlitx 579
Bàlitx d'Amunt
Moncaire
Puig Major 1447
Almallutx
Coll de sa Batalla
Bellavista
MA-2124
Can Boscós
Embassament des Gorg Blau
Almallutx
Massanella 1352
MA-2130
sa Talaia
sa Bassa
Mirador de ses Barques
Son Torrella
es Barracar
Port de Sóller
sa Bassa
Font des Noguer
Monnàber
Refugi Antoni Caimari
sa Coveta Negra
sa Comuna
Serra de son Torrella
Paratge Natural Serra Tramuntana
sa Roca Roja
MA-2120
Can Palou
Can Coll
MA-2123
Fornalutx
Embassament de Cúber
Es Tossals 1047
MA-1134
l'Horta
Binibassí
Ca'n Reus
Ca's Curial
MA-2121
Refugi Cúber
Cases Velles des Tossals
sa Capelleta de s'Olivar
Biniaraix
Can Bajoca
Son Angelats
Ca's Sant
s'Alqueria des Comte
Tossals Verds
es Fornassos
Caimar
Jardí Botànic de Sóller
Sóller
l'Ofre 1091
els Rafals
Son Catlar
Maçanella
Son Bou
Casa Nova
Son Ordines
Puig de Suro 644
Ca na Menga
Talaiot de Coma-sema
sa Plana
Clot d'Almadrà
sa Coma
Biniarroi
Mancor de la Vall
Selva
s'Arrom
Son Montserrat
Santa Llúcia
MA-11
Mola de Son Montserrat
Solleric
Cas Senyor
Son Cocó
sa Comuna de Biniamar
Castellot des Polls
Serra d'Alfàbia
Alfàbia 1067
Bosc de Son Palou
Son Bernadàs Nou
Torrent de Solleric
MA-2114
Son Vidal
s'Alcadena 813
Son Bonafé Vell
s'Estorell Vell
Son Frau
Can Ripoll
Son Terrassa
Castell d'Alaró
MA-2100
s'Estorell Nou
es Castellot
Biniamar
Son Bassa
MA-2112
Son Perot
Orient
Son Pelai
MA-2113
s'Escaleta
es Verger
Fideïcomís
Lloseta
Inca
ses cases des Freu
SonGrau Gran
CanBosquet
Filicumis
MA-2110
Son Penyaflor deDalt
Cas Secretari
MA-2110
Cas Ximarró
Lloseta
sa Comuna de Bunyola
Jardins d'Alfàbia
Cas Garriguer
ses Artigues
Ermita des Cocó
Talaiot de Son Grau
sa Bastida
els Horts
Alfàbia Vell
Son Pou
Borneta
Son Tugores
Alaró
MA-2111A
MA-13A
Son Roig
Son Guitart
Bellveure
MA-2111
Can Mates
Puig de Namàritx 671
Torrent de Coanegra
sa Teulera Vella
es Serral
Can Tiró
Son Penyaflor
Bunyola
ses Argiles
Banyols
Talaiot de Son Palou
MA-2022
Binissalem
Son Serra
es Cocons
Son Oliver
MA-13
MA-2021
Son Perot
Can Patero
s'Estremera Nova
Son Palou
Son Fiol
Son Corcó Vell
MA-2050
Son Roig
Son Torrella
sa Vinyota
MA-2020
ses Tanquetes
Mainou
Son Ve
MA-3021
Son Amar
s'Estremera Vella
Son Canals
s'Arboçar
Consell
esVelar
Binlagual
Can Cabeiera
MA-13A
Sa Coma
T r a m u n t a n a

2

Cala Castell
Punta Topina
el Penyal Gran
Cambra de sa Senyora
Castell de Baix
Castell d'en Ros
La Codolada
Castell del Rei
Cornavaques
542
Can Miquelet
Serra de Sant Vicenç
Cova del Xaloc
Racó d'en Martorell
Cala Solleric
Racó de ses Olles
Punta Beca
Torrent del Miracle
MA-2203
Can Martorell
Can Botana
Molí d'en Coc
Serra de sa Font
CingleVerd
es Musclos de ses Cordes
es Musclos des Llorers
Ariant de Baix
Hort d'en Font
la Cel·la
Ternelles
839
Ternelles
Molí d'en Cosme
Cingle des Pi
Torre d'Ariant
Rafal d'Ariant
Hort de Ternelles
la Font
les Mars Fresques
Ariant de Dalt
MA-2200
Torrent de Ternelles
Torrent de Mortitx
Can Moragues
Racó de sa Figuera
Morro d'en Llobera
Cala Codolar
Pedruixella Gran
Cases de Llinàs
Santuïri
el Calvari
Pont romà
Can Serra
Pedruixella Petit
Femenia Vell
MA-2202
Son Grua
Pollença
sa Cova
Mortitxet
Mortitx
Puig Caragoler
921
Torre de Lluc
Puig de Maria
333
Santuari Mare de Déu des Puig
MA-10
Son Marc
Torrent de Son Marc
la Coma
Femenia Nou
Can Barba
Puig Roig
1002
Mosset
Vall d'en Marc
el Pujol
Colonya
Mossa
Torrent de Son Brull
Fartàritx Gran
Muntanya
Fartàritx des Recó
Ca'n Guilló
es Rafalet
Els Rafals
l'Assarell
Can Bosc
es Cosconar
Serra de sa Coma
Can Puig
la Plana
Cometa dels Morts
Puig Tomir
Puig de Ca Miner
Torrent de Lluc
Can Sureda de Dalt
Son Llobera
Binifaldó
1103
884
Miner Gran
la Mola
l'Aixartell
sa Fosca
443
Cometa dels Morts
Refugi de Binifaldó
Oratori de Sant Pere
Menut
Can Gall
Serra des Pas d'en Bisquerra
Can Terrassa
Binifaldó
Can Fava
MA-10
Escorca
Monestir de Lluc
Miner Petit
Maçana
Nebot
Son Macip
MA-2200
Alcanella
Can Navarra
Ca s'Amitger
Hort de Biniatró
Biniatró
Son Llorenç
es Guix
Coll de sa Batalla
Gerreria Colomar
Serra de Tramuntana
Serra des Teix
Comafreda
Son Mascord
Son Toni
Ses Fonts Ufanes
es Camp
es Fangar
Crestatx
Massanella
1352
Puig d'en Costurer
es Fangar
Oratori de Crestatx
Puig de Sant Miquel
s'Ubac
Puig Mitjà
Llibellí Petit
327
Son Claderа
532
MA-2130
192
es Velets
es Barracar
sa Coma
384
Llibellí Gran
Son Ferragut
Monnàber Nou
Coves de Campanet
Son Alagre
Son Gallina
sa Coveta Negra
Puig des Barracar
es Castell
Gaietà Gran
Monnàber Vell
Els Albellons
Can Beià
621
Santiani
Son Estrany
Paratge Natural Serra Tramuntana
Ca l'Amo en Rei
Son Grau
Son Corró
Albairet
MA-3420
Binibona
Son Riera
MA-3450
Ullaró
MA-3421
Can Guixa
Can Bajoca
Son Sastre
Son Morro
Caimari
Campanet
Son Perot
Can Duet
es Fornassos
MA-2131
MA-2132
es Rafal
sa Pobla
MA-13A

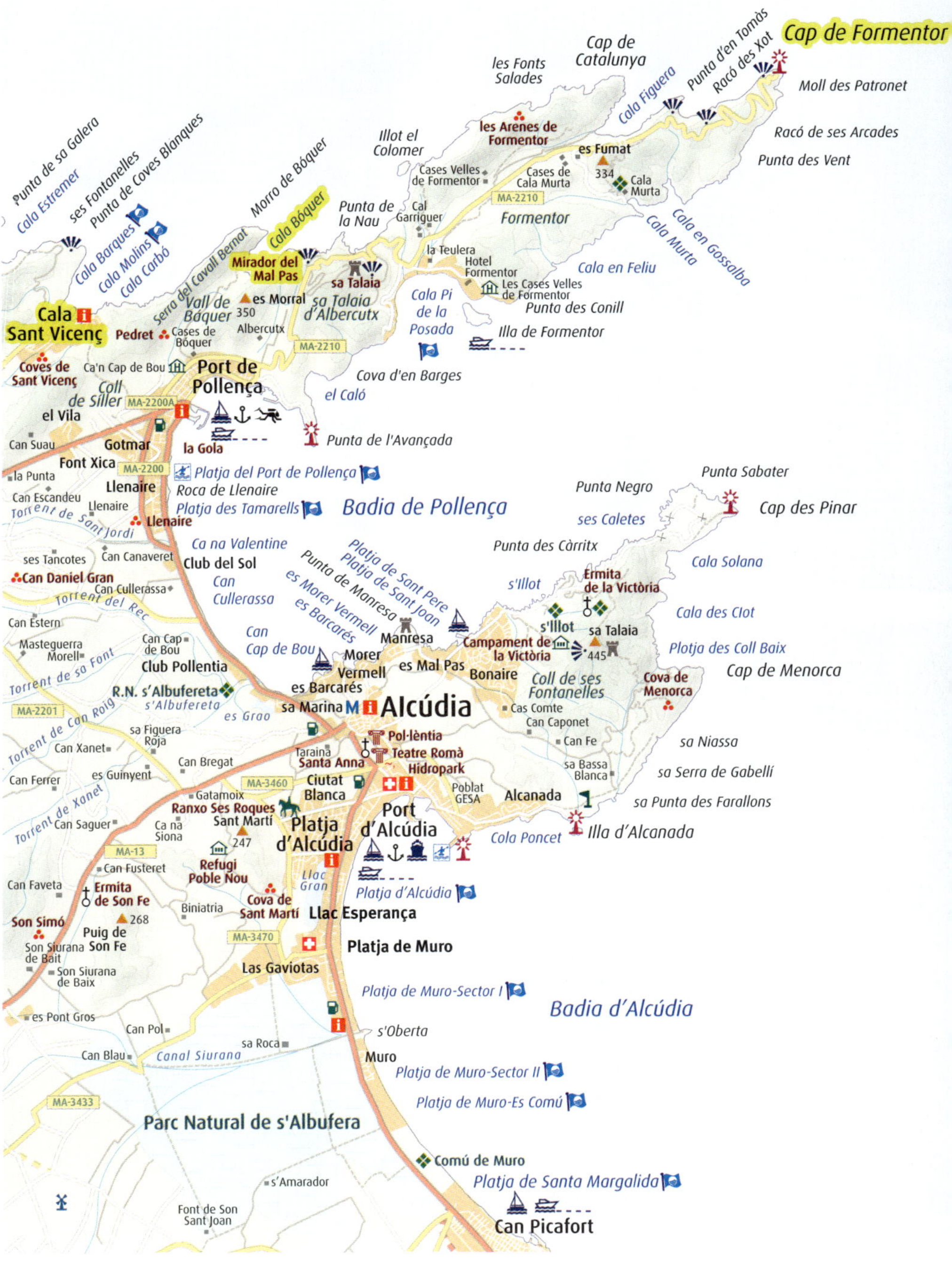
Cap de Formentor
Cap de Catalunya
les Fonts Salades
Punta d'en Tomàs
Racó des Xot
Cala Figuera
Moll des Patronet
les Arenes de Formentor
es Fumat
334
Cala Murta
Cases de Cala Murta
Racó de ses Arcades
Punta des Vent
Illot el Colomer
Cases Velles de Formentor
MA-2210
Formentor
Cala en Gossalba
Cala Murta
Punta de sa Galera
Cala Estremer
ses Fontanelles
Punta de Coves Blanques
Morro de Bóquer
Cala Bóquer
Punta de la Nau
Cal Garriguer
Cala Barques
Cala Molins
Cala Carbó
Serra del Cavall Bernat
Mirador del Mal Pas
sa Talaia
la Teulera
Hotel Formentor
Les Cases Velles de Formentor
Cala en Feliu
Cala Sant Vicenç
Vall de Bóquer
es Morral
350
sa Talaia d'Albercutx
Cala Pi de la Posada
Punta des Conill
Pedret
Cases de Bóquer
Albercutx
MA-2210
Illa de Formentor
Coves de Sant Vicenç
Ca'n Cap de Bou
Port de Pollença
Cova d'en Barges
Coll de Síller
MA-2200A
el Caló
el Vila
la Gola
Punta de l'Avançada
Can Suau
Gotmar
Font Xica
MA-2200
Platja del Port de Pollença
la Punta
Llenaire
Roca de Llenaire
Punta Sabater
Punta Negro
Can Escandeu
Llenaire
Platja des Tamarells
Badia de Pollença
Cap des Pinar
Torrent de Sant Jordi
Llenaire
ses Caletes
Ca na Valentine
Punta des Càrritx
ses Tancotes
Can Canaveret
Club del Sol
Cala Solana
Can Daniel Gran
Can Cullerassa
Can Cullerassa
Platja de Sant Pere
Platja de Sant Joan
Punta de Manresa
es Morer Vermell
es Barcarés
s'Illot
Ermita de la Victòria
Torrent del Rec
Can Estern
Cala des Clot
Masteguerra
Morell
Can Cap de Bou
Can Cap de Bou
Manresa
s'Illot
sa Talaia
Campament de la Victòria
445
Plotja des Coll Baix
Club Pollentia
Morer Vermell
es Mal Pas
Bonaire
Coll de ses Fontanelles
Cap de Menorca
Torrent de sa Font
R.N. s'Albufereta
s'Albufereta
es Barcarés
Cova de Menorca
MA-2201
sa Marina
Alcúdia
Cas Comte
Can Caponet
es Grao
Torrent de Can Roig
sa Figuera Roja
Pol·lèntia
Can Fe
sa Niassa
Can Xanet
Taraina
Teatre Romà
Can Bregat
Santa Anna
Hidropark
sa Bassa Blanca
sa Serra de Gabellí
Can Ferrer
es Guinyent
MA-3460
Ciutat Blanca
Poblat GESA
Alcanada
sa Punta des Farallons
Gatamoix
Ranxo Ses Roques
Torrent de Xanet
Can Saguer
Ca na Siona
Sant Martí
Platja d'Alcúdia
Port d'Alcúdia
Cola Poncet
Illa d'Alcanada
247
MA-13
Can Fusteret
Refugi Poble Nou
Llac Gran
Platja d'Alcúdia
Can Faveta
Ermita de Son Fe
Cova de Sant Martí
Biniatria
Llac Esperança
Son Simó
268
Puig de Son Fe
Son Siurana de Bait
Son Siurana de Baix
MA-3470
Platja de Muro
Las Gaviotas
Platja de Muro-Sector I
Badia d'Alcúdia
es Pont Gros
s'Oberta
Can Pol
sa Roca
Can Blau
Canal Siurana
Muro
Platja de Muro-Sector II
Platja de Muro-Es Comú
MA-3433
Parc Natural de s'Albufera
Comú de Muro
s'Amarador
Platja de Santa Margalida
Font de Son Sant Joan
Can Picafort

▲ Valldemossa

▲ La Cartoixa (Chartreuse)

▲ Palais du roi Sanche

Mairie de Valldemossa
Passatge Jardí de Joan Carles I, s/n
Tél. 971 612 002
www.ajvalldemossa.net
Office du tourisme
Av. de Palma, 7
Tél. 971 612 019
oficinaturisme@valldemossa.es
Renseignements touristiques
www.valldemossa.com
cartujadevalldemossa.com
Transports
www.tib.org
Tél. 971 177 777
Taxi
Tél. 606 367 375

RANDONNÉE À PIED

2 km (aller et retour)

CHAPELLE DE LA TRINITAT

Le point de départ de ce chemin est situé au point kilométrique 69,9 de la route de Valldemossa à Deià, en face du restaurant Can Costa. Il mène à cette chapelle du XVIIIe siècle, un endroit idyllique disposant de tables de pique-nique à l'ombre. Des ermites vivaient ici depuis le XIIIe siècle. Selon les pêcheurs, ils étaient capables d'arrêter une tornade avec un simple signe de croix.

À NE PAS MANQUER

VALLDEMOSSA

Valldemossa surgit soudain au détour de la route d'accès, un village de rêve au milieu d'une vallée profonde, dominé par la majestueuse chartreuse, un bâtiment religieux concentrant une grande partie de l'histoire locale. Bien qu'il s'agisse d'un endroit assez fréquenté en été, il est agréable de flâner dans ses rues en pente, flanquées de maisons de pierre décorée de plantes et de fleurs. Cette atmosphère inspira des écrivains tels que Gaspar de Jovellanos, Rubén Darío ou Santiago Rusiñol. L'accès à la mer s'effectue par le beau Port de Valldemossa. La commune détient un patrimoine colossal, avec des joyaux comme le monastère de Miramar, fondé par Ramon Llull.

L'EMPREINTE DE LA CHARTREUSE

La dualité de Valldemossa s'apprécie de loin : d'un côté, l'ensemble monumental de la chartreuse, et de l'autre, les rues concentrées autour de l'église. La **chartreuse de Jesús de Natzarè**, décloîtrée en 1835, est un symbole local attirant de nombreux visiteurs. Elle a été fondée en 1399 sur l'ancienne résidence des rois de Majorque, le **palais du roi Sanche**, lorsque le roi Martin l'offrit aux chartreux, qui s'y installèrent et l'adaptèrent à leurs besoins. Ils vécurent dans le palais pendant plus de 300 ans, mais décidèrent au début du XVIIIe siècle de construire un nouveau bâtiment.

Les parties du monastère ouvertes au public sont le **cloître de les Murteres**, la **pharmacie**, la **cellule du prieur** et les **cellules** qui conservent des souvenirs du séjour de l'écrivain français **George Sand** et du pianiste polonais **Frédéric Chopin**. Après son séjour dans l'île, George Sand écrivit *Un hiver à Majorque*, où elle raconte ses expériences parfois frustrantes avec les habitants de Majorque, et les sensations que lui inspira ce paysage. Tous les mois d'août, le cloître de la chartreuse accueille le prestigieux **Festival Chopin**, avec des pianistes mondialement connus.

L'**église de Sant Bartomeu** s'élève sur la place de Santa Catalina Tomàs, à quelques mètres de la **maison natale de Santa Catalina Tomàs**. Aux alentours, des rues étroites, empierrées et décorées de pots de fleurs, comme celle de la Rectoria ou del Pare Castanyeda. La **fondation Coll Bardolet**, qui expose l'œuvre de ce peintre catalan qui a vécu pendant des années à Valldemossa, est située dans la rue Blanquerna.

▲ **Rue pavée**

▲ Port de Valldemossa ▼ Miramar

Port de Valldemossa

Cette plage que les habitants de Valldemossa appellent Sa Marina se trouve à 6 km du village. Elle est accessible en voiture depuis Valldemossa en suivant les indications, par une route sinueuse à la pente très prononcée, qu'il convient d'emprunter avec précaution. Cet ancien hameau de pêcheurs est devenu un site touristique, qui reste cependant solitaire en hiver. Il englobe un bon tronçon du littoral, sur lequel s'ouvre une plage de galets, de graviers et restes de la plante marine herbier de posidonie, fréquentée par des kayakistes. Tout près, le restaurant Es Port est un endroit idéal pour déguster une cassolette de langouste ou du poisson frais grillé.

SANTA CATALINA TOMÀS

Cette sainte originaire de Valldemossa est née en 1531. Elle était populaire, vénérée, et sa vie était une succession de légendes. Les Festes de la Beata (fêtes de la béate) sont célébrées en juillet en son honneur : une fillette de six ans est choisie par tirage au sort pour incarner la Sainte et parcourir tout le village dans un chariot.

S'Estaca

▲ **S'Estaca**

Ancien hameau de pêcheurs, ce village accueille aujourd'hui des touristes chanceux. Une minuscule crique entourée de rochers, avec de vieux escars ou cabanes originellement destinées à garder les barques, borde des eaux transparentes qui sont une invitation à la baignade et à la plongée. Pour y accéder, emprunter la déviation à droite au point kilométrique 3,9 de la route du Port de Valldemossa. Une petite aire de stationnement accueille les véhicules. Continuer la promenade à pied pendant une heure par un sentier qui descend jusqu'à la mer. Sur le chemin se trouve la propriété bien soignée de S'Estaca, avec une maison construite par l'archiduc Louis-Salvador de Habsbourg-Lorraine selon le style de Lípari, blanchie à la chaux et aux toits plats, appartenant désormais à l'acteur Michael Douglas.

Monastère de Miramar

L'accès de cet ancien monastère ouvert aux visites s'effectue depuis la route de Valldemossa à Deià. Il a été fondé en 1276 par le roi Jacques II sur commande de Ramon Llull, dont l'objectif était de créer un Collège de langues orientales pour former les moines destinés à convertir les infidèles au christianisme par le pouvoir des mots. Llull vécut trois ans à Miramar, où il écrivit certaines de ses œuvres. Le monastère fut racheté en 1872 par l'archiduc Luis-Salvador de Habsbourg-Lorraine. L'intérieur du bâtiment conserve des souvenirs de ces deux personnages, et des curiosités comme la première imprimerie de Majorque.

▲ ▼ **Deià**

Mairie de Deià
Porxo, 4
Tél. 971 639 077
www.ajdeia.net
Transports
www.tib.org
Tél. 971 177 777
Taxi
Tél. 619 096 275

DEIÀ
LLUCALCARI

Un village mythique ressemblant à une crèche, tel que le décrivit Santiago Rusiñol, baigné de l'empreinte invisible que lui ont laissée des artistes du monde entier, parmi lesquels l'écrivain britannique Robert Graves. Les rues ont de fortes pentes, et l'on aurait envie de vivre dans l'une de ces maisons en pierre, avec des petits jardins et des terrasses débordant de fleurs. Avec 5 km de côtes escarpées, la commune possède les plages de Cala Deià, à l'atmosphère chic, et de Llucalcari, ainsi que des paysages qui sont devenus des symboles de Majorque, comme la péninsule de Sa Foradada ou la possessió de Son Marroig.

ATMOSPHÈRE COSMOPOLITE

Deià est un village aux forts dénivelés, avec une population dispersée et trois zones différenciées : Es Puig ou la partie haute, couronnée par l'église et le petit cimetière ; la partie moyenne, le long de la route de Valldemossa à Sóller ; et Es Clot ou la partie basse, le cœur historique du village. Les établissements d'artisanat exotique, de vêtements hippy-chic, les galeries d'art et les petits restaurants, souvent gérés par des étrangers qui ont fait de ce village leur lieu de résidence, sont abondants.

L'attraction de Deià comme lieu d'inspiration pour les artistes provient en grande partie de **Robert Graves** — auteur de nouvelles telles que *Moi, Claude* —, qui vécut ici de 1946 jusqu'à sa mort en 1985. La maison **musée Robert Graves** ou Ca n'Alluny, sa maison ouverte au public, où séjournèrent des artistes tels que Gabriel García Márquez et Ava Gardner, expose plusieurs de ses souvenirs.

L'**église de Sant Joan Baptista**, construite au XVIe siècle et rénovée au XVIIIe siècle, conserve un clocher qui servait de tour de défense. Comme de nombreuses églises de l'époque, elle comporte deux entrées : le portail principal, celui des femmes, et le portail latéral, par où entraient les hommes. Le petit **cimetière**, où reposent des personnalités telles que Graves lui-même, Antoni Gelabert ou Antoni Ribas, se trouve à proximité. Ici, la mort ne fait pas peur et au contraire, on y contemple la meilleure vue panoramique sur la mer.

Le **musée archéologique de Deià**, fondé par William Waldren, se trouve dans le quartier d'Es Clot. Un squelette de *Myotragus balearicus*, chèvre du quaternaire, y est exposé. Pendant les nuits d'été, l'ambiance de Deià s'anime, principalement grâce au **Cafè Sa Fonda**, qui organise de nombreux concerts.

FESTIVAL INTERNACIONAL DE DEIÀ

Depuis 1978, ce festival — l'un des plus prestigieux de Majorque — célébré entre mai et septembre, est principalement consacré à la musique de chambre. Les concerts sont donnés dans des lieux grandioses comme Son Marroig, Miramar ou l'église de Deià.
www.dimf.com

Son Marroig

Impressionnante possessió achetée en 1870 par l'archiduc Louis-Salvador de Habsbourg-Lorraine, qui rénova la maison et fit construire un **petit temple** néoclassique dans le jardin, d'où l'on peut voir la pointe de Sa Foradada et, les jours clairs, Sa Dragonera. Le **musée de Son Marroig**, consacré à l'archiduc, se trouve dans la maison. Il expose des tableaux de Joan Bauçà, d'Anglada Camarasa, de Joaquim Mir et d'Antoni Ribas Prats, entre autres, et une collection de céramique antique. Un point de vue, un bar et un bon restaurant se trouvent près du parking.

▲ **Son Marroig**

Sa Foradada

Sa Foradada doit son nom à un trou de 18 m de diamètre qui traverse la falaise, et qui en a fait un emblème de la côte nord de la Serra de Tramuntana. Les passionnés de **plongée** sous-marine considèrent qu'il s'agit de l'un des plus beaux sites de plongée de l'île, et de nombreuses personnes viennent y contempler le coucher du soleil. Cette péninsule fut jadis un îlot, comme le montrent certaines cartes anciennes de Majorque. Une bataille historique eut lieu ici en 1582, lorsque 150 corsaires d'Afrique du Nord furent vaincus par seulement 50 chrétiens sous les ordres du capitaine Mateu Sanglada. Ces attaques encouragèrent la construction d'un système de tours fortifiées pour protéger toute la côte.

▲ **Sa Foradada**

PROMENADE À PIED

8 km (aller et retour)

DE SON MARROIG À SA FORADADA

Le chemin qui mène jusqu'au petit embarcadère de Sa Foradada part de Son Marroig. La promenade dure environ une heure. Le restaurant Sa Foradada, en bord de mer, propose une cuisine méditerranéenne avec de splendides vues sur la Costa Nord.

RANDONNÉE À PIED

2 km (aller et retour)

TOUR DE SA PEDRISSA

Une promenade d'environ 20 minutes permet de rejoindre la tour de Sa Pedrissa, avec des vues sur la côte, depuis la Cala Deià. C'est l'une des tours de défense qui permettaient d'alerter la population sur l'arrivée d'éventuels ennemis, désormais devenue un magnifique point de vue.

Cala Deià

Située entre les pointes de Deià et de Son Beltran, cette crique est le lieu de baignade préféré des locaux, entouré de falaises moyennement élevées et d'eaux transparentes. C'était jadis un refuge pour les bateaux de pêche : quelques escars ou cabanes de pêcheurs y sont encore conservées. Jusqu'à la moitié du XXe siècle, des vignes et des légumes étaient cultivés à proximité. En été, il convient d'arriver tôt pour trouver une place sur cette plage de galets, fréquentée par des célébrités. On y trouve une paillote et le restaurant **Ca's Patró March**, un endroit qui se fond dans le paysage, exceptionnel pour manger du poisson frais au bord de la mer.

▲ **Cala Deià**

LLUCALCARI

Ce hameau était la ferme la plus importante de la commune de Deià au XIIIe siècle. C'est désormais une zone touristique avec 20 maisons, dont certaines disposent de tours de défense, et un oratoire datant de 1600. Llucalcari donne également son nom à la crique locale. Le nudisme est pratiqué sur cette crique de galets. De l'eau de la montagne coule d'un canal, et certains baigneurs utilisent la boue ainsi formée pour s'en enduire le corps et bénéficier de ses propriétés. Le village se trouve à environ 3 km de Deià en direction de Sóller ; on peut rejoindre les maisons en voiture, se garer sur la route et continuer à pied pendant environ 300 m.

▲ **Llucalcari**

▲ Plaça de la Constitució ▼ Can Prunera

Mairie de Sóller
Plaça de la Constitució, 1
Tél. 971 630 200
www.ajsoller.net

Offices du tourisme
OIT Sóller
Pl. d'Espanya, 15
Tél. 971 638 008
oitsoller@a-soller.es

OIT Port de Sóller
Canonge Oliver, 10
Tél. 971 633 042

Renseignements touristiques
www.visitsoller.com

Transports
www.tib.org
Tél. 971 177 777

Tren de Sóller
www.trendesoller.com

Taxi
Tél. 971 638 484

À NE PAS MANQUER

TRAIN ET TRAMWAY

Le train de Sóller est en bois, à voie étroite. Il relie Palma à Sóller depuis 1912. Un tramway fait la navette entre Sóller et le Port de Sóller depuis 1913. Offrez-vous un confortable voyage dans le temps et dans l'espace. Les départs sont assez fréquents.
www.trendesoller.com

SÓLLER

PORT DE SÓLLER • BINIARAIX

Sóller s'épanouit dans une vallée fertile, entouré d'oliviers, d'orangers et de jardins potagers, dans une atmosphère sereine. Village tourné vers le commerce et les produits de la terre, ses rues étroites renferment des boutiques d'artisanat et des demeures modernistes érigées par les immigrants qui revinrent au pays après avoir fait fortune en Amérique du Sud ou en France. Traversé par la *Ruta de la Pedra en Sec*, c'est une commune appréciée par les randonneurs qui parcourent le vieux chemin de pierre du Barranc de Biniaraix. Sur la côte, la commune se tourne vers la mer par l'intermédiaire du Port de Sóller, avec les plages urbaines d'En Repic et d'Es Través.

VILLE MODERNISTE

La **station de chemin de fer** ponctue les arrivées et les départs du train en bois qui relie Palma à Sóller depuis 1912. C'est un bâtiment rénové, avec des décorations Art nouveau, dont le rez-de-chaussée accueille une exposition permanente de céramiques de **Picasso** et deux séries de gravures de **Joan Miró**. L'empreinte moderniste et historiciste est visible dans les rues du centre, où s'élèvent les maisons seigneuriales des émigrants, construites ou rénovées à leur retour au début du xxe siècle. Le contact étroit avec la France a conduit à des mariages mixtes. C'est pourquoi le français est toujours parlé dans de nombreux foyers et établissements. L'une de ces maisons est **Can Prunera**, désormais **musée du modernisme**, qui expose une partie de son mobilier d'époque et une collection d'art avec des œuvres de Kandinksy, Warhol ou Miquel Barceló, entre autres.

L'âme de la vie locale est la **Plaça de la Constitució**, pleine de bars avec des terrasses et quelques pâtisseries, présidée par l'**église de Sant Bartomeu** et la **Banque de Sóller**. Ces deux bâtiments sont ornées de décorations modernistes, réalisées par un disciple de Gaudí, l'architecte catalan Joan Rubió i Bellver. Les tons gris de la pierre proviennent de la pierre calcaire locale. Plusieurs restaurants de cuisine traditionnelle et d'auteur se trouvent aux alentours.

Les **fêtes de *Moros i cristians*** sont célébrées tous les ans en mai, avec une bataille qui commémore la victoire des sollerics sur les sarrasins en 1561.

▲ **Orangers**

▲ ▼ Port de Sóller

▼ Plage d'En Repic

PROMENADE À PIED

17 km

CAMÍ DE SA COSTERA

Une randonnée classique de presque quatre heures qui part du Mirador de Ses Barques — où il est possible de garer son véhicule —, qui passe par la Font de Bàlitx, la *possessió* de Bàlitx d'Avall, le Coll de Biniamar, la Font des Verger et le Coll de na Polla, pour arriver à la Cala Tuent. www.senderosdemallorca.com

JARDIN BOTANIQUE DE SÓLLER

Il expose une vaste représentation de la flore autochtone, de celle d'autres îles de la Méditerranée ainsi que de certains exemplaires des îles Canaries. La banque de germoplasme de la fondation Jardí Botànic de Sóller conserve les graines des espèces les plus menacés. www.jardibotanicdesoller.org

PORT DE SÓLLER

Un tramway en bois relie la ville au Port de Sóller. Ce trajet permet de contempler les orangers qui remplissent la vallée de senteurs de fleur d'oranger à l'époque de la floraison. Il s'agit de l'un des principaux ports de Majorque, une énorme baie protégée du vent au milieu d'un paysage abrupt et puissant, dont l'histoire est liée au commerce des agrumes depuis le XIVe siècle et à l'émigration, à la fin du XIXe siècle. Les rues conservent le charme de village de pêcheurs, et les **oratoires de Sant Ramon de Penyafort**, du XVIIIe siècle, et de **Santa Caterina**, sont remarquables. **Trois phares** s'élèvent sur la baie, ainsi que la robuste **tour Picada**, pour de longues et belles promenades au coucher du soleil. Des embarcations partent du port vers les plages de Sa Calobra et Cala Tuent.

Plages d'En Repic et Es Través

Ce sont les plages urbaines de Sóller, de grandes étendues de sable appréciées par les habitants de l'île et les estivants, dotées de toutes sortes de services : hôtels, douches, chaises longues et parasols. Elles sont idéales pour les familles en raison de leur faible inclinaison et de leurs eaux calmes. Elles sont entourées d'une large gamme de restaurants proposant des plats d'origine diverse : cuisine locale, française, poisson, pizzas, etc. On y trouve également des bars où il fait bon prendre un apéritif les pieds dans le sable. Ce lieu est idéal pour pratiquer la plongée sous-marine ou le kayak de mer. Le **Club Nàutic de Sóller** fournit toutes les informations nécessaires pour la pratique de ces sports.

BINIARAIX

Biniaraix est un village situé à mi-hauteur de la vallée de Sóller et au pied du Barranc de Biniaraix, canyon karstique modelé par les eaux, dont les versants sont organisés en terrasses où poussent des oliviers, des caroubiers et des amandiers. Un réseau d'anciens chemins de pierre de presque 3,5 km vertèbre l'accès aux propriétés. Il fait partie de la ***Ruta de la Pedra en Sec* GR-221**, de l'itinéraire qui passe par la **vallée de Sóller**, **Biniaraix** et les vallées **de l'Ofre**, **de Cúber** et **d'Almallutx**, puis du **refuge de Muleta** et de celui de **Tossals Verds**.

▲ **Biniaraix**

▲ ▼ Fornalutx

Mairie de Fornalutx
Vicari Solivellas, 1
Tél. 971 631 901
www.ajfornalutx.net
Transports
www.tib.org
Tél. 971 177 777

À NE PAS MANQUER

FORNALUTX

Traversé par une vallée profonde qui naît au Puig Major et qui s'étend vers Sóller, Fornalutx a pour origine d'une ferme arabe, christianisée à l'arrivée des Catalans au XIIIe siècle, mais dont le tracé des rues reflète encore l'origine. Les maisons en pierre et le paysage environnant constituent un ensemble remarquable, qui a incité de nombreux étrangers à établir leur résidence sur l'île. Les tuiles de certains auvents sont peintes, une pratique répandue sur l'île au XVIe siècle. La commune est tournée vers la mer et dispose de 900 m de côte inaccessible aux falaises escarpées.

LE PAYSAGE IDYLLIQUE

L'histoire de Fornalutx est reliée à celle de Sóller, puisqu'ils constituaient une seule commune jusqu'en 1813. Le village s'élève sur les contreforts du Puig Major, qui constitue le point culminant de l'île, à 1445 m d'altitude. Il conserve et prend soin de son patrimoine architectural, qui est resté pratiquement intact, avec des maisons traditionnelles adaptées à un relief au dénivelé très marqué. Deux de ces maisons caractéristiques se trouvent dans la rue de Sant Joan : la **posada de Bàlitx** et **Can Bisbal**. La **mairie** occupe également une ancienne maison du XVIe siècle, Can Arbona, qui conserve une **tour de défense** carrée, haute et austère. Sur la Plaça de l'Església s'élève l'église de **la Nativitat de Nostra Senyora**, achevée à la fin du XVIIe siècle.

Les auvents de nombreuses maisons sont recouverts de quelques **tuiles peintes**, une ancienne tradition qui symbolisait la fin des travaux. Elles sont décorées de compositions de dessins généralement de couleur rouge, avec une abondance de motifs géométriques et végétaux, des éléments de la vie quotidienne, des personnages anthropomorphes, zoomorphes et des thèmes religieux. Les tuiles étaient peintes sur place : la tuile était d'abord humidifiée, puis introduite dans un mortier avec de la chaux. Une fois sèche, elle était peinte. Outre leur valeur décorative, elles avaient une valeur symbolique : elles étaient supposées protéger la maison et ses habitants de toute agression externe. Le petit **musée Can Xoroi** se trouve dans la rue de Sa Font. On y trouve des collections de tuiles peintes restaurées et un ancien moulin à huile ou *tafona*. Il est ouvert uniquement les vendredis et samedis de 10 h 30 à 13 h 30.

▲ **Rue en escaliers**

PROMENADE À PIED

8 km

DE SÓLLER À FORNALUTX

De Sóller il est possible de se rendre à pied à Fornalutx en environ 2 h 30 m par une route qui passe par la Costa d'en Flassada, le Mirador de ses Barques et la Costa d'en Nicó. Ces chemins sont parsemés d'oliviers et de chênes verts, avec des vues sur la côte escarpée.
www.ajfornalutx.net

▲ Sanctuaire de Lluc ▼ *Possessió* de Mossa

LES *POSSESSIONS* D'ESCORCA

Abrupte et isolée, Escorca était auparavant une terre de propriétés avec d'impressionnantes maisons en pierre, de puissants centres de production qui se confondent avec le paysage. Leurs origines remontent aux anciennes fermes arabes, christianisées après la conquête catalane. La *possessió* d'**Escorca** est emblématique. On y exploitait déjà des vignes, des oliviers, des caroubiers, des figuiers, des vaches, des juments, du miel et les produits issus du chêne au XIIIe siècle. Une autre ferme remarquable est celle de **Binifaldó**, désormais propriété publique disposant de sentiers balisés.

Mairie d'Escorca
Plaça dels Peregrins, 9
Tél. 971 517 005
www.ajescorca.net
Renseignements touristiques
Ca s'Amitger
Centre d'Interpretació de la Serra de Tramuntana
Tél. 971 517 070
www.lluc.net
visitescorca.com
Transports
www.tib.org
Tél. 971 177 777
Taxi
Tél. 608 631 707

PROMENADE À PIED
7,2 km
CAMÍ VELL DE LLUC

Cet ancien chemin en pierre, parfois équipé d'escaliers, commence à la sortie de Caimari. Il permet de contempler des plantations d'oliviers centenaires, des forêts de chênes verts, des vieilles charbonnières et des fours à chaux. L'un de ses paysages les plus impressionnants est le vertigineux Salt de la Bella Dona. Des autobus assurent le retour à Caimari depuis Lluc.

ESCORCA

SANCTUAIRE DE LLUC

Le cœur de Majorque palpite dans les montagnes d'Escorca et les bois de Lluc, où les paysages surprennent par leur grandeur, avec d'anciens chemins qui traversent des forêts de chênes verts, des fontaines et des paysages à couper le souffle, comme le Torrent de Pareis ou la plage de Sa Calobra. Une commune étendue et peu habitée qui accueille les sommets les plus élevés de l'île, avec à leur tête le Puig Major, (1445 m), et traversée par la *Ruta de la Pedra en Sec*. Des randonneurs du monde entier relèvent le défi de couronner des sommets comme le Massanella ou parcourir des chemins qui débouchent sur la mer, en passant la nuit dans les refuges.

MONTAGNES ET FORÊTS

Escorca veille sur les montagnes et les forêts de Lluc, toponyme qui provient du mot *lucus* (forêt en latin). En raison de sa situation et de son relief, cette zone est soumise aux conditions climatiques les plus extrêmes de l'île, avec les températures les plus basses (et parfois de la neige en hiver) et les précipitations les plus abondantes. La pluie alimente de nombreuses fontaines, comme celles de **Binifaldó**. Les vallées profondes sont sillonnées de canyons et de plusieurs torrents, comme ceux de **Pareis**, du **Gorg Blau**, de **Lluc** et de **Mortitx**.

L'altitude définit la végétation : jusqu'à 800 ou 900 m, les **forêts de chênes verts** recouvrent les vallées et les flancs montagneux. Plus haut, les arbres disparaissent et seuls les arbustes poussent, ainsi que des plantes endémiques. La **laîche** ou *càrritx* (*Ampelodesmos mauritanica*), est abondante : elle sert de pâturage au bétail. Les oiseaux sont nombreux, et sont dominés par le **vautour noir** (*voltor negre*), sauvé ces dernières années d'une extinction certaine.

Le **sanctuaire de Lluc** est le point de départ de nombreuses randonnées. On y trouve plusieurs zones de loisirs et un espace de camping. La ***Ruta de la Pedra en Sec*** peut être empruntée à partir de Cúber, en passant par Es Molinot et le chemin empierré d'Almallutx, avant d'arriver au **refuge des Tossals Verds**, à 525 m d'altitude.

Ca s'Amitger, maison du XVIe siècle qui accueille désormais le centre d'information du Site naturel de la Serra de Tramuntana, fournit aux voyageurs toutes sortes d'informations sur la région.

▲ **Puig Major**

▲ ▼ Sanctuaire de Lluc

SANCTUAIRE DE LLUC

C'est un centre spirituel et identitaire de Majorque, où l'on vénère depuis le XIIIe siècle la sainte patronne de l'île, la Mare de Déu de Lluc, statue de pierre gothique d'une vierge noire, retrouvée dans un bois par un berger, selon la légende. La **plaça dels Pelegrins** se trouve au centre du lieu sacré, entourée de **Porxets** ou porches du XVIIe siècle, construits pour accueillir des voyageurs et des pèlerins, et qui font désormais partie des propositions d'hébergement du sanctuaire. Le **musée de Lluc** conserve des objets archéologiques et religieux, des céramiques et des tableaux. Un **jardin botanique**, des **restaurants** proposant de la cuisine locale, des magasins de souvenirs et une pharmacie se trouvent à proximité.

Un chemin de pierre part de la Plaça del Lledoner, sur lequel s'élève un énorme micocoulier centenaire, en direction du **Pujol dels Misteris** (20 minutes de marche). Lors de l'ascension, on découvre des monuments de pierre avec des reliefs qui représentent les mystères du rosaire, créés par les architectes Joan Rubió et Guillem Reynés, et le sculpteur Josep Llimona. Le sommet de la colline domine la vallée de Lluc, le Clot d'Aubarca et une partie de la Serra de Tramuntana.

LES *BLAUETS*

La manécanterie de Lluc, connue sous le nom d'*els Blauets* en raison de la couleur bleue de la soutane de ses membres, remonte au XIIIe siècle. Elle est actuellement constituée de presque 50 filles et garçons qui chantent tous les jours la Salve en public. La veille de Noël, l'un d'entre eux chante le mystérieux *Cant de la Sibil·la*, inscrit au Patrimoine immatériel de l'humanité.

Es Gorg Blau et Cúber

Ces deux retenues d'eau ont été construites dans les années 1970 et fournissent une grande partie de l'eau consommée à Palma. Le **Gorg Blau** est situé entre les flancs du Puig Major et du Massanella, dans la **vallée d'Almallutx**. Le **torrent du Gorg Blau** ou **Sa Fosca** y prend sa source et débouche dans le torrent de Pareis. Avant la construction de ce réservoir, le paysage était constitué par le torrent, la force de l'eau et un pont de pierre. De nombreux poèmes, tableaux et cartes postales s'en inspirèrent. Le **refuge** du Gorg Blau se trouve à proximité de la retenue. C'est le point de départ et d'arrivée de nombreuses randonnées. Le réservoir de **Cúber** est situé dans une dépression naturelle et occupe presque 60 ha. Il a été créé en vue de produire de l'électricité, mais a été reconverti en réservoir d'eau potable.

▲ Cúber

▲ Torrent de Pareis ▼ L'Olla

Cala Tuent

À l'ombre du Puig Major s'étend une crique vierge entourée de pins. Un paysage idyllique, puissant et méditerranéen, accessible en voiture en suivant les panneaux de la route qui mène vers Sa Calobra. Le sable du bord de l'eau se transforme rapidement en galets, et la présence humaine est visible uniquement sous la forme d'une cabane et d'un petit embarcadère. C'est un bon endroit pour passer une journée à la plage et faire de la plongée au milieu des poissons. À droite, des escaliers mènent à un restaurant spécialisé en poissons et en plats à base de riz. Une autre possibilité pour accéder à la crique est d'embarquer à bord de l'un des bateaux qui effectuent le trajet depuis le Port de Sóller.

▲ **Cala Tuent**

À NE PAS MANQUER

Torrent de Pareis

Déclaré monument naturel, ce canyon karstique de plus de 3 km de long forme une vallée abrupte avec des parois presque verticales qui dépassent les 200 m de haut. Il naît à la confluence du **torrent d'Albarca** ou **de Lluc** et de celui d'**Es Gorg Blau**, à l'endroit appelé **L'Entreforc**, et débouche sur la mer par une petite plage de sable entourée de falaises, appelée **L'Olla**. La flore y est riche, avec plus de 300 espèces botaniques, dont 10 % sont endémiques. De nombreux sportifs descendent le torrent depuis L'Entreforc. Pour effectuer cette randonnée, il est recommandé d'utiliser les services d'un guide ou d'être très bien informé.

Sa Calobra

Pour arriver à Sa Calobra en voiture, il faut emprunter une route spectaculaire, étroite et sinueuse. Veillez à rouler prudemment, surtout en été, en raison de la présence d'autocars. 14 km de descente jusqu'à la mer avec de nombreux virages, dont 12 sont à 80° et un — le **Nus de sa Corbata** — à 360°. Le circuit s'achève sur l'une des plus belles criques de Majorque, bondée en été, avec une plage de sable et de galets de 60 m de long et 25 m de large et toutes sortes de services. Une promenade d'environ 300 m permet d'accéder au paysage impressionnant constitué par l'embouchure du torrent de Pareis. Des bateaux proposent de relier le Port de Sóller à Sa Calobra.

CONCERT DU TORRENT DE PAREIS

Depuis 1964, un spectacle choral unique est célébré tous les mois de juillet au Torrent de Pareis. Il bénéficie de la magnifique sonorité du lieu à l'heure du coucher du soleil. www.artsmallorca.com

MINUSCULE FERRERET

L'*Alytes muletensis*, un amphibien d'environ 4 cm à la peau lisse et verdâtre, endémique de la région, vit uniquement ici, au Torrent de Pareis. Le ferreret, aujourd'hui déclaré comme espèce protégée, a été découvert en 1977 à partir de restes fossilisés. Le premier exemplaire vivant a été retrouvé en 1981.

Mairie de Pollença
Calvari, 2
Tél. 971 530 108
www.ajpollenca.net
Offices du tourisme Pollença
Sant Domingo, 17
Tél. 971 535 077
Cala Sant Vicenç
Pl. Cala Sant Vicenç
Tél. 971 533 264
Renseignements touristiques
www.pollensa.com
culturapollensa.com
Transports
www.tib.org
Tél. 971 177 777
Taxi
Tél. 971 866 213
www.taxipollensa.com

POLLENÇA

CALA SANT VICENÇ

Ce village est respectueux de ses traditions, de la culture et de l'art, abondant dans les musées et les galeries, selon la tradition artistique du début du XXe siècle par des peintres du monde entier qui tentèrent de capter la lumière et le paysage de Pollença. Dans cette commune montagneuse, la Serra de Tramuntana modèle des paysages majestueux, comme les falaises verticales du cap de Formentor, une péninsule presque vierge où se trouve un hôtel mythique qui a accueilli des personnalités comme Winston Churchill, John Wayne ou Audrey Hepburn. Sa côte accidentée renferme des criques presque secrètes comme Cala Castell, ou d'autres plus accessibles et urbanisées comme Cala Sant Vicenç.

TRADITION, ART, CULTURE

Pollença est un village ancien protégé par des montagnes, avec des rues flanquées d'imposantes maisons en pierre. La **Plaça Major** est entourée de cafés et de restaurants historiques, comme le **Club Pollença**, une institution culturelle traditionnelle avec des salons de réunion et des tableaux de l'**école *pollencina***, dont l'un des principaux représentants était **Hermen Anglada Camarasa** (1871-1959), peintre postimpressionniste catalan qui a reproduit les paysages de Majorque, avec un style doux et précieux, et qui a vécu à Pollença pendant des années.

Le village est riche de plusieurs siècles d'histoire, comme le démontre le **Pont Romà** (pont roman), une construction solide toujours utilisée actuellement, qui traverse le torrent de Sant Jordi.

MUSÉE DE POLLENÇA

Situé dans l'ancien couvent des dominicains, ce musée expose des œuvres d'artistes ayant séjourné à Pollença depuis le début du XXe siècle : Anglada Camarasa, Tito Cittadini, Mir ou De Creft. Le Prix international d'arts plastiques alimente les fonds du musée.
www.ajpollenca.net

◂ Escaliers du Calvaire

▴ Plaça Major

Les incursions pirates étaient régulières dans cette partie de l'île, mais la plus importante fut celle de 1550, lors de laquelle le pollencí Joan Mas et d'autres habitants du village, armés de bâtons, eurent raison des envahisseurs ; cet événement est commémoré chaque année le 2 août lors des fêtes de la Mare de Déu dels Àngels, avec la bruyante **bataille de *Moros i cristians*** (Chrétiens et Maures), où participe l'ensemble du village.

Le cloître baroque du **couvent de Sant Domingo** est la scène du prestigieux **Festival de musique de Pollença**, organisé tous les ans en juin. Il héberge également le **musée de Pollença**. Face au couvent se situent les jardins de Joan March, avec des exemplaires de flore autochtone, une sculpture contemporaine et une tour d'origine médiévale. Les passionnés d'art et d'artisanat trouveront plusieurs magasins d'artisans et des galeries, héritiers de la tradition culturelle et artistique locale. L'**oratoire du Calvari**, érigé en haut d'un promontoire, est dédié à la Passion. Tous les vendredis Saints, une représentation théâtrale montre la descente de Jésus de la croix. L'accès s'effectue en voiture par la route ou à pied en montant 365 marches. D'en haut, on voit Pollença et la mer.

L'un des meilleurs jours pour visiter Pollença est le dimanche, jour de marché hebdomadaire.

FONTAINE DEL GALL

La Font del Gall, l'un des symboles de Pollença, se trouve sur la place de l'Almoina. C'est une petite fontaine avec un corps en pierre vive ovale, couronnée d'un coq en fer, symbole héraldique du lieu.

▲ Rue pavée ▲ Pont romain

▲ Fontaine des Gall

MAISON-MUSÉE DIONÍS BENNÀSSAR

Maison du XVIIIe siècle dans laquelle ce peintre vécut pendant la moitié de sa vie, et qui montre une partie de son héritage artistique, des objets personnels et du mobilier. Il expose également le fonds artistique de la fondation Dionís Bennàssar. www.museudionisbennassar.com

▲ ***Moros i cristians***

PROMENADE À PIED

5,4 km (aller et retour)

PUIG DE MARIA

Le mont ou *puig* de Maria est une petite colline de 330 m de haut couronnée par une chapelle, très apprécié par les habitants de Pollença. Une zone de pique-nique avec de très belles vues se trouve également au sommet, ainsi qu'un restaurant et des hébergements. www.pollensa.com

▲ **Maison traditionnelle**

▲ Cala Barques en Cala Sant Vicenç ▼ Cala Castell

CALA SANT VICENÇ

Cala Sant Vicenç est un petit centre touristique constitué d'un ensemble de quatre petites criques séparées entre elles, mais réunies par un sentier côtier : **Cala Molins** — de sable fin —, **Cala Carbó** — de galets —, **Cala Clara**, assez fréquentée en raison de la proximité d'un grand hôtel, et **Cala Barques**, la plus grande et de sable blanc et fin, avec toutes sortes de services, y compris des pédalos. Le calme est habituel dans cette enclave, et plusieurs restaurants du bord de mer proposent du poisson frais, comme Ca'l Patró, à la Cala Clara. Les **Fêtes de Cala Sant Vicenç** sont célébrées chaque année en août.

Cala Bóquer

Le toponyme de cette crique, pleine de charme et baignée par des eaux cristallines, située à environ 3 km du port de Pollença, vient de Bocchor, qui était un village assez important à l'époque romaine, proche du village de Pollentia. Elle constitue une entrée de mer agreste, protégée par d'imposantes falaises de pierre calcaire où presque aucune végétation ne pousse. La plage est de petites dimensions, avec des galets sur la rive et des restes d'herbier de posidonie. En Pollença, suivre les indications jusqu'au lotissement Bóquer, garer son véhicule et continuer à pied pendant 1,5 km par un chemin qui passe entre des pins et aboutit à ce paysage solitaire.

▲ **Cala Bóquer**

PROMENADE À PIED

9,4 km (aller et retour)

DE CALA SANT VICENÇ À CALA CASTELL

Cette crique située entre les falaises de Punta Galera et celles de Punta Topina doit son nom au **Castell del Rei**, un château d'origine sarrasine, construit au XIIIe siècle et qui gardait cette partie du littoral depuis les hauteurs de la **Serra de Ternelles**, à presque 500 m d'altitude. C'est une belle plage sauvage qui s'ouvre au pied d'un canyon et qui se divise en deux petites criques de galets, avec de petits bancs de sable et des restes de la plante marine posidonie. Pour y accéder par la route, suivre les indications jusqu'à la Cala Barques, garer la voiture et continuer à pied par un chemin balisé jusqu'à la mer, à travers le Pas des Pescadors. Cette plage est peu fréquentée par les baigneurs.

▲ L'îlot El Colomer ▼ Cap de Formentor

À NE PAS MANQUER

Cap de Formentor

C'est un délice de se promener, de préférence calmement et prudemment, au coucher du soleil, sur la route tortueuse qui mène à la **péninsule de Formentor**, 6 km de montée avec des virages très prononcés. Sur le chemin, le **belvédère del Mal Pas** offre des vues panoramiques vertigineuses sur les falaises, d'où l'on voit l'**ilôt El Colomer**, dont les fonds luxuriants de vie marine attirent des plongeurs du monde entier. Environ 2,5 km plus loin, on atteint la **Talaia d'Albercuix**, tour de défense qui domine toute l'île. À l'arrivée au **phare** — conçu par Emili Pou et inauguré en 1863 —, qui s'élève à 210 m au-dessus du niveau de la mer, vous pourrez contempler une nouvelle vue sur la côte, où nichent des mouettes et des faucons d'Éléonore.

▲ Phare de Formentor

BELVÉDÈRE DU MAL PAS

Situé à plus de 200 m au-dessus du niveau de la mer, c'est un endroit spectaculaire sur le trajet vers le cap de Formentor, avec une vue impressionnante sur les falaises. Antonio Parietti Coll est l'ingénieur qui a conçu la route qui mène au phare de Formentor et celle de Sa Calobra.

▲ Cap de Formentor

TRONÇON 3

- Pi de sa Posada
- **PORT DE POLLENÇA**
- **ALCÚDIA**
- Es Barcarés
- Es Morer Vermell
- Sant Joan
- Sant Pere
- S'Illot
- La Victòria
- Es Coll Baix
- Alcanada
- **PORT D'ALCÚDIA**
- **MURO**
- **PLAGE DE MURO**
- **SANTA MARGALIDA**
- **CAN PICAFORT**
- **SON BAULÓ**
- **SON SERRA DE MARINA**
- **ARTÀ**
- Sa Canova
- **COLÒNIA DE SANT PERE**
- S'Arenalet d'Albarca
- Sa Font Celada
- Cala es Matzoc
- Cala Estreta
- Cala Mitjana
- Cala Torta

3

BAIES DE POLLENÇA ET ALCÚDIA

DU PORT DE POLLENÇA À ARTÀ

Le cap de Formentor délimite, à l'ouest, la jolie baie de Pollença, près du Port de Pollença, station touristique dont les plages possèdent une atmosphère familiale, à proximité de la zone humide de S'Albufereta. Le cap d'Es Pinar sépare cette anse de la vaste baie d'Alcúdia, fermée par le cap Ferrutx, et qui accueille la zone humide de S'Albufera, la nécropole de Son Real et des étendues de sable vierges comme la plage d'Es Comú. Nature, circuits de randonnée à pied et à vélo, et la possibilité de choisir la solitude ou la foule font de cet endroit l'une des merveilles de Majorque.

À NE PAS MANQUER

CALA PI DE SA POSADA P. 107

MURAILLES D'ALCÚDIA P. 111

PARC NATUREL DE S'ALBUFERA P. 235

◂ **Plage de Muro**

3
es Fumat
334
Cala en Gossalba
Cala Murta
Cala Murta
es Fonts Salades
les Arenes de Formentor
Cases de Cala Murta
MA-2210
Cala en Feliu
Cases Velles de Formentor
Formentor
Cap des Pinar
Punta Sabater
Cal Garriguer
Hotel Formentor
Les Cases Velles de Formentor
Punta des Conill
Illa de Formentor
la Teulera
Cala Pi de sa Posada
Punta Negro
ses Caletes
Cala Solana
Cala des Clot
Platja des Coll Baix
Cap de Menorca
sa Talaia
sa Talaia d'Albercutx
Badia de Pollença
Punta des Càrritx
Ermita de la Victòria
Cova de Menorca
MA-2210
Cova d'en Barges
sa Talaia
445
Refugi des Coll Baix
sa Niassa
Albercutx
el Caló
s'Illot
Campament de la Victòria
sa Serra de Gabellí
Port de Pollença
Platja del Port de Pollença
Roca de Llenaire
Platja des Tamarells
Platja de Sant Pere
Platja de Sant Joan
es Morer Vermell
sa Punta des Farallons
Bonaire
la Gola
es Mal Pas
Manresa
Alcanada
Illa d'Alcanada
Cala Poncet
Ca na Valentine
Can Cullerassa
Vermell
Alcúdia
Badia d'Alcúdia
MA-2200
Llenaire
Morer
es Barcarés
Pol·lèntia
Teatre Romà
Llenaire
Llenaire
Santa Anna
Can Canaveret
Club del Sol
Club Pollentia
sa Marina
Port d'Alcúdia
es Grao
Ciutat Blanca
es Tancotes
MA-2202
s'Albufereta
Platja d'Alcúdia
R.N. s'Albufereta
Ranxo Ses Roques
Platja d'Alcúdia
Llac Esperança
Platja de Muro-Sector II
Platja de Muro-Es Comú
Platja de Santa Margalida
Can Daniel Gran
Can Estern
Morell
sa Figuera Roja
Sant Martí
247
Llac Gran
Platja de Muro
Son Bauló
Son Real
sa Cova
Masteguerra
es Guinyent
Can Xanet
Refugi Poble Nou
Cova de Sant Martí
Las Gaviotas ses Fotges
Santuari Mare de Déu des Puig
MA-2201
MA-3470
Platges de Mallorca
Son Bauló
Can Picafort
Necròpolis de Son Real
Can Saguer
MA-13
Biniatria
Can Puig
Can Ferrer
Ermita de Son Fe
sa Roca
Comú de Muro
Son Real
MA-12
Can Guilló
268
Puig de Son Fe
Canal Siurana
Son Bauló de Dalt
es Rafalet
Can Faveta
Can Pol
Casal Santa Eulàlia
Can Sureda de Dalt
MA-2200
Son Simó
Son Siurana de Baix
Parc Natural de s'Albufera
Can Font
MA-3413
Can Gall
Can Blau
Son Serra
s'Amarador
Son Martí
MA-3431
Corral d'en Serra
l'Aixartell
443
Can Fava
Son Siurana de Bait
Son Durí
sa Torre
es Pont Gros
Font de Son Sant Joan
Can Teuler
MA-3400
Can Navarra
sa Dragonera
Can Terrassa
Son Llorençó
Son Toni
es Velets
MA-3433
Son Serra
MA-3410
Crestatx
Saraix
Oratori de Crestatx
Torrent de Sant Miquel
Can Basseta
MA-3432
Son Auba
Son Perera Vell
Son Gallina
Vernissa Vell
MA-3402
s'Ubac
Maçana
Can Monjo
Gerreria Colomar
Son Cladera
Son Claret
Son Lleig
Son Lluent
Can Duet
es Fangar
Son Ferragut
Can Guixa
MA-3431
Puig d'en Moro
es Misser
Biniatró
327
Can Beià
Font de Son Morei
103
MA-3412
Son Ferrer
es Fangar
Son Fava
MA-3401
Gaietà Gran
Son Pou
es Fiters
MA-3411
sa Torre
Santa Margalida
Rancho Grande
Hort de Biniatró
Puig de Sant Miquel
sa Pobla
MA-3430
s'Abellar
es Camp
192
Son Corró
Son Perot
Muro
sa Plana
MA-3430
Son Femenia

Cap Ferrutx
Cala Fosca
Cingle de n'Alí
es Còdol Negre
Cala Roja
sa Font Celada
Cala es Matzoc
Cala Estreta
Cala Mitjana
Cala Torta
Torre d'Albarca
Pla de na Llulla
Talaia 271
Son Jaumell
Cala Agulla
Cala Lliteres
Cala Gat
Cala Mesquida
Can Moltó
Cala Rajada
Mallorca Balloons
Talaia Moreia 432
Penya Roja
s' Arenalet
sa Duaia
Albarca
sa Mesquida de dalt
s'Horta
Cases de Son Barbassa
Castell de Capdepera
MA-4043
Capdepera
sa Galta des Puig
Caseta des Oguers
Parc Natural de la Península de Llevant
sa Cova
Son Terrassa Vell
sa Platjola
Punta des Caló
es Caló
sa Tudosa 444
Puig Geneta 405
Son Cutri
Son Favar
Punta des Barracar
Puig d'en Morell 562
sa Duaia de Dalt
Alqueria Vella de Dalt
Cala Mata
els Olors
es Racó
MA-15
Son Talent
sa Farinera
Sant Pere
Betlem
Son Sanxos
Can Félix
Torre de Canyamel
Cala d'en Sureda
Son Morell Vell
Ermita de Betlem
Massís d'Artà
MA-4042
Cala des Camps Vells
Can Pa amb Oli
MA-3333
Sant Salvador
na Set-centes
Coll des Vidrier
MA-3331
Can Canals
Son Sureda Nou
Son Catiu
Son Sureda Vell
sa Corballa
MA-4040
Cala de s'Estret
Colònia de Sant Pere
Artà
ses Païses
Can Blai
Puig de Ferrutx 522
Son Fortuny
Algaida
MA-4041
Son Jordi
Montfarrutx
Son Fortesa Vell
es Rafalet
Can Nofre
s'Estelrica
el Encinar
ses cases de Pula
Pula
S'Estanyol
sa Jordana
Punta des Patrb
Son Serra de Marina
Cala es Serralot
Arenal de sa Canova
Morellet
MA-12
ses Fontanelles
Talaiot de sa Canova
MA-3334
s'Estany des Bisbe
Torrent de Sa Font des Molins
ses Eretes
MA-15
Morell
Son Fetget
MA-4034
Carrossa
ses Fulles
s'Estepar
Son Serra de Marina
sa Canova de Morell
Puig d'Alpare 487
MA-4031
Son Servera
Torrent de na Borges
Can Sopa
Cova de sa Nineta
ses Pastores
sa Beguda
Molí de Ca s'Hereu
Puig des Corb 370
es Collet de sa Punta
es Figueral
Son Serra
sa Carbonera
Hort de ses Pastores
Son Moixeta
Can Enravenat
es Revellar
Son Mari
sa Duaia
ses Planes
Can Poca Farina
es Cabanells Nous
sa Talaia
Son Papeleta
MA-4030
Serra de Calicant
Pou Colomer Vell
ses Cases Noves
es Cabanells Vells
Son Puça
MA-15
Son Vives
Binicaubellet
ses Voltes
Calicant 472
Can Blanc
es Rafal Sec
Torrent de Binicaubell
Binicaubell
Bosc Vell
Son Verd
Son Figuera
Belatí
Sant Llorenç des Cardassar
Hort de sa Begura
Son Sureda Vell
Son Carrió
sa Cabaneta
MA-3322
Can Pere Reus
Torrent de Petra
Son Pontet
MA-3330
Can Busquets
Son Mesquida Vell
Llucamar
Bosc Nou
Son Gener
MA-4022
Son Boscà
Son Durí
Bellver Pobre
MA-3323
Son Trobat
s'Estret
Son Berga Vell
ses Comes
Can Avellana
Puig de Son Sureda 289
ses Cases Noves
sa Coma de Bellver
Bellver Ric
Son Peretó
Can Canyella
sa Murtera Nova
Son Crespí Vell
Son Sureda Pobre
MA-15
Son Crespí Nou
Son Campanario
Son Sureda Ric
sa Sínia Vella
s'Hort d'en Oleza
MA-4021
MA-4020
Son Guillot Vell
Serres de Llevant

▲ Baie de Pollença ▼ Cala Pi de sa Posada

À NE PAS MANQUER

Cala Pi de sa Posada

Cette anse abrite la **plage de Formentor**, face à l'îlot du même nom qui couronne la côte. C'est un endroit idyllique de Majorque, une plage de sable doux, peuplée de pins qui embrassent la mer. Elle dispose d'un petit quai sur lequel s'amarrent les bateaux venant du Port de Pollença, où se trouve un bar bénéficiant de vues magnifiques. Une bonne ambiance et une grande dose de glamour caractérisent l'**hôtel Formentor**, établissement de luxe, mythique, intégré dans le paysage, où ont été hébergés Grace Kelly, Le Corbusier, John Wayne, Charles Chaplin, Audrey Hepburn ou Winston Churchill. La célébrité du lieu a été renforcée par le tournage du film Meurtre au soleil, basé sur le roman homonyme d'Agatha Christie.

▲ **Cala Pi de sa Posada**

SORTIES EN MER

En été, des bateaux partent tous les jours du Port de Pollença : ils parcourent la baie de Pollença, les falaises de Formentor ou rejoignent la plage de Formentor. La fréquence horaire est large. www.lanchaslagaviota.com

▲ **Petit embarcadère**

▲ **Baie de Pollença** ▼ **Port de Pollença**

Offices du tourisme Port de Pollença
Passeig de Saralegui, s/n
Tél. 971 865 467

RÉSERVE NATURELLE DE S'ALBUFERETA
P. 239

Petite zone marécageuse d'une grande valeur ornithologique et botanique, située dans la baie de Pollença, un oasis pour de nombreux oiseaux lors des sécheresses estivales.
www.balearsnatura.com

PORT DE POLLENÇA

À partir des années 1950, ce hameau de pêcheurs accueillit peu à peu les touristes locaux, qui y établirent leur résidence secondaire face à la mer. De belles maisons anciennes blanchies, bâties à proximité des pins dont les racines plongent dans le sable, auprès desquelles il est agréable de se promener et de profiter de la vaste baie bleue de Pollença. Les plages d'Es Port disposent de tous les services nécessaires au tourisme familial : il est possible de pratiquer toutes sortes de sports nautiques et de savourer des produits gastronomiques abondants et variés. Les **fêtes de Sant Pere**, très populaires, sont célébrées en juin, et celles de la **Mare de Déu del Carme**, en juillet. Le marché a lieu tous les mercredis.

▲ **Plage du Port de Pollença**

▲ Porta del Moll ▼ Plage d'Alcúdia

Mairie d'Alcúdia
Pl. de la Porta de Mallorca, s/n
Alcúdia
Tél. 971 548 233
Offices du tourisme
Alcúdia
Passeig Pere Ventayol, s/n
Tél. 971 54 90 22
Port d'Alcúdia
Passeig Marítim, s/n
Tél. 971 54 72 57
Ciutat Blanca
Ctra. Artà, 66
Tél. 971 892 615
Renseignements touristiques
www.alcudiamallorca.com
Transports
Tél. 971 177 777
www.tib.org
Taxi
Tél. 971 549 691
971 549 766
971 549 870

VILLE ROMAINE DE POLLENTIA

Il s'agit des vestiges d'une des villes romaines les plus belles de Majorque, avec quelques sites permettant d'imaginer la vie sociale de l'époque. Le musée Monographique permet de compléter la visite, avec des objets de la vie quotidienne retrouvés sur le site archéologique. www.pollentia.net

À NE PAS MANQUER

ALCÚDIA
PORT D'ALCÚDIA

La commune d'Alcúdia est située à cheval entre les vastes baies de Pollença et d'Alcúdia, avec des plages et des criques qui ornent ces magnifiques baies. Des plages très fréquentées comme celles du Port d'Alcúdia alternent avec des coins isolés qui constituent la meilleure récompense pour les marcheurs, comme c'est le cas d'Es Coll Baix. La Talaia d'Alcúdia ou de la Victòria est l'endroit le plus élevé de la commune. Cette tour est entourée d'une zone boisée, peuplée de pins, qui s'étend vers le Cap des Pinar, un espace protégé avec des sentiers balisés pour se promener à pied ou à vélo.

LA VILLE FORTIFIÉE

Les **murailles médiévales** de la ville d'Alcúdia, parfaitement bien conservées, souhaitent la bienvenue aux voyageurs. La première ceinture défensive fut construite au XIVe siècle, et conçue par le roi catalan Jacques II lui-même. C'est une structure quadrangulaire renforcée par 26 tours sur un périmètre d'1,5 km, d'une hauteur moyenne de 6 m. La deuxième enceinte a été bâtie trois siècles plus tard, sur la base de bastions en forme d'étoile qui entouraient le premier cercle, laissant un espace entre les deux qui était utilisé comme chemin de ronde.

Aujourd'hui, une partie de l'ancienne muraille délimite le centre historique, une zone piétonne accessible par les anciennes portes de la ville, celle du **Moll** ou de **Xara** et celle de **Sant Sebastià** ou de **Mallorca**. Bien que ce lieu soit très touristique en été — surtout le mardi et le dimanche, jours de marché —, cela vaut la peine de faire abstraction de la foule pour apprécier la valeur d'un endroit unique où l'histoire se respire, se voit, se touche. L'église néogothique de **Sant Jaume** s'élève à une hauteur impressionnante, et la couleur orangée de la pierre sableuse est remarquable. Elle conserve une chapelle baroque plus ancienne, dédiée au Sant Crist, et héberge le **musée paroissial**, avec une bonne collection d'art religieux. Le centre-ville fait découvrir aux promeneurs des maisons seigneuriales élégantes et sobres, comme **Can Torró**, transformée en une belle bibliothèque municipale. Certains de ces bâtiments accueillent, au premier étage, des magasins de vêtements et d'accessoires, des produits locaux et des restaurants charmants.

Les quartiers de **La Marina**, **Manresa**, **Mal Pas** et **Bonaire** s'étendent près de la ville. Ils ont été construits à partir des années 1970 comme zones de résidences secondaires pour les Majorquins. Ces lotissements possèdent un air placide d'estivants locaux, près de petites plages à proximité de la baie de Pollença.

▲ Cala Sant Joan ▼ Es Barcarés

Es Barcarés et Es Morer Vermell

Le littoral d'Alcúdia reste l'un des lieux de vacances privilégiés par les locaux, où tout le monde se connaît et où les jours d'été se succèdent paisiblement. Une ambiance de complicité se dégage de ces deux plages ouvertes sur la baie de Pollença. **Es Barcarés** délimite un petit banc de sable en face d'un îlot, et **Es Morer Vermell** est une longue plage calme entourée de maisons basses construites il y a plusieurs dizaines d'années, comme en témoignent certains pins vétérans, ayant survécu à de nombreuses tempêtes. Des eaux transparentes sur des fonds de sable et de roches faiblement inclinés, un endroit idéal pour profiter de la mer en famille ou pour pratiquer le snorkeling en toute sécurité. Les plages sont un bon point de vue pour contempler la Punta de Manresa, une belle zone rocheuse ornée de petites criques.

Sant Joan et Sant Pere

Ce sont deux plages jumelles situées dans la zone d'**Es Mal Pas**, avec vue sur la baie de Pollença. Il s'agit de petits bancs de sable, avec un service de chaises longues, de parasols et une paillote. Il est possible de passer de l'une à l'autre en traversant une zone de rochers. Après la plage, un talus couvert de végétation supporte stoïquement les assauts du fort vent du nord. Des eaux plus que transparentes et un environnement paisible à l'ambiance familiale, entouré de pins et de villas. On y accède depuis Alcúdia — en voiture, à bicyclette ou à pied — en suivant les indications vers le Camí des Mal Pas. Une petite zone de parking est située près de la plage.

S'Illot

Cette petite plage s'ouvre aux alentours de la chapelle de **La Victòria**, avec une vue magnifique sur Formentor et la baie de Pollença. C'est un lieu unique face à un petit îlot qui lui donne son nom, avec une plage recouverte de galets gris d'environ 100 m de long. On y trouve une paillote très animée en été — ouverte d'avril à octobre —, et une pinède avec des tables et des bancs, idéale pour les pique-niques. Les sportifs peuvent y pratiquer le kayak, le snorkeling ou la plongée. L'accès s'effectue par la route menant à la chapelle de La Victòria, et un parking est à la disposition des visiteurs.

▲ **S'Illot**

FONDATION YANNICK ET BEN JAKOBER

Cet espace unique consacré à l'art se trouve à Sa Bassa Blanca. Il expose une collection de portraits d'enfants de la royauté européenne du XVIe au XIXe siècle, des œuvres d'art contemporain, un parc orné de de sculptures, un jardin de roses et un bâtiment de l'architecte égyptien Hassan Fathy. www.fundacionjakober.org

MARCHE NORDIQUE

Alcúdia accueille le premier parc de marche nordique des Baléares. Les offices du tourisme fournissent des renseignements sur les trois itinéraires balisés en fonction du degré de difficulté recherché : le circuit d'Es Barcarés, celui de La Victòria et celui d'Es Coll Baix.

▲ S'Illot ▼ Es Coll Baix

CHAPELLE DE LA VICTÒRIA

L'accès à cette chapelle peut être effectué à pied ou en voiture. On y vénère la statue de la Mare de Déu de la Victòria, datant du XVe siècle. Une partie de la chapelle a été transformée en hôtel. Le restaurant avec terrasse, situé au point culminant du site, offre d'excellentes vues sur la baie de Pollença. www.lavictoriahotel.com

La Victòria

La Zone naturelle d'intérêt spécial de La Victòria, avec 1198 ha protégés, occupe une grande partie de la péninsule de La Victòria et s'étend vers le **Cap des Pinar**, un cap qui sépare les baies de Pollença et d'Alcúdia. Ce lieu fréquenté par des randonneurs et, sur certains tronçons, par des cyclistes, inclut les points culminants suivants : le **Puig de la Victòria** (445 m), la **Talaia d'Alcúdia** (442 m), le **Puig Romaní** et la **Penya Rotja**, ainsi que les criques du Racó de ses Barreres, Sa Ferradura, la Caleta des Capellans, S'Illot, Ses Caletes, Cala Solana et la plage d'Es Coll Baix. Plusieurs itinéraires balisés traversent des bois de pins, d'oliviers sauvages et de palmiers nains, le seul palmier d'origine européenne.

Es Coll Baix

C'est l'une des plages les plus belles et les plus isolées de Majorque, accessible uniquement à pied, ce qui en fait un endroit solitaire, un vrai bijou pour les randonneurs. Pour y accéder en voiture, rouler jusqu'au Camí de la Muntanya, puis marcher environ 200 m jusqu'au **refuge d'Es Coll Baix**, où il est possible de passer la nuit. Le chemin qui descend vers la plage se trouve sur la gauche. Après 30 minutes de promenade on arrive à Es Coll Baix, un petit coin de paradis avec une plage au sable épais, d'environ 250 m de long par 75 m de large, entourée d'impressionnantes parois verticales de pierre et baignée par des eaux turquoise, avec une pente prononcée. Il est indispensable d'emporter de l'eau potable.

Alcanada

C'est un petit coin de paradis sur terre : une plage de gravier et de galets d'environ 200 m de long, avec des eaux transparentes et une atmosphère presque toujours calme et familiale. Les pins touchent pratiquement la plage, et certains sont même enracinés dans le sable, offrant aux estivants une ombre agréable pour profiter d'un pique-nique. Un paysage méditerranéen caractéristique, avec le charme de l'**îlot d'Alcanada**, à environ 150 m, couronné par un phare. Pour y accéder, il suffit de suivre les indications de la route. La plage dispose d'un parking, mais aucun service n'est disponible, c'est pourquoi il est indispensable de prévoir de l'eau. Le terrain de golf Alcanada, très chic, est fréquenté par des célébrités.

▲ **Alcanada**

▲ ▼ Port d'Alcúdia

PORT D'ALCÚDIA

Ce village s'étend du port de plaisance Alcudiamar jusqu'à la plage d'Alcanada. Jadis un hameau de pêcheurs, il constitue aujourd'hui une puissante station touristique avec **7 km de plage** de sable blanc et fin, entourée d'installations de loisirs et disposant de tous les services, y compris le WiFi. Sa faible inclinaison en fait un lieu idéal pour la pratique des sports nautiques, comme la planche à voile, le ski-ride ou la voile, ou simplement profiter d'une bonne journée de plage avec les enfants. Deux tronçons sont différenciés : du port de plaisance à la zone appelée Ciutat Blanca — où se concentre la plus grande partie de l'activité touristique —, puis jusqu'à la limite de la plage de Muro, avec un paysage un peu plus vierge. Des bateaux proposent de relier le port commercial d'Alcúdia à Ciutadella, sur l'île de Minorque.

▲ Plage de Muro ▼ Plage d'Es Comú

Mairie de Muro
Pl. Comte d'Empúries, 1
Tél. 971 860 036
www.ajmuro.net
Office du tourisme
Av. de S'Albufera, 33
Tél. 971 891 013
Renseignements touristiques
www.playademuro.net
Transports
www.tib.org
Tél. 971 177 777
Taxi
Tél. 971 860 404
600 444 429

MURO
PLAGE DE MURO

Muro est une commune agricole qui exploitait les terres fertiles de **S'Albufera**, la zone humide la plus importante de Majorque, un paysage insolite constitué de canaux et de lagunes, sur une île souvent touchée par la sécheresse. Cet espace protégé constitue un paradis pour les oiseaux et aussi pour les ornithologues, qui viennent de toute la planète. La longue **plage de Muro**, qui s'étend sur plus de 5 km, est constituée de bancs de sable vierges, de zones de pins et de genévriers, avec de petites stations touristiques, comme les **Casetes des Capellans**, une paisible destination estivale qui conserve sa saveur locale.

▲ **Centre historique de Muro**

LOCALITÉS DU PLA
MURO, SÉRÉNITÉ ET TRADITION
P. 224

À NE PAS MANQUER

PARC NATUREL DE S'ALBUFERA
P. 235

Zone humide d'une grande valeur écologique, avec des lagunes fréquentées par des oiseaux qui y trouvent refuge et nourriture lors de leurs migrations intercontinentales. Il existe plusieurs itinéraires balisés à effectuer à pied ou à vélo et des cabanes d'observation des oiseaux.
www.balearsnatura.com

PLAGE DE MURO

Les plages de la commune sont regroupées sous l'appellation conjointe de Platja de Muro, qui forme l'une des plages les plus longues des Baléares, avec 5,2 km de long. C'est une merveille pour les amoureux des promenades en bord de mer. Ces plages sont généralement bordées de nombreux hôtels et de toutes sortes de services consacrés au tourisme familial, et aux passionnés de promenades à vélo et d'ornithologie. Le tronçon connu comme **Casetes des Capellans** (maisonnettes des prêtres) fait référence à d'anciennes petites maisons de vacances — qui constituent aujourd'hui un petit hameau avec des rues en sable — dont certaines sont utilisées par les prêtres de la paroisse de Muro. La plage vierge de la commune porte le nom d'**Es Comú**. Elle a été déclarée Zone naturelle d'intérêt spécial, et intégrée dans le Parc naturel de S'Albufera. À proximité, on y trouve des bois de genévrier et de pins qui plongent leurs racines dans le sable et fixent ainsi un remarquable système de dunes.

Mairie de Santa Margalida
Passeig des Pouàs, 23
Tél. 971 523 030
www.ajsantamargalida.net
Office du tourisme
Pl. Enginyer Gabriel Roca, 6
Can Picafort
Tél. 971 851 413
Renseignements touristiques
www.canpicafort.es
Transports
www.tib.org
Tél. 971 177 777
Taxi
Tél. 971 850 723

SANTA MARGALIDA

CAN PICAFORT • SON BAULÓ SON SERRA DE MARINA

Avant l'explosion touristique, Santa Margalida était une enclave rurale possédant de vastes zones d'agriculture sèche et de forêts. Son paysage est resté pratiquement intact, sillonné de canyons formés par des torrents et parsemé de petites collines comme Sa Teulada. Le vaste territoire intérieur reste fortement attaché à la terre et à la tradition, à la différence de l'activité touristique fébrile qui tourne autour de ses belles plages de sable, resserrées autour de la baie d'Alcúdia, surtout à Can Picafort et Son Bauló, qui permettent aux estivants de s'adonner aux joies des sports nautiques.

Plusieurs sites archéologiques répartis sur la côte confirment la présence humaine dans la commune depuis la préhistoire, comme l'impressionnante **nécropole de Son Bauló**, le **talayot de Sa Nineta** ou le petit îlot ou **Illot des Porros**, qui couronne un tronçon du littoral. Désormais la population se concentre dans le village de **Santa Margalida** et les quartiers côtiers de **Can Picafort** et **Son Serra de Marina**. Ce dernier est pratiquement désert en hiver.

▲ Patio de la maison paroissiale

▲ Nécropole de Son Real

PROPRIÉTÉ PUBLIQUE DE SON REAL

Ancienne possessió transformée en espace public, avec plusieurs itinéraires balisés débouchant sur la mer, à réaliser à pied ou à vélo, près d'une nécropole talayotique. On y accède à partir du point kilométrique 17, 8 de la route Ma-12. Elle dispose d'un petit refuge (réserver par téléphone au 971 177 652).
www.balearsnatura.com

LOCALITÉS DU PLA
SANTA MARGALIDA, PATRIMOINE SÉCULAIRE
P. 225

◂ Littoral de Santa Margalida

▲ Can Picafort ▼ Son Bauló

CAN PICAFORT

Cette plage immense s'étend au centre de la baie d'Alcúdia, autour de laquelle se trouve un centre touristique et résidentiel urbain, où de nombreux étrangers ont établi leur résidence. On y trouve une grande quantité d'hôtels et d'appartements, outre des services de chaises longues, de parasols, et la présence de secouristes et de paillotes. Une plage à la pente peu prononcée permet de profiter du soleil en toute sécurité, avec des eaux calmes, du sable fin et doré. Certains endroits bénéficient de l'ombre de quelques pins, très recherchée en été. Cette plage possède plusieurs accès et il est possible de se garer dans les rues adjacentes.

SON BAULÓ

Cette plage semi-urbaine d'environ 300 m de long accueille l'embouchure du torrent de Son Bauló, qui forme un beau marécage peuplé de roseaux et de joncs, peuplé d'oiseaux migrateurs et où vivent de nombreux amphibiens et insectes. Cette plage est très fréquentée en été en raison de sa facilité d'accès et de ses attraits : du sable blanc et fin, des vagues modérées, la présence de secouristes et toutes sortes de services. On y respire malgré tout une ambiance familiale. Elle fait partie de la zone naturelle protégée de **Son Real** et donne son nom à la seule tombe mégalithique retrouvée à Majorque, datée de 1700 av. J.-C., située dans la zone industrielle qui se trouve au croisement de la route de Santa Margalida et de Can Picafort.

PROMENADE À PIED

13,6 km (aller et retour)

DE SON SERRA À CAN PICAFORT

Cet itinéraire balisé (GR-222-Déviation D) longe une partie du littoral aux paysages grandioses et d'une grande valeur archéologique. Le chemin passe à proximité de la nécropole de **Son Real**, avec plus de cent tombes près de la mer, soumises aux caprices du climat et de la mer. www.conselldemallorca.net

SON SERRA DE MARINA

Cette plage vierge est située à proximité du lotissement Son Serra de Marina. Lorsque les vagues le permettent, elle est fréquentée par de nombreux **surfers**, et c'est un bon endroit pour pratiquer le stand-up paddle et le beach volley. L'ambiance est détendue sur cette plage d'environ 400 m de long pour 100 m de large, au sable grossier et avec des restes d'herbier de posidonie et quelques zones rocheuses. On y apprécie la grandeur du **cap Ferrutx**, qui ferme la baie d'Alcúdia. Autour, des bars et restaurants au bord de la mer, qui servent des mojitos en été et proposent des concerts au coucher du soleil. Un lieu idéal pour les personnes qui fuient les plages bondées. Le **Torrent de na Borges** se jette dans la mer sur la partie droite de la plage.

▲ **Torrent de na Borges**

▲ Artà ▼ L'Almudaina

Mairie d'Artà
Pl. d'Espanya
Tél. 971 836 577
www.arta.cat
Office du tourisme
Costa i Llobera, 7
Tél. 971 836 981
Renseignements touristiques
www.artamallorca.travel/es
Transports
www.tib.org
Tél. 971 177 777
Taxi
Tél. 971 836 202

ARTISANAT À ARTARTÀ

Ce magasin-musée présente une exposition permanente de créations en carton-pâte du sculpteur Pere Pujol, inspirées des personnages des rondalles, contes populaires de Majorque.
www.artarta.es

HAMEAU DE SES PAÏSSES

L'un des villages talayotiques les plus importants de Majorque, occupé jusqu'au IIe siècle de notre ère. Il comporte une grande muraille aux énormes blocs verticaux et un portail d'accès complet. Des visites guidées sont organisées.
www.museuarta.com

ARTÀ
COLÒNIA DE SANT PERE

Bienvenue dans une commune qui a su combiner tradition et modernité, nature et tourisme, en préservant son authenticité comme un bijou précieux. C'est l'une des zones les moins peuplées de l'île, avec un paysage caractérisé par une vaste vallée centrale fermée par des montagnes, et une côte kilométrique avec des plages de dunes laissant parfois affleurer la roche. Cette région concentre les plus hauts sommets des Serres de Llevant, et les zones boisées sont constituées de pins, de chênes verts et de larges espaces de maquis, où vivent la couleuvre à capuchon (*Macroprotodon cucullatus*) et la tortue d'Hermann (*Testudo hermanni*).

CULTURE ET NATURE

Le village d'Artà vit toute l'année une grande activité culturelle, grâce entre autres à la présence du **Théâtre d'Artà**, avec une excellente programmation, et à des ateliers d'artisans qui présentent et vendent leurs créations. À tout cela s'ajoutent de nombreux bars et restaurants, qui font du centre-ville un endroit idéal pour profiter des nuits d'été.

Le village possède également un important patrimoine architectural, à commencer par l'**Almudaina**, le cœur du village, visible au sommet d'un promontoire : c'est un ensemble fortifié qui entoure l'**oratoire de Sant Salvador**. On y accède par un escalier de 180 marches à partir de l'église paroissiale. L'effort est récompensé par de splendides vues sur les alentours.

Parmi les bâtiments religieux, il convient de mentionner l'**église gothique de la Transfiguració del Senyor** et le **couvent de Sant Francesc**, avec un beau cloître baroque du XVIIe siècle, à la base carrée et entourée de 24 colonnes en grès. Le centre historique renferme d'énormes maisons seigneuriales, dont certaines ont été bâties à leur retour par des « indianos » qui firent fortune en Amérique, comme **Na Batlessa**, qui accueille aujourd'hui la bibliothèque municipale et un fonds documentaire de l'artiste de Felanitx Miquel Barceló.

Le **GR-222**, sentier de grande randonnée qui relie les **Serres de Llevant** à la **zone centrale de la Serrá de Tramuntana** prend son point de départ à Artà.

▲ Na Batlessa

▲ Sa Canova ▼ S'Arenalet d'Albarca

Sa Canova

Cette vaste plage déclarée Zone naturelle d'intérêt spécial s'étend entre le lotissement de S'Estanyol et la plage de Son Serra. Cette distinction lui a été remise en raison de l'abondance de **sites archéologiques** et de la **diversité de la flore et de la faune**, avec un système dunaire qui s'étend vers l'intérieur des terres. Une plage vierge de sable fin, un faible dénivelé et quelques affleurements de roche. On y accède depuis la Colònia de Sant Pere, par la route qui mène au centre de S'Estanyol. Il faut alors garer son véhicule, traverser un torrent et parcourir environ 300 m jusqu'à la plage. Cette plage attire quelques baigneurs et des adeptes du nudisme.

RANDONNÉE À PIED

7,9 km (aller et retour)

DE COLÒNIA DE SANT PERE À SA CANOVA

Itinéraire circulaire qui commence face au port de plaisance de la Colònia de Sant Pere et s'étend en grande partie sur la plage de Sa Canova, une plage vierge de 2 km dans laquelle débouche le Torrent de na Borges, formant le petit étang appelé Estany del Bisbe.
www.artamallorca.travel

COLÒNIA DE SANT PERE

Petit centre touristique proche de la baie d'Alcúdia. Cette colonie a été conçue comme un site de résidences secondaires de Majorquins. On y respire une atmosphère familiale puisque de nombreux estivants se connaissent depuis des années. Elle dispose d'une plage urbaine de sable fin et doré, appelée Sa Platja par les locaux. Elle naît près du Club Nàutic Colònia de Sant Pere, et est entourée d'une promenade avec des bancs à l'ombre de tamarins, et de bars avec terrasses. C'est un endroit très animé en été, de jour comme de nuit. Si l'on suit cette promenade, on arrive au **Caló des Parral**, petite plage sombre au sable grossier, où débouche le Torrent de sa Font des Parral.

▲ **Port de Colònia de Sant Pere**

S'Arenalet d'Albarca et Sa Font Celada

Ce sont les deux des plages les plus solitaires et les plus sauvages de Majorque, préservées en raison de leur accès difficile, puisqu'on peut y arriver uniquement à pied ou à vélo après 5,5 km de trajet à travers des propriétés privées. Ce tronçon de côte fait partie de la possessió d'Aubarca, où s'élèvent — à presque 70 m au-dessus du niveau de la mer — la tour **des Matzoc** ou d'**Aubarca**, construite en 1751 pour assurer un service de surveillance et de défense des alentours. Aussi bien S'Arenalet que Sa Font Celada sont des plages blanches et vastes, incluses dans le Parc naturel des Serres de Llevant. Il est indispensable d'emporter de l'eau potable.

▲ **Cala Estreta** ▼ **Cala Mitjana**

Cala Es Matzoc et Cala Estreta

Es Matzoc est une plage vierge gardée par l'imposante tour du même nom, datant du XVIIIe siècle et qui conserve encore le canon qui devait défendre l'île d'une éventuelle attaque de la voisine Minorque, alors sous domination britannique. La crique est une plage de sable fin et de pierres, entourée de buissons, de sabines et de quelques pinèdes. L'accès s'effectue depuis Cala Torta — où il est possible de garer son véhicule —, en suivant à pied le vieux **Camí dels Carabiners**, un parcours agréable d'environ 30 minutes qui longe la mer. **Cala Estreta** est une rade rocheuse située à l'embouchure d'un torrent, baignée d'eaux turquoise et fréquentée par des plongeurs.

Cala Mitjana et Cala Torta

La route qui vient d'Artà et qui mène à ces criques traverse un beau paysage vierge constitué de montagnes et de vallées, et qui termine sur une bifurcation : celle de gauche va vers Cala Mitjana, et celle de droite conduit à Cala Torta. Autour de la première crique, on voit les restes d'un lotissement resté inachevé. La partie postérieure de cette plage de sable fin possède un système dunaire flanqué de montagnes peu élevées et d'une pinède. Cala Torta est la plus grande plage de la commune, de sable blanc et à l'aspect presque vierge. Ces deux criques sont fortement inclinées, ce qui les rend idéales pour la plongée.

▲ **Rougegorge (*Erithacus rubecula*)**

CHAPELLE DE BETLEM

Cette chapelle fondée en 1805 par des moines de la communauté érémitique de Sant Honorat de Randa et de la Trinitat de Valldemossa se trouve au cœur des montagnes d'Artà. Aux alentours, on devine des restes d'anciennes étables, de potagers et d'entrepôts. Il y a de belles vues panoramiques sur la mer.

PARC NATUREL DE LA PENÍNSULA DE LLEVANT

P. 249

Plus de 1 600 hectares protégées, dont la plupart se trouvent sur les propriétés publiques d'Albarca, Es Verger et S'Alqueria Vella. Ce territoire englobe des montagnes, des falaises et des plages vierges comme S'Arenalet des Verger. On y trouve des itinéraires balisés et des refuges.
www.balearsnatura.com

4

TRONÇON 4

- **CAPDEPERA**
- Cala Mesquida
- Cala Moltó
- Cala Agulla
- **CALA RAJADA**
- **SA FONT DE SA CALA**
- **CANYAMEL**
- **SON SERVERA**
- Es Ribell
- Sa Marjal
- **CALA BONA**
- **CALA MILLOR**
- **SANT LLORENÇ**
- Punta de n'Amer
- **SA COMA**
- **S'ILLOT**
- **MANACOR**
- Cala Morlanda
- Cala Petita
- **PORTOCRISTO**
- Coves del Drach
- Coves dels Hams
- Cala Anguila
- Cala Mendia
- Cala Varques
- Cala Magraner
- Cala Pilota
- Cala Virgili
- **CALES DE MALLORCA**
- Cala Murada

CÔTE DE LLEVANT

DE CAPDEPERA À MANACOR

La formation montagneuse de la Serra de Llevant est parallèle au littoral de l'Est de l'île, où elle s'adoucit parfois sous la forme de criques et de plages qui sont devenues au fil du temps des stations touristiques très fréquentées, comme c'est le cas du port de Cala Rajada, de Cala Bona ou de S'Illot. Il reste cependant de petites rades de rêve accessibles uniquement à pied, comme Cala Petita ou Cala Varques, qui restent préservées comme des petits coins de paradis sur terre. Vers l'intérieur se déploient des villages qui préservent leur identité et leur culture, avec un patrimoine historique important constitué par le château de Capdepera. Sous terre, des formes mystérieuses ont été sculptées par l'eau pendant des siècles : les grottes del Drach et dels Hams.

À NE PAS MANQUER

GROTTES DEL DRACH P. 153

CHÂTEAU DE CAPDEPERA P. 133

CALA VARQUES P. 153

◂ **Caló Blanc**

▲ Cala Rajada

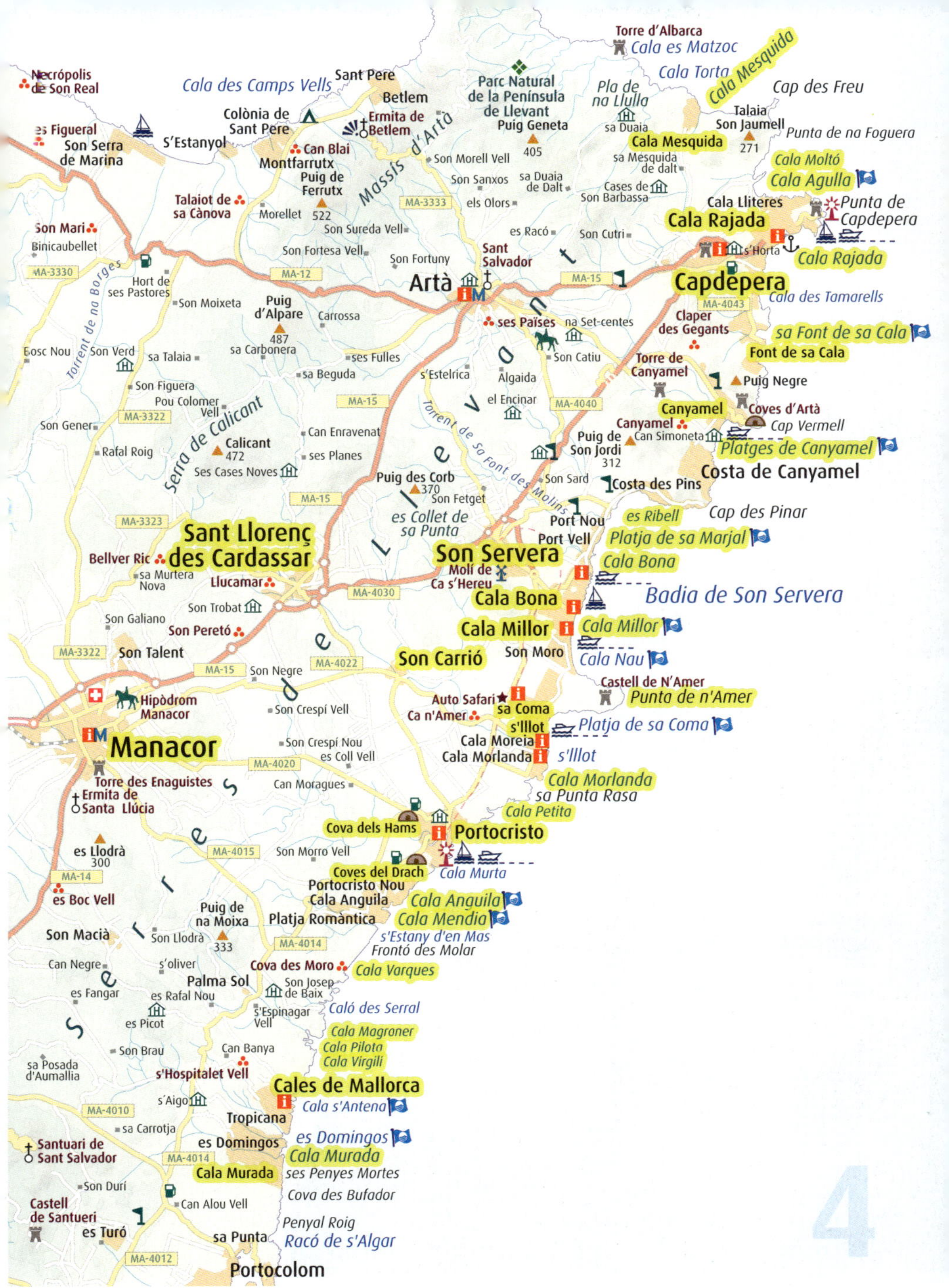

Torre d'Albarca
Cala es Matzoc
Cala Torta
Cala Mesquida
Cap des Freu
Necrópolis de Son Real
Cala des Camps Vells
Sant Pere
Betlem
Parc Natural de la Península de Llevant
Pla de na Llulla
Talaia Son Jaumell
Punta de na Foguera
Colònia de Sant Pere
Ermita de Betlem
Puig Geneta
405
sa Duaia
Cala Mesquida
271
es Figueral
Son Serra de Marina
S'Estanyol
Can Blai
Montfarrutx
Massís d'Artà
Son Morell Vell
sa Mesquida de dalt
Cala Moltó
Cala Agulla
Puig de Ferrutx
522
Son Sanxos
sa Duaia de Dalt
Cases de Son Barbassa
Talaiot de sa Cànova
Morellet
MA-3333
els Olors
Cala Lliteres
Punta de Capdepera
Son Mari
Son Sureda Vell
es Racó
Son Cutri
Cala Rajada
Binicaubellet
Son Fortesa Vell
Son Fortuny
Sant Salvador
s'Horta
Cala Rajada
MA-3330
Torrent de na Borges
Hort de ses Pastores
MA-12
Artà
MA-15
Capdepera
Cala des Tamarells
MA-4043
Son Moixeta
Puig d'Alpare
487
Carrossa
ses Païses
na Set-centes
Claper des Gegants
sa Font de sa Cala
Bosc Nou
Son Verd
sa Talaia
sa Carbonera
ses Fulles
Son Catiu
Torre de Canyamel
Font de sa Cala
sa Beguda
s'Estelrica
Algaida
Puig Negre
Son Figuera
Pou Colomer Vell
MA-15
el Encinar
MA-4040
Canyamel
Coves d'Artà
MA-3322
Serra de Calicant
Canyamel
Can Simoneta
Cap Vermell
Son Gener
Can Enravenat
Torrent de Sa Font des Molins
Puig de Son Jordi
312
Platges de Canyamel
Rafal Roig
Calicant
472
ses Planes
Costa de Canyamel
Ses Cases Noves
Puig des Corb
370
Son Sard
Costa des Pins
Son Fetget
MA-15
es Collet de sa Punta
Port Nou
Cap des Pinar
es Ribell
MA-3323
Sant Llorenç des Cardassar
Port Vell
Platja de sa Marjal
Llevant
Son Servera
Cala Bona
Bellver Ric
sa Murtera Nova
Molí de Ca s'Hereu
Llucamar
MA-4030
Badia de Son Servera
Cala Bona
Son Trobat
Son Galiano
Cala Millor
Cala Millor
Son Peretó
MA-3322
Son Talent
Son Carrió
Son Moro
Cala Nau
MA-15
Son Negre
MA-4022
Castell de N'Amer
Punta de n'Amer
Hipòdrom Manacor
Auto Safari
Son Crespí Vell
sa Coma
Ca n'Amer
s'Illot
Platja de sa Coma
Manacor
Son Crespí Nou
es Coll Vell
Cala Moreia
Cala Morlanda
s'Illot
MA-4020
Cala Morlanda
Torre des Enaguistes
Can Moragues
sa Punta Rasa
Ermita de Santa Llúcia
Cala Petita
Serres de Llevant
Cova dels Hams
Portocristo
es Llodrà
300
MA-4015
Son Morro Vell
Cala Murta
MA-14
Coves del Drach
Portocristo Nou
es Boc Vell
Cala Anguila
Cala Anguila
Puig de na Moixa
Platja Romàntica
Cala Mendia
Son Macià
Son Llodrà
333
s'Estany d'en Mas
MA-4014
Frontó des Molar
Can Negre
s'oliver
Cova des Moro
Cala Varques
Palma Sol
Son Josep de Baix
es Fangar
es Rafal Nou
es Picot
s'Espinagar Vell
Caló des Serral
Cala Magraner
Son Brau
Can Banya
Cala Pilota
sa Posada d'Aumallia
Cala Virgili
s'Hospitalet Vell
Cales de Mallorca
s'Aigo
MA-4010
Cala s'Antena
Tropicana
sa Carrotja
Santuari de Sant Salvador
es Domingos
es Domingos
MA-4014
Cala Murada
Cala Murada
ses Penyes Mortes
Son Duri
Cova des Bufador
Castell de Santueri
Can Alou Vell
Penyal Roig
es Turó
sa Punta
Racó de s'Algar
MA-4012
Portocolom

4

▲ Capdepera ▼ Cala Rajada

Mairie de Capdepera
Ciutat, 20
Tél. 971 563 052
www.ajcapdepera.net
Offices du tourisme
Cala Rajada
Centre Cap Vermell, 50
Tél. 971 819 467
Capdepera
Centre, 9
Tél. 971 556 479
Renseignements touristiques
www.capdeperavirtual.com
Transports
tib.org
www.Tél. 971 177 777
Taxi
Tél. 971 819 090

MARCHÉ MÉDIÉVAL

En mai, le château de Capdepera et ses alentours se transforment en un marché médiéval animé avec des stands de produits d'artisanat et des présentations de métiers anciens. Les habitants décorent les façades de leurs maisons par des armoiries avec des blasons familiaux.

À NE PAS MANQUER

CAPDEPERA

CALA RAJADA
SA FONT DE SA CALA • CANYAMEL

De petites stations touristiques ont fleuri le long de cette partie du littoral de la commune de Capdepera, comme Cala Rajada, Cala Mesquida, Sa Font de sa Cala et Canyamel. Vers l'intérieur, on trouve le centre historique et culturel de Capdepera, couronné par l'impressionnant château qui domine le canal de Minorque, jadis potentiellement dangereux. La forteresse a été construite en 1300 sous les ordres du roi Jacques II, avec pour mission la défense de Majorque contre les incursions navales, et condense un chapitre entier de l'histoire de l'île.

FORTERESSE LÉGENDAIRE

Le château a alimenté de nombreuses légendes. La plus connue raconte le miracle effectué par la Mare de Déu de l'Esperança, la sainte patronne locale : face à une attaque imminente de pirates arabes, elle fut invoquée par la résistance chrétienne, et elle répondit en recouvrant la forteresse d'un brouillard si épais qu'il empêcha l'éclatement du conflit. Pour cette raison, chaque année, le jour de la Santa Esperança, la merveille est remémorée avec le *Sermó de sa Boira* (sermon du brouillard) et une procession.

La muraille de la forteresse définit un espace presque triangulaire où s'élèvent **quatre tours** : celle d'Es Costerans, celle de Sa Boira, celle de Ses Dames et celle d'En Banya. À l'intérieur, le point culminant est la **tour d'En Miquel Nunis**, d'origine arabe, située près d'une petite église qui conserve une **statue gothique** du Christ en bois d'oranger.

La commune est située entre deux vallées : celle de **Sa Mesquida** et celle de **Canyamel**, une zone caractérisée par les pinèdes, la garrigue, l'olivier sauvage et le palmier nain ou *garballó*. Les femmes tressaient les fibres de ce palmier, préalablement séchées et traitées, et en élaboraient des objets utiles pour la vie quotidienne, un art dont les secrets, le vocabulaire et les origines sont révélés au **musée de la Llata**, situé à l'intérieur du château de Capdepera.

▲ Château de Capdepera

▲ Cala Mesquida

▲ Cala Agulla ▼ Cala Rajada. Plage de Son Moll

SA TORRE CEGA

La fondation Bartolomé March ouvre au public ce palais familial de Cala Rajada, dont les jardins sont décorés par une impressionnante collection de sculptures du XXe siècle, avec des œuvres de José Manuel Alberdi, de Francisco Otero Besteiro et de José María Sirvent, entre autres. www.fundacionbmarch.es

FOIRE DE LA *LLAMPUGA*

Cala Rajada organise en octobre une fête gastronomique qui rend hommage à ce poisson appelé lamproie (*Coryphaena hippurus*) qui s'approche des côtes majorquines vers la fin août. Les restaurants locaux proposent de nombreuses recettes, y compris la plus traditionnelle : *llampuga* aux poivrons rouges.

Cala Mesquida

Également appelée S'Arenal de sa Mesquida, son nom dérive de la *possessió* toute proche appelée Sa Mesquida de Dalt. La plage constitue un vaste banc de sable flanqué de roches peu élevées qui se terminent sur une étendue de dunes parsemées de pins. Côté mer, c'est le rendez-vous des oiseaux marins comme des mouettes et des cormorans, et côté terre, un petit centre touristique s'est développé. On y accède par la route en suivant les indications. Un parking est disponible, et les 200 derniers mètres sont à parcourir à pied. En été, les baigneurs sont nombreux et ont accès à toutes sortes de services. La Cala Mesquida constitue avec la Cala Moltó et la Cala Agulla une Zone naturelle d'intérêt spécial.

Cala Moltó et Cala Agulla

La protection de ces trois plages a permis une bonne conservation de cette partie du littoral et un certain frein à l'urbanisation excessive. La petite **Cala Moltó**, dont les eaux transparentes ont des reflets de toutes sortes de bleus, est une plage de sable et de rochers presque vierge, avec quelques escars ou cabanes de pêcheurs et un bunker datant de la Guerre Civile. Ce paysage transmet une sensation de calme, souvent de solitude, puisqu'il faut marcher environ 500 m depuis le parking de **Cala Agulla** avant de pouvoir y arriver. Cala Agulla, la plus grande plage de Capdepera, est très appréciée par les estivants de Cala Rajada, qui la fréquentent massivement en été.

▲ **Cala Moltó**

CALA RAJADA

Jusqu'aux années 1960, c'était un petit hameau de pêcheurs, qui est aujourd'hui devenu le principal port de Capdepera et une station touristique fréquentée surtout par des Allemands. C'est le point de l'île le plus proche de Minorque, parfaitement visible à l'horizon les jours clairs. Tout le littoral de cette enclave est bordé d'un sentier côtier, où de nombreuses personnes profitent du paysage en faisant du jogging, en promenant leur chien ou en faisant du vélo, en particulier en fin d'après-midi. La plage la plus célèbre est celle de **Son Moll**. Cela vaut la peine de se promener jusqu'au phare, à pied ou en voiture, pour contempler la beauté sauvage des falaises de la **Punta de Capdepera**.

▲ Es Carregador ▼ Canyamel

PROMENADE À PIED

10 km (aller et retour)

DE CALA RAJADA À ES CARREGADOR

Cette promenade au bord du littoral mène du port de Cala Rajada à la plage d'Es Carregador, qui ferme la baie. Un parcours paisible qui s'effectue en grande partie sur un chemin côtier parsemé de petites maisons de vacances et de minuscules criques.

GROTTES D'ARTÀ

On peut visiter ces grottes à 150 m sur le niveau de la mer. Elles se trouvent au cap Vermell et un parcours guidé permet de contempler des formations comme la *Reine des Colonnes*, de plus de 20 m de hauteur.
www.cuevasdearta.com

SA FONT DE SA CALA

C'est une autre station touristique de Capdepera, très fréquentée en été et solitaire le reste de l'année. Elle est entourée de hautes falaises rocheuses. Il semble que son nom provienne de la source d'eau douce située aux alentours, et l'on dit qu'une autre source sous-marine fait que l'eau de mer des environs soit plus froide et moins salée qu'à d'autres endroits du littoral. Cette plage a été régénérée artificiellement, et elle bénéficie d'eaux calmes et peu profondes. C'est un point de départ pour se promener au bord de la mer jusqu'à **Es Carregador**, une zone résidentielle avec d'anciennes résidences secondaires, ou jusqu'à la la **Cala n'Aladern**, petite et solitaire.

▲ Tour de Canyamel

CANYAMEL

Cette vallée irriguée par le torrent de Canyamel s'étend entre les caps Pinar et Vermell. Protégée par la Serra de Sant Jordi et le Puig Negre, on y cultivait jadis la canne à sucre. Elle est aujourd'hui devenue une zone touristique et résidentielle qui s'est développée autour de la **plage de Canyamel**, plage de sable doré de presque 300 m de long, baignée d'eaux transparentes qui acquièrent des tonalités turquoise et émeraude. Les **grottes d'Artà** se trouvent au Cap Vermell. Des visites guidées d'environ 40 minutes y sont organisées. La tour de Canyamel, une construction singulière et imposante du XIIIe siècle, accueillait la population en cas d'attaque pirate.

▲ Grottes d'Artà

▲ Cala Bona ▼ Cala Millor

Mairie de Son Servera
Plaça de Sant Ignasi, 1
Tél. 971 567 002
www.ajsonservera.net
Offices du tourisme
Cala Millor
Plaça d'Eureka
Tél. 971 585 864
Cala Bona
Av. des Moll
Tél. 971 813 912
Renseignements touristiques
www.visitcalamillor.com
Transports
Tél. 971 177 777
www.tib.org
Taxi
Tél. 971 586 969

SON SERVERA

CALA BONA • CALA MILLOR

Après la conquête chrétienne, le territoire de cette commune passa aux mains de Jaume Servera, capitaine de l'armée du roi Jacques Ier, et forma une seule commune avec Artà jusqu'à son indépendance en 1837. Au début du XIXe siècle, une épidémie de peste dévasta la majorité de la population. Aujourd'hui, la côte de Son Servera accueille des stations touristiques fréquentées par des estivants de toute l'Europe, comme Cala Millor, Cala Bona et la belle Costa dels Pins. L'intérieur du village renferme l'un des bâtiments les plus singuliers de Majorque, l'Església Nova, église inachevée de Joan Rubió i Bellver, disciple de Gaudí.

▲ **Església Nova**

LOCALITÉS DU LLEVANT
SON SERVERA, UN TRÉSOR ARCHITECTURAL
P. 227

MARCHÉ HEBDOMADAIRE

Tous les vendredis matin, les rues de Son Servera accueillent un énorme marché en plein air, avec des dizaines de stands d'artisanat, de produits locaux, de vêtements et d'accessoires.

Es Ribell et Sa Marjal

Ces deux plages accolées, entourées de pins, sont les premières de la vaste baie délimitée par le Cap des Pinar et la Punta de n'Amer. **Es Ribell** est une petite rade aux eaux transparentes, de sable fin, de galets et de rochers, populaire et fréquentée par les habitants de la zone résidentielle de la Costa dels Pins. **Sa Marjal** est plus étendue, calme et paisible, la seule plage peu urbanisée. Ces deux plages sont équipées de plusieurs services, et l'accès s'effectue par la route qui relie Son Servera à la **Costa dels Pins**. Ce tronçon est jalonné de minuscules criques parfois inaccessibles par la terre, et c'est un privilège d'y accéder en kayak.

▲ **Costa dels Pins**

▲ Cala Bona ▼ Cala Millor

CALA BONA

C'était il y a longtemps un petit hameau de pêcheurs, qui amarraient leurs llaüts — embarcations à voile traditionnelles de la Méditerranée — dans le port naturel, alors très petit. Les femmes parcouraient les villages alentour pour vendre le fruit de la pêche, et elles s'annonçaient en soufflant dans un coquillage marin. Cette image du passé est encore d'actualité dans certains villages de l'intérieur. L'industrie du tourisme a transformé Cala Bona en trois criques artificielles. Des digues ont été construites et plusieurs tonnes de sable ont été versées, pour créer un site fréquenté par des familles : en effet, la plage est peu pentue et dispose de toutes sortes de services.

CALA MILLOR

Ce qui devait être à l'origine une plage paradisiaque de 1 800 m de long s'est transformé en une zone hôtelière excessive dont l'urbanisation a commencé dans les années 1980. C'est l'une des zones touristiques les plus puissantes de Majorque, la Mecque du binôme « soleil et plage » plébiscité par des milliers d'Européens. La plage, peu inclinée et baignée d'eaux transparentes, est bordée d'un long chemin côtier disposant de tous les services et commerces appréciés par les touristes. Hors saison, elle devient un havre de paix très recommandé, fréquenté par les passionnés de sports nautiques comme la planche à voile, la voile, la plongée sous-marine ou le kayak. Les indications pour rejoindre à pied la solitaire Punta de n'Amer se trouvent au bout de la plage, sur la rive droite face à la mer.

AUDITORIUM SA MÀNIGA

L'une des infrastructures culturelles les plus importantes du Llevant se trouve à Cala Millor, dans la commune de Sant Llorenç des Cardassar, avec une programmation soignée pendant toute l'année : on peut y voir des expositions, de la danse et du théâtre. www.samaniga.es

SORTIES EN MER

Des sorties en mer sont organisées au départ de Cala Millor et Cala Bona pour parcourir la côte jusqu'à Portocristo ou, vers le nord, jusqu'à Cala Rajada. Une nouvelle perspective sur la beauté de la côte. www.crucerosbarcelocv.com

▲ Sa Coma ▼ Punta de n'Amer

Mairie de Sant Llorenç des Cardassar
Plaça de l'Ajuntament, 1
Tél. 971 838 393
www.santllorenc.es

Office du tourisme

Sa Coma
Av. de les Palmeres, s/n
Tél. 971 810 892

Cala Millor
Parc de la Mar, 2
Tél. 971 585 409

S'Illot
Carrer Llevant, 15
Tél. 971 810 699

Renseignements touristiques
www.visitsantllorenc.com
www.visitcalamillor.com

Transports
Tél. 971 177 777
www.tib.org

Taxi
Tél. 971 585 151

SANT LLORENÇ DES CARDASSAR

SA COMA • S'ILLOT

La vocation agricole de Sant Llorenç s'apprécie dans son paysage, une succession de parcelles soignée dans les moindres détails, où poussent des céréales, des fourrages, des amandiers et quelques potagers. Des moutons paissent sous les caroubiers ou les figuiers solitaires. Des champs entourés d'un réseau de chemins fréquentés par des cyclotouristes du monde entier débouchent parfois sur la mer. L'esprit rural authentique contraste avec l'atmosphère cosmopolite des plages de la commune, occupées par les stations touristiques de Cala Millor — avec Son Servera —, Sa Coma et S'Illot.

▲ **Centre historique de Sant Llorenç**

LOCALITÉS DU LLEVANT
SANT LLORENÇ DES CARDASSAR, ESPRIT RURAL
P. 226

L'IDYLLIQUE SON CARRIÓ

Petit village rural entouré de chemins sillonnant un territoire agricole fertile. Les galettes de pain (*coques*) sucrées et salées élaborées par les boulangeries locales y sont célèbres. Une foire agricole animée a lieu tous les ans au mois de mai.

Punta de n'Amer

La **Punta de n'Amer** est une péninsule de 208 ha et de 40 m d'altitude maximum, située entre Cala Millor et Sa Coma, déclarée **Zone naturelle d'intérêt spécial** pour son paysage et sa richesse botanique. Elle constitue un havre de paix et de nature, entouré de zones très urbanisées. On y accède à pied à partir de la fin du chemin côtier de Cala Millor. Elle était jadis un lieu stratégique pour la défense de Majorque, comme en témoigne le **château de n'Amer**, fortification du XVIIIe siècle qui communiquait avec les tours voisines de Portocristo et du Cap Vermell, constituant le réseau de surveillance côtière qui protégeait l'île. Certaines espèces végétales sont protégées, comme le palmier nain ou *garballó*.

▲ Punta de n'Amer ▼ S'Illot

SA COMA

Cette enclave a été aménagée afin d'y installer un complexe résidentiel et hôtelier dans les années 1980. Elle s'étend autour d'une longue plage de sable blanc et fin. Ses eaux transparentes, aux tonalités turquoise et aux fonds marins tapissés d'étendue d'herbier de posidonie attirent de nombreux plongeurs et passionnés de planche à voile. En été, c'est une destination touristique de premier ordre, fréquentée massivement par des baigneurs de toutes les nationalités. Pour fuir du bruit et de la foule, il est recommandé de marcher jusqu'à la Punta de n'Amer, solitaire et visible sur la partie gauche de la plage.

PROMENADE À PIED

6 km (aller et retour)

DE CALA MILLOR À SA COMA

Cette randonnée commence à la fin du chemin côtier de Cala Millor, traverse la Punta de n'Amer et s'achève à Sa Coma. Le parcours permet de contempler le château de n'Amer, les restes d'un talayot et d'anciennes carrières de grès.

S'ILLOT

Cala Moreia ou **S'Illot** est une petite baie où débouche le **Torrent de n'Amer**, qu'on traverse par un pont. C'est une longue plage faiblement inclinée. Le nom de ce site provient de l'îlot (*illot*) visible en face de la côte, entouré de fonds marins recouverts d'herbier de posidonie, *Posidonia oceanica*, riche en poissons, dont la diversité révèle toute sa richesse aux plongeurs. Il constitue désormais un important complexe estival, avec une multitude d'hôtels et de services mis à la disposition des touristes sur la plage. Une information curieuse : le propriétaire du premier hôtel local était Pere Caldentey, gardien de but du Barça entre 1952 et 1955.

VILLAGE TALAYOTIQUE DE S'ILLOT

Des passerelles et des plateformes élevées permettent de parcourir les vestiges de ce village d'origine talayotique et post-talayotique (850-123 av. J.-C.), avec des bâtiments communaux, des logements et un long tronçon de muraille. Le Centre de visiteurs permet de compléter la visite. www.talaiotsillot.es

▲ **Village talayotique de S'Illot**

▲ Centre historique de Manacor ▼ Tour dels Enagistes

MUSÉE D'HISTOIRE DE MANACOR

Situé dans la tour dels Enagistes, un ancien logement rural fortifié du XIVe siècle, le musée dispose de quatre salles d'exposition permanente, avec des vestiges de l'époque préhistorique, romaine, paléochrétienne et islamique.
www.museu.manacor.org

Mairie de Manacor
Convent, s/n
Tél. 971 849 100
www.manacor.org

Offices du tourisme

Manacor
Pl. del Convent, 3
Tél. 662 350 891

Portocristo
Moll, s/n
Tél. 662 350 882

S'Illot
Sipions, s/n
Tél. 662 350 857

Cales de Mallorca
Passeig de Manacor, s/n
Centre Cívic
Cales de Mallorca
Tél. 662 350 859

Renseignements touristiques
www.visitmanacor.com

Transports
www.tib.org
Tél. 971 177 777

Taxi
Tél. 620 507 784
www.taxismanacor.es

MANACOR

PORTOCRISTO CALES DE MALLORCA

Après Palma, Manacor est la ville la plus peuplée de Majorque. Elle est célèbre en raison de la culture des perles artificielles, de la fabrication de meubles en bois et aussi parce que c'est la ville de naissance et de résidence du champion de tennis Rafael Nadal. La commune mêle le bouillonnement de la ville et la tranquillité de la campagne, et s'ouvre sur la mer par une côte élevée où fleurit un ensemble de superbes criques. Le tourisme constitue un puissant moteur économique, avec ses épicentres Cales de Mallorca et Portocristo, port naturel à proximité duquel se trouvent les spectaculaires **Grottes del Drach** et les **Grottes del Hams**.

▲ **Ancien moulin à farine**

LOCALITÉS DU LLEVANT
MANACOR, CAPITALE DE LLEVANT
P. 222

COURSES DE TROT

La tradition équestre de Manacor se matérialise à l'hippodrome municipal, où sont organisées de passionnantes courses de chevaux au trot toutes les semaines depuis 1929. Une activité qui rythme la vie sportive et sociale de la ville. www.federaciobalear detrot.com

▲ **Portocristo**

▲ ▼ **Portocristo**

PROMENADE À PIED

6,6 km (aller et retour)

DE PORTOCRISTO À CALA MORLANDA

Cette agréable promenade part du port de Portocristo, traverse Cala Petita et culmine par une baignade dans la belle Cala Morlanda, constituée de galets et rochers, à l'atmosphère calme et souvent solitaire. Il est recommandé de porter des chaussures adéquates et de prévoir de l'eau potable.

Cala Morlanda

Cala Morlanda est une petite plage de pierres et de roches, située à proximité du lotissement du même nom, et fréquentée en majorité par les habitants de la région. Elle est située sur un tronçon de côte basse et accidentée, et l'accès s'effectue par un escalier. C'est un endroit isolé, idéal pour ceux qui évitent les plages de sables, avec des eaux de couleur turquoise et émeraude.

▲ **Cala Morlanda**

Cala Petita

Plus au sud, près de Portocristo, se trouve Cala Petita, une profonde baie qui s'achève sur une plage de sable paradisiaque, complètement vierge et dépourvue de services ; on y accède en prenant une bifurcation sur la route de Portocristo à Son Servera, et les 800 derniers mètres sont à parcourir à pied.

▲ **Cala Petita**

PORTOCRISTO

Le port de Manacor, à 12 km de la ville, forme une baie protégée entre des falaises, presque fermée par une énorme roche, **Es Morro de sa Carabassa**, dont l'extrémité est ornée d'un phare. Une longue plage de sable fin et d'eaux peu profondes s'étend près du port. En été, elle est occupée en grande partie par des familles. Cet ancien hameau de pêcheurs est devenu un complexe touristique puissant constitué d'hôtels, de bars, de restaurants et d'une zone commerciale animée. Cette animation est en partie due au pouvoir d'attraction des grottes del Drach et dels Hams, situées à proximité. Des bateaux de promenade partent d'ici pour explorer la côte.

▲ Grottes del Drach ▼ Cala Varques

À NE PAS MANQUER

Grottes del Drach et Grottes dels Hams

Les grottes del Drach ont été l'une des premières réclames touristiques du Llevant de Majorque. À la fin du XIXe siècle, l'archiduc Louis-Salvador commanda au spéléologue français Édouard-Alfred Martel une exploration de ces cavités, où celui-ci découvrit le lac qui porte aujourd'hui son nom : le **lac Martel**, de 117 m de long sur 30 m de large. L'éclairage de cet espace onirique a été réalisé par l'ingénieur Carles Buïgas, « Le magicien de la lumière ». Les **Grottes dels Hams**, baptisées ainsi parce qu'elles sont constituées de formations ressemblant à des hameçons (en catalan *hams*), ont été découvertes en 1905 par le spéléologue majorquin Pere Caldentey. Elles comportent également un lac souterrain, la **Mer de Venise**.

VOYAGE EN MONTGOLFIÈRE

Chaque fois que le vent le permet, Mallorca Balloons organise des sorties en montgolfière qui offrent la possibilité de contempler l'île d'en haut. Une expérience unique qui ravira les aventuriers. www.mallorcaballoons.com

Cala Anguila et Cala Mendia

Deux criques de sable fin flanquées de petites falaises, séparées par une pointe rocheuse qui peut être contournée à la nage ou en parcourant un petit sentier côtier. En été, ces deux criques sont massivement fréquentées, en raison de leur beauté et de leur accès facile. **Cala Anguila** présente une certaine inclinaison. Des vestiges d'une ancienne carrière de grès ou *marès*, un matériau de construction caractéristique des maisons de l'île, se trouvent sur la droite. **Cala Mendia** est une anse profonde qui se termine par une plage baignée d'eaux de couleur émeraude qui forme un contraste saisissant avec la couleur du sable.

▲ **Cala Anguila**

À NE PAS MANQUER

Cala Varques

Cette crique garde son apparence paradisiaque et solitaire grâce au fait qu'elle est accessible uniquement en bateau, ou bien à pied en suivant un chemin qui semble sortir du lit d'un torrent et qui se parcourt en 20 minutes. Le paysage est imposant : une belle baie, de forme rectangulaire, flanquée de brise-lames naturels couronnés de pins vénérables. De petites grottes se trouvent à proximité, comme la Cova del Pont, celle du Xot et celle du Pirata. La crique est divisée en petites plages très calmes : l'une plus petite, de sable blanc et entourée de roches, et une autre protégée par une pinède qui glisse jusqu'au sable. On y pratique le nudisme. Il est indispensable d'emporter de l'eau potable.

▲ Cala Magraner, Cala Pilota et Cala Virgili ▼ Cales de Mallorca. Es Domingos

Cala Magraner, Cala Pilota, Cala Virgili

Trois criques idylliques, vierges, face auxquelles de nombreuses embarcations sont amarrées. On y accède uniquement par la mer ou par un petit chemin accessible uniquement à pied, ce qui explique leur bon état de conservation et la faible affluence de baigneurs. Pour accéder à **Cala Magraner** il faut marcher pendant environ 2 km sur un sentier qui part de la route reliant Portocolom à Portocristo. Une lagune d'eau salée s'ouvre sur la partie postérieure de la plage, formée par un torrent qui couvre parfois le sable de pierres et de gravier. La **Cala Pilota** est située à environ 1 km. Le nom de cette plage de sable blanc provient de l'abondance de boules formées par des restes de Posidonia oceanica. La profonde **Cala Virgili**, entourée de falaises peu élevées, se trouve à environ 900 mètres.

CALES DE MALLORCA

La principale destination touristique de la côte de Manacor est constituée par un ensemble de trois criques entourées de falaises, et dont les fonds marins sont recouverts de sable. La crique la plus petite et la moins urbanisée est **Cala Antena**, à l'entrée de la ville, une baie profonde qui débouche sur cette plage coincée entre de petites falaises. Ensuite apparaissent les criques d'**Es Domingos Grans** et **Es Domingos Petits**, qui partagent une embouchure large qui bifurque ensuite. On peut passer d'une crique à l'autre à pied ou en nageant. Ces plages concentrent la plupart des infrastructures touristiques, ce qui provoque une grande affluence de baigneurs en été.

▲ **Cala Murada**

Cala Murada

Bien qu'elle se trouve à proximité du lotissement du même nom, Cala Murada est une étendue de sable assez tranquille. Le Torrent des Fangar s'y déverse. L'eau douce s'y accumule pendant toute l'année, créant ainsi un écosystème habité par des oiseaux qui y trouvent protection et aliments. La **grotte de Cala Murada**, originaire de l'âge du bronze, est creusée dans la roche. Elle a été utilisée par des contrebandiers qui y cachaient leurs marchandises. La plage est généralement fréquentée par les habitants des lotissements situés à proximité et les touristes d'un hôtel proche.

VILLAGE TALAYOTIQUE

S'Hospitalet Vell est un village talayotique qui remonte à l'âge du bronze et à l'âge du fer. En une seule visite, il est possible de contempler des structures naviformes — au plan absidal allongé — et talayotiques, ainsi qu'un spectaculaire talayot carré, avec des chambres mitoyennes.
www.visitmanacor.com

5

TRONÇON 5

- **FELANITX**
- S'Algar
- **PORTOCOLOM**
- Cala Marçal
- Cala Brafi
- Cala sa Nau
- Cala Mitjana
- **CALA FERRERA**
- **SANTANYÍ**
- **CALA D'OR**
- **PORTOPETRO**
- Cala Mondragó
- **CALA FIGUERA**
- **CALA SANTANYÍ**
- Cala Llombards
- Cala s'Almunia
- Cap de ses Salines
- **SES SALINES**
- Es Carbó
- Es Dolç
- **COLÒNIA DE SANT JORDI**
- Salines de sa Vall
- Es Marquès
- **CAMPOS**
- Es Trenc
- Es Salobrar
- Ses Covetes
- **SA RÀPITA**
- **LLUCMAJOR**
- **S'ESTANYOL DE MIGJORN**
- Cala Pi
- Cala Mosques
- **S'ARENAL**

◂ **Cala Llombards**

CÔTE DE MIGJORN

DE FELANITX À LLUCMAJOR

Felanitx, village ayant une grande tradition viticole, accède à la mer par Portocolom, l'un des plus jolis ports de Majorque, un lieu idéal pour déguster la gastronomie issue des produits de la pêche. Cette partie du littoral est une succession de criques de rêve comme Sa Nau, Mondragó — intégrée dans un parc naturel — ou Cala Figuera, profonde et étroite. Le phare du Cap de ses Salines couronne le point le plus méridional de l'île, face au Parc national de l'archipel de Cabrera. Vers l'intérieur, s'étendent les communes de Campos et Llucmajor, qui constituent un paysage plat parsemé de propriétés privées délimitées par des murs en pierre sèche, dont certaines ont été transformées en établissements de tourisme rural où la paix règne en maître.

À NE PAS MANQUER

P.N. DE MONDRAGÓ P. 241

CALA FIGUERA P. 172

ES TRENC P. 183

ES SALOBRAR P. 185

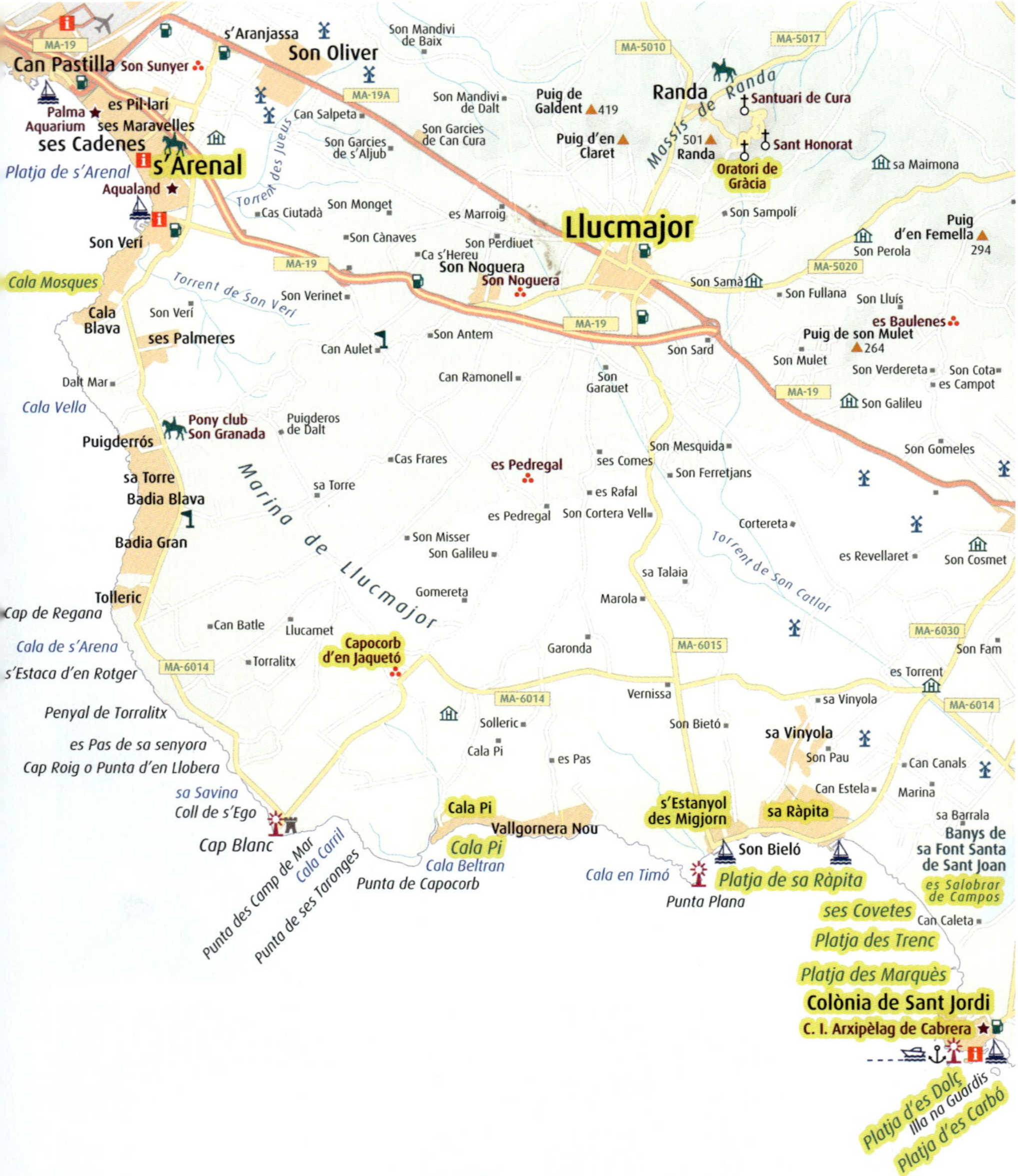

Can Pastilla
Son Sunyer
s'Aranjassa
Son Oliver
Son Mandivi de Baix
MA-19
MA-19A
MA-5010
MA-5017
Palma Aquarium
es Pil·larí
ses Maravelles
ses Cadenes
s'Arenal
Platja de s'Arenal
Aqualand
Can Salpeta
Son Mandivi de Dalt
Son Garcies de s'Aljub
Son Garcies de Can Cura
Puig de Galdent 419
Puig d'en Claret
Randa
Massís de Randa
Santuari de Cura
501 Randa
Sant Honorat
Oratori de Gràcia
sa Maimona
Torrent des Jueus
Cas Ciutadà
Son Monget
es Marroig
Son Sampolí
Llucmajor
Puig d'en Femella 294
Son Perola
MA-5020
Son Verí
Son Cànaves
Son Perdiuet
Ca s'Hereu
Son Noguera
Cala Mosques
Torrent de Son Verí
Son Verinet
Son Samà
Son Fullana
Son Lluís
es Baulenes
Cala Blava
ses Palmeres
Can Aulet
Son Antem
Son Sard
Puig de son Mulet 264
Son Mulet
Dalt Mar
Can Ramonell
Son Garauet
Son Verdereta
Son Cota
es Campot
Son Galileu
Cala Vella
Pony club Son Granada
Puigderós de Dalt
Puigderrós
Son Mesquida
Son Gomeles
Cas Frares
es Pedregal
ses Comes
Son Ferretjans
sa Torre
Badia Blava
es Rafal
Marina de Llucmajor
Son Cortera Vell
Badia Gran
Cortereta
Son Misser
Son Galileu
Torrent de Son Catlar
es Revellaret
Son Cosmet
sa Talaia
Gomereta
Marola
Tolleric
Cap de Regana
Can Batle
Llucamet
Capocorb d'en Jaquetó
Garonda
MA-6015
MA-6030
Son Fam
Cala de s'Arena
Torralitx
es Torrent
s'Estaca d'en Rotger
MA-6014
Vernissa
sa Vinyola
Penyal de Torralitx
Solleric
Son Bieló
es Pas de sa senyora
Cala Pi
es Pas
Son Pau
Can Canals
Cap Roig o Punta d'en Llobera
Can Estela
Marina
sa Savina
s'Estanyol des Migjorn
sa Ràpita
sa Barrala
Coll de s'Ego
Vallgornera Nou
Banys de sa Font Santa de Sant Joan
Cap Blanc
Son Bieló
Cala Beltran
Cala en Timó
Platja de sa Ràpita
es Salobrar de Campos
Punta des Camp de Mar
Cala Carril
Punta de ses Taronges
Punta de Capocorb
Punta Plana
ses Covetes
Can Caleta
Platja des Trenc
Platja des Marquès
Colònia de Sant Jordi
C. I. Arxipèlag de Cabrera
Platja d'es Dolç
Illa na Guardis
Platja d'es Carbó

5

Son Oms
Son Roig
MA-5111
Boscana Vell
Son Batlet
MA-5101
Boscana Nou
MA-5110
es Llodrà
300
Son Amoixa Vell
MA-4015
Son Còdol
Serres de Llevant
Ca'n Feliu
Oratori de la Santa Creu
Porreres
Son Roig
Son Valls Nou
MA-14
es Boc Vell
Ermita de Crist Rei
Son Rialles Vell
Son Mas Nou
Can Veny
Son Macià
Puig de na Moixa
333
Platja Romàntica
Puig de Son Nebot
202
Mare de Déu de la Consolació
Son Calderó
MA-4014
s'Estepa
MA-5110
Can Negre
Cova des Moro
Son Gornals
s'oliver
Palma Sol
Son Josep de Baix
Santuari de Monti-sion
es Pou Celat
MA-5100
Bassa de Son Navata
es Fangar
es Rafal Nou
s'Horabaixa
Son Proenç
es Picot
Son Pinya
Son Mesquida
Son Navata
es Fangar
319
Son Llaneres
Son Brau
Torrent des Fangar
s'Hospitalet Vell
es Manias
ses Puntes
sa Punta
es Velar de Son Herevet
Cales de Mallorca
MA-5040
Felanitx
s'Aigo
Son Mas Vell
MA-4011
MA-4010
Tropicana
Son Burguera
Moli d'en Galera
Santuari de Sant Salvador
es Domingos
Can Bota
Son Reus
MA-4014
MA-5120
sa Comuna
Cala Murada
Son Olivaret
Son Menut
Can Ramonet
405
Son Durí
Campos
Son Fadrí
Son Negre
Castell de Santueri
Can Alou Vell
Son Sureda
es Turó
sa Punta
Racó de s'Algar
Son Amagat
es Carritxó
els closos de can gaià
Son Xorc
Can Bardissa
Cas Concos des Cavallers
MA-4012
Punta de ses Crestes
MA-4016
Son Barceló Mas
Ca na Xina
Son Sard
Ca Na Curta
Portocolom
MA-6031
s'Hort d'en Groc
Son Bernadí
s'Horta
es Figueral
es Rossells
Cala Marçal
Caló d'en Marçal
Torrent de Son Xorc
Puig Gros
Cala Brafi
Ermita de Sant Bias
MA-14
Son Moro
Calonge
Can Esteve
Punta Negra
s'Alqueria Fosca
MA-19
s'Alqueria Blanca
ses Angoixes
Oratori de la Consolació
MA-4012
MA-4013
Marselleta
Cala sa Nau
Can Banyeta
ses Talaies de Can Jordi
Forat d'en Mengo
Son Alegre
Cala Mitjana
Cala Ferrera
Son Perdut
es Penyalar
Son Danús Nou
MA-19
Son Marge
Ca s'Escrivà
Son Danús Vell
Can Jordi
Can Xiscos
Can Bassa
Cala Ferrera
Can Poll
Son Cabrer
Cala d'Or
Caló Gran
Cala Llonga
Portopetro
Marina de Cala d'Or
MA-6101
Cas Perets
Hort de Can Bennàsser
ses Fonts de n'Alis
Santanyí
Caló de ses Egos
Punta de sa Torre
sa Cànova
es Rafal Llinàs
sa Carrotja
MA-6102
Parc Natural de Mondragó
Cala Mondragó
Botanicactus
es Llombards
Cap des Moro
s'Amarador
ses Salines
es Turó
MA-6100
Son Morlà
Cala Figuera
Caló des Savinar
Son Piris
Son Moger
s'Estret des Temps
es Pou Jou
Cala Santanyí
MA-6100
Marina de Santanyí
es Pontàs
Estany des Tamarells
Rafal des Porcs
Cala Figuera
Cala Santanyí
es Antigors
Cala Llombards
Cala Llombards
Torre de s'Almunia
Can Bassa
Salines de sa vall
MA-6110
sa Vall
sa Talaia Grossa
Caló des Moro
Talaia Grossa
Cala de s'Almunia
Estany de ses Gambes
67
Punta des Baus
s'Avallet
Clot des Revellar
Can Tugores
Cala Figuereta
Cala en Tugores
Coves des Metge
Caló des Màrmols
Platja des Caragol
na Gosta
Punta de sa Creta
Far des Cap de ses Salines
Cap de ses Salines

▲ **Felanitx** ▼ ***Pebre bord***

FOIRE DU *PEBRE BORD*

Felanitx célèbre en octobre cette foire consacrée au paprika, ingrédient essentiel de la soubressade et de plats composant la gastronomie locale comme les *sopes*, emblématiques et délicieuses. C'est une foire animée, avec des stands de produits de la terre de Majorque.

Mairie de Felanitx
Pl. Constitució, 1
Tél. 971 580 051
www.ajfelanitx.net
Offices du tourisme
Portocolom
Av. Cala Marçal, 15
Tél. 971 826 084
Cala Ferrera
Av. de Cala d'Or, 4
Tél. 971 659 760
Renseignements touristiques
www.visitfelanitx.es
portocolom.com
Transports
Tél. 971 177 777
www.tib.org
Taxi
Tél. 971 824 347

SANCTUAIRE DE SANT SALVADOR

Le sanctuaire dédié à la Mare de Déu de Sant Salvador, se trouve à la périphérie de Felanitx, à plus de 500 mètres d'altitude. Ses origines remontent au XIVe siècle, bien que l'église actuelle date du XVIIIe siècle. Sur les hauteurs, un hôtel, un restaurant et une zone de pique-nique ombragée.
www.santsalvadorhotel.com

FELANITX

PORTOCOLOM • CALA FERRERA

Felanitx est connu dans toute l'île pour la qualité de ses vins, de ses fromages et de ses charcuteries à base de porc, en particulier la soubressade et les pâtés artisanaux. La population est concentrée dans la ville et dans plusieurs villages plus petits où le calme règne, comme c'est le cas de **Cas Concos**, **Portocolom** ou **Cala Ferrera**. Le paysage de la commune comporte quelques reliefs des Serres de Llevant, une plaine agricole fertile et la Marina, une zone côtière de 15 km où s'écoulent plusieurs torrents qui forment des criques mythiques, paradisiaques, parfois encastrées entre des falaises.

▲ **Cas Concos des Cavallers**

LOCALITÉS DU MIGJORN
FELANITX, LA CULTURE VITICOLE
P. 219

S'Algar

C'est la première crique qui se trouve à l'extérieur de la baie de Portocolom, sur le côté gauche. On peut y accéder en voiture, mais c'est agréable d'y arriver à pied depuis le port. C'est une plage à l'ambiance familiale, fréquentée par les locaux, les estivants et les pêcheurs de Portocolom. Son nom provient de la grande accumulation d'herbier de posidonie sur la plage — il s'agit d'une plante marine, et non pas d'une algue —, que les paysans utilisaient jadis comme engrais pour leurs champs. Elle est entourée d'une côte rocheuse sur laquelle pousse une végétation de maquis. Des eaux transparentes, des fonds rocheux et sableux, avec des taches d'herbier de posidonie, très riche en poissons, un endroit excellent pour la pratique du snorkeling.

▲ **S'Algar**

▲ Portocolom ▼ Es Riuetó

PORTOCOLOM

Le port naturel de Felanitx se trouve à 18 km du centre-ville. Jadis, des navires chargés de vin entreprenaient des traversées vers la France. Cette baie spectaculaire est l'un des plus beaux sites de l'île. Ce lieu est le berceau de célèbres mestres d'aixa ou charpentiers de vaisseaux, et il a su se défendre contre les projets touristiques de masse. Il garde une authentique atmosphère marine. Une promenade sur le port permet d'apprécier la beauté simple du **Es Riuetó**, quartier limitrophe du centre-ville constitué de maisons colorées dans des tons pastel et de fenêtres décorées de persiennes en bois. On aperçoit parfois des *escars* ou des *barraques*, petits embarcadères et garages pour les barques. L'église de la **Mare de Déu del Carme** est un bâtiment austère du XIXe siècle, conçu par Pere d'Alcàntara Penya. Les restaurants accommodent le poisson pêché par la flotte locale, comme le **Celler Sa Sínia**, établissement historique dont la carte est décorée par des dessins de l'artiste Miquel Barceló, originaire de Felanitx.

LES CLOSOS DE CAN GAIÀ

Cet important village préhistorique construit aux alentours de 1 700 avant notre ère se trouve près de Portocolom. Il s'agit d'un espace constitué de petites nefs habitées de façon ininterrompue jusqu'aux années 850 av. J.-C. www.closos.org

▲ Cala Marçal ▼ Cala Brafi

▼ Cala sa Nau

Cala Marçal

Cette baie se trouve à un peu plus d'un kilomètre de Portocolom. Très protégée des vagues, elle s'élargit en direction des terres et se termine sur une vaste plage. C'est la plage la plus grande et la plus accessible de Felanitx — bien indiquée par la route —, ce qui a entraîné la construction d'infrastructures touristiques importantes. Elle est entourée de rochers de faible hauteur, et une pinède relativement fournie apparaît au fond : elle permet aux estivants de bénéficier d'une ombre bien agréable pour profiter d'un pique-nique sur la plage. En haute saison, ce site est fréquenté par les clients des hôtels des alentours.

Cala Brafi

On y accède à pied depuis la périphérie du lotissement de Cala Marçal — où il est possible de garer son véhicule —. La promenade jusqu'à la crique est d'environ 500 m. C'est une plage vierge, sauvage, isolée, souvent recouverte de restes d'herbier de posidonie et fréquentée par des nudistes. La mer pénètre plus de 100 m à l'intérieur des terres jusqu'à une petite plage parsemée de rochers, entourée de falaises peu élevées, de pins, de sabines et d'oliviers sauvages. Plus au sud se trouve **Cala Estreta**, un paradis réservé à ceux qui y accèdent à pied depuis Cala Brafi, en marchant pendant plus d'un kilomètre au milieu des rochers. Il est indispensable de prendre de l'eau potable.

Cala sa Nau

Ce paysage est impressionnant : c'est une anse en forme de S, d'une longueur d'environ 350 m, qui s'achève sur cette magnifique plage où jaillit une source d'eau douce. La plage, de sable blanc et fin, est dominée par des falaises qui, selon l'heure de la journée, acquièrent des tonalités blanches, ocre ou rouges, toujours couronnées d'arbustes et de pins. En été, il vaut mieux arriver tôt pour trouver de la place, mais la beauté du paysage compense nettement l'effort. Une paillote située au bord de la plage permet aux visiteurs de se restaurer le midi ou le soir. Un parking se trouve à environ 500 m de la plage, à laquelle on accède par des escaliers.

▲ **Cala sa Nau**

PROMENADE À PIED

12 km (aller et retour)

CHÂTEAU DE SANTUERI

La bifurcation vers la forteresse de Santueri se trouve sur la route de Felanitx à Cas Concos. C'est un château construit sur une roche, le mieux conservé de Majorque, qui s'élève à plus de 400 mètres de hauteur. On y apprécie les plus belles vues sur la commune. Il est possible de le visiter. www.santueri.org

CYCLOTOURISME

17 km (aller et retour)

DE PORTOCOLOM À CALA SA NAU

Ce circuit, à réaliser à pied ou à bicyclette, démarre sur le quai de Portocolom et mène à l'une des criques les plus majestueuses du sud de Majorque. Il suffit de suivre les indications vers la Cala Marçal et de continuer sur le chemin de Cala Brafi jusqu'à Cala sa Nau.

Cala Mitjana

C'est un endroit idéal pour les personnes qui apprécient la beauté et l'intimité, puisqu'on y accède uniquement à pied depuis Cala sa Nau, après une promenade d'environ 20 minutes par un parcours rocheux inconfortable : il est recommandé de porter des chaussures adéquates. Cette difficulté d'accès a préservé Cala Mitjana du tourisme de masse. La vue d'en haut est spectaculaire : une baie qui se divise en deux bras, celui de gauche formant une crique rocheuse, sans plage, et celui de droite s'achevant sur une plage blanche d'environ 20 m de long. Un endroit accueillant, entouré de falaises, de rochers et de pins. Aucun service n'est disponible, c'est pourquoi il est nécessaire d'emporter de l'eau potable avec soi.

CALA FERRERA

La dernière crique de Felanitx, jouxtant la commune de Santanyí, est désormais un puissant complexe touristique avec des hôtels pouvant accueillir 4 000 personnes. Ce centre de vacances est né autour du lotissement Cala Ferrera, construit dans les années 1970 et où certains Majorquins achetèrent une résidence secondaire. D'un point de vue géographique il s'agit d'une vaste anse entourée de falaises et qui se divise en deux rades : **Cala Serena** ou **Caló de ses Dones** et **Cala Ferrera**. En été, les touristes affluent en masse. Ils logent dans les hôtels et les appartements des alentours, et bénéficient de toutes sortes de services. Les eaux transparentes aux tons émeraude ressortent sur les fonds marins recouverts de sable.

▲ **Cala Serena**

▲ Cala Mitjana ▼ Cala Ferrera

▲ Santanyí ▼ Portopetro

Mairie de Santanyí
Pl. Major, 12
Tél. 971 653 002
www.ajsantanyi.net
Office du tourisme Cala d'Or
Perico Pomar, 10
Tél. 971 657 463
Renseignements touristiques
www.infosantanyi.com
santanyivirtual.com
Transports
Tél. 971 177 777
www.tib.org
Taxi
Tél. 971 657 058

SANTANYÍ
CALA D'OR • PORTOPETRO CALA FIGUERA • CALA SANTANYÍ

Les Serres de Llevant finissent à Santanyí sous la forme de petites élévations, comme la **Penya Bosca**. En terminant leur course vers la mer, des torrents créent parfois des étangs ou des criques aux eaux turquoise. La formation géologique d'Es Pontàs est unique. La commune regroupe les villages suivants : Es Llombards, S'Alqueria Blanca, Calonge, Cala d'Or — très touristique — et Portopetro, port naturel paisible qui conserve son charme maritime. Aux alentours, le paysage est constitué de cultures sèches parsemées de petites pinèdes, constituant des espaces harmonieux et protégés, comme le Parc naturel de Mondragó.

ART EN PIERRE

La lumière de Santanyí semble plus intense que dans le reste de l'île, en raison de la proximité de la mer. La lumière et la mer sont deux éléments qui apportent une beauté invisible et palpable à ce site, et qui en ont fait un village attirant pour de nombreux résidents étrangers, allemands pour la plupart. Cette présence a imprégné les commerces, qui conjuguent habilement la saveur de Majorque avec une touche germanique, que l'on ressent dans les petits restaurants et les galeries d'art. Les rues qui entourent l'église renferment de beaux bâtiments, restaurés avec un grand respect pour l'architecture traditionnelle.

L'architecture met à l'honneur l'une des valeurs locales : la **pierre de Santanyí**, exploitée depuis l'époque islamique. Des milliers de tonnes de **grès** ont été extraites des carrières de la commune, afin de construire des bâtiments emblématiques de Majorque comme le palais de l'Almudaina, le château de Bellver et la Cathédrale. Cette matière première était exportée en Catalogne, en France ou en Italie : c'était un matériau idéal pour la construction et un motif de fierté locale.

Cette même pierre a permis la construction de l'**église de Sant Andreu**, qui préside la place et conserve un bel **orgue baroque**, créé par le Majorquin Jordi Bosch Bernat. Cet orgue possède des tonalités typiquement majorquines comme le son du *siurell* — sifflet ancestral en terre — et la *xeremia*, instrument à vent toujours présent lors des fêtes populaires. Le village conserve encore la **Porta Murada**, l'un des accès à l'ancienne muraille de l'époque Renaissance qui protégeait Santanyí, datée du milieu du XVIe siècle.

UN MARCHÉ TRÈS ANIMÉ

On y trouve des produits locaux, des cabas tressés en fibres de palmier nain, des objets sculptés dans la pierre de Santanyí et des créations d'artisans et d'artistes de Majorque.

CAN LIS, DE JORN UTZON

Can Lis, la maison de Jorn Utzon, l'architecte qui a conçu l'opéra de Sydney, se trouve sur une falaise près de Portopetro. Il a vécu à Majorque et y a construit sa maison en grès en 1972. Le bâtiment appartient désormais à la Fondation Utzon. www.canlis.dk

▲ Cala d'Or ▼ Cala Mondragó

CALA D'OR

Les origines de ce village développé autour d'une crique avec une plage de sable remontent aux années 1930, lorsque Josep Costa décida de construire un lotissement dans cette enclave à la beauté indiscutable. Le promoteur, originaire d'Eivissa (Ibiza), appela cet endroit Cala d'Hort, en référence à la crique d'Eivissa bien connue ; cependant, avec le temps, ce nom perdit son orthographe originelle. Le peintre catalan Hermen Anglada Camarassa en fut l'un des premiers résidents. Aujourd'hui, c'est un puissant complexe touristique, idéal pour les familles avec des enfants, avec tous les services nécessaires, la possibilité de réaliser des randonnées en bateau ou de visiter le Parc naturel de Mondragó.

▲ Portopetro

PORTOPETRO

C'est le port naturel de Santanyí, fermé par la **Punta de sa Torre** et **Es Frontet**. Au XVIIe siècle, des navires quittaient ce port chargés de grès et de blé, en direction d'autres ports de Majorque. Mais le port commercial entra en récession, et se contenta d'être un petit port de pêche à partir du XIXe siècle. Désormais, c'est un site touristique plein de charme qui conserve une atmosphère maritime, surtout au coucher du soleil, un moment idéal pour s'y promener au bord de la mer. Des escaliers en pierre mènent à de petites zones de baignade. Aux alentours, de nombreux restaurants et bars animés sont à la disposition des touristes.

Cala Mondragó

Cette crique paradisiaque est un endroit à ne pas manquer. Elle est divisée en deux plages : **S'Amarador** et **Ses Fonts de n'Alis**, qui sont intégrées dans le Parc naturel de Mondragó. On y accède depuis le centre d'interprétation, où l'on doit garer son véhicule puis emprunter à pied l'un des itinéraires balisés qui débouchent sur ces belles des étendues de sable. La partie postérieure de Ses Fonts de n'Alis — la plage la plus fréquentée en raison des services dont elle dispose, y compris un restaurant — est constituée d'une zone humide où vivent des anguilles, des serpents d'eau et des oiseaux. L'accès au parc est très bien indiqué depuis Santanyí, S'Alquería Blanca, la route de Cala Figuera et Ses Salines.

SORTIES EN MER

Des bateaux partent de Portopetro pour des promenades en mer, qui conduisent les voyageurs à proximité d'Es Pontàs ou à la solitaire Caló des Màrmols, entre autres. Il est également possible de louer des embarcations.
www.ancapi.es

À NE PAS MANQUER

PARC NATUREL DE MONDRAGÓ
P. 241

Cet espace naturel est marqué par des siècles d'activité agricole et d'élevage. Il comprend les plages vierges de S'Amarador et Mondragó, et des zones humides indispensables à la survie des oiseaux. Le parc dispose de quatre itinéraires à réaliser à pied ou à vélo.
www.balearsnatura.com

À NE PAS MANQUER

CALA FIGUERA

Entre Cala Santanyí et le Cap des Moro s'ouvre l'une des baies les plus longues, étroites et protégées des Baléares, depuis laquelle des bateaux partaient jadis chargés de grès. Elle constitue sans aucun doute l'un des endroits les plus singuliers et les plus beaux de cette partie de la côte. Cala Figuera, en forme de Y, est constituée du **Caló d'en Busques** — avec un port de pêche très protégé — et du **Caló d'en Boira**. On y trouve des *llaüts* (barques de pêcheurs), du matériel de pêche séchant au soleil, les traditionnels escars —des refuges creusés dans la roche et destinés à garder les barques — et de magnifiques maisons près de la mer. Des hôtels et des villas camouflés parmi les pins sont répartis aux alentours. Une promenade vers le phare de la tour d'**En Beu**, qui ferme la crique, peut devenir un moment magique au coucher du soleil.

▲ **Pêcheur de Cala Figuera**

▼ **Cala Figuera**

ES PONTÀS, ART NATUREL

C'est l'un des emblèmes de la côte de Majorque : une formation rocheuse sculptée par la mer qui forme un énorme pont, dont de nombreux artistes s'inspirent pour leurs créations. Le sentier qui mène au meilleur belvédère de la région démarre à Cala Santanyí.

CALA SANTANYÍ

Il est difficile d'imaginer que cette crique urbanisée était à l'origine une petite enclave consacrée à la pêche. Dans les années 1960, on commença à y construire des installations, jusqu'à aujourd'hui, où ce site est devenu un complexe touristique important, fréquenté par des familles venues de toute l'Europe. Il est possible de marcher depuis la crique jusqu'au belvédère installé sur la formation rocheuse d'Es Pontàs, un pont de pierre plongeant dans la mer et sculpté pendant des siècles par les vagues. La promenade jusqu'à **Sa Torre Nova**, du XVIIe siècle, est également recommandée. C'est une ancienne tour de défense destinée à surveiller cette partie du littoral. La vue y est magnifique. Les eaux tranquilles permettent de pratiquer le surf et la plongée sous-marine. Ce site dispose de tous les services nécessaires, y compris une école de plongée. L'accès est bien indiqué et un parking se trouve juste à côté de la plage.

▲ Cala Santanyí

▲ Cala Llombards ▼ Cala s'Almunia

Cala Llombards

Cette magnifique crique bien protégée se trouve près du lotissement de Cala Llombards. Aucun bâtiment n'est visible depuis la plage, à l'exception de quelques escars à gauche, qui apportent une touche de charme supplémentaire au tableau. Les eaux aux fonds sablonneux sont calmes, et la plage presque blanche se prolonge plusieurs mètres dans les terres ; elle est flanquée de falaises accidentées qui s'étendent au loin. La plage est fréquentée par des habitants des alentours et des vacanciers. Une paillote est ouverte en été. L'accès par la route est bien indiqué et une zone de parking est à la disposition des visiteurs.

▲ **Caló des Màrmols**

Cala s'Almunia

Le profil de cette perle du littoral de Santanyí est visible depuis le grand escalier d'accès à la pente très prononcée. Cet embarcadère taillé par la mer dans la roche dispose de peu d'espaces plats sur lesquels étendre sa serviette, et les eaux turquoise invitent à la baignade. En été, seuls les lève-tôt y trouvent de la place. L'accès à la mer s'effectue par les mêmes rampes que celles utilisées par les bateaux, souvent recouvertes d'algues : attention aux chutes ! L'accès par la route est bien indiqué. Après avoir garé son véhicule, il faut marcher pendant environ 200 m. C'est un bon endroit pour pratiquer le snorkeling près des rochers, où les fonds marins regorgent de poissons.

Cap de ses Salines

Le point le plus méridional de Majorque, le sud du Sud, dispose des meilleures vues sur l'archipel de Cabrera. C'est un lieu solitaire ou s'élève un phare, inauguré en 1863, et qui accueille désormais la Station de recherches côtières de l'Institut méditerranéen d'études avancées (IMEDEA). Le Cap de ses Salines fait partie de la **Réserve marine de Migjorn**, et c'est l'un des meilleurs endroits de l'île pour faire de longues promenades au bord de la mer. L'accès aux plages lointaines et vierges d'Es Carbó et Es Caragol s'effectue à pied, en suivant la direction de la Colònia de Sant Jordi. On y voit les îlots d'En Curt, de Na Pelada, de Na Moltona et de Na Guardis.

PROMENADE À PIED

10 km (aller et retour)

DU CAP DE SES SALINES AU CALÓ DES MÀRMOLS

Le sentier littoral part du Cap de ses Salines pour rejoindre le Caló des Màrmols (la petite crique des marbres), une plage qui doit son nom à la blancheur du sable et des falaises alentour. Le Parc national de l'archipel de Cabrera est visible depuis le chemin.

▲ Ses Salines ▼ Colònia de Sant Jordi

Mairie de Ses Salines
Pl. Major, 1
Tél. 971 649 117
www.ajsessalines.net
Offices du tourisme Colònia de Sant Jordi
Gabriel Roca, s/n
Tél. 971 656 073
Renseignements touristiques
www.ajsessalines.net
Transports
Tél. 971 177 777
www.tib.org
Taxi
Tél. 630 132 834

SES SALINES
COLÒNIA DE SANT JORDI

Le nom de cette cave rappelle l'importance de l'exploitation de sel dans l'île autrefois. Quelques salines sont toujours en fonctionnement et sont visibles aux alentours de la Colònia de Sant Jordi, un complexe touristique important où de nombreux Majorquins profitent de l'été. Ses Salines est une commune plate où vivent un peu plus de 4 000 personnes, avec une côte riche en plages vierges que l'on peut parcourir les pieds dans l'eau. Le village respire le calme, c'est ce qui a attiré de nombreux résidents européens, amoureux de l'atmosphère du lieu, et qui apportent une touche de diversité à la région.

PIERRE ET SEL

Jusqu'à 1925, Ses Salines et Santanyí constituaient une seule commune : quelques habitants appellent encore ce lieu Marina de Santanyí. Le sol est plat et constitué de grès sédimenté, plus connu sous le nom de pierre de Santanyí ou marès, apprécié dans le monde de la construction. Des vestiges de la splendeur commerciale de ce matériau sont visibles tout au long de la côte, sous forme de carrières désormais abandonnées.

De fait, la plupart des constructions du village ont été réalisées avec cette pierre, à commencer par l'église de **Sant Bartomeu de Ses Salines**. Elle a été érigée entre 1876 et 1955 selon un projet de l'éclectique Majorquin Pere d'Alcàntara Penya, dont l'intérieur est constitué d'une seule nef et de six chapelles réparties de chaque côté. Le bâtiment qui l'a remplacée, l'**Església Vella**, se trouve sur la Plaça de Sant Bartomeu. Il date de la fin du XVIIIe siècle.

Une promenade dans le petit centre-ville, constitué par les rues qui entourent la vieille église, permet de contempler de grandes maisons, comme **Can Bonico** (sur la Plaça de Sant Bartomeu), qui conserve une tour défensive de style médiéval. Sur la même place, un autre témoin du système de défense urbain est la tour de **Can Bàrbara**, au plan carré et probablement du XVIe siècle.

La commune possède un village talayotique important, **Els Antigors**, où l'on apprécie encore l'énorme talayot appelé Talaia Joana, qui s'élève sur 4 m de haut et possède un portail déprimé. Ce site a été découvert dans les années 1920, et on y a retrouvé une pointe de lance en bronze.

CAVE BARAHONA

Ce vénérable établissement est situé à Ses Salines et attire des visiteurs de tous les coins de l'île grâce à sa cuisine à base de poisson et de fruits de mer frais. Les spécialités de la maison sont les suivantes : riz « de notaire », cassolette de homard, poisson au sel ou *calamar de potera*. www.bodegabarahona.com

▲ Es Carbó

▲ Plage des Dolç ▼ Colònia de Sant Jordi

PROMENADE À PIED

16,8 km (aller et retour)

DE COLÒNIA DE SANT JORDI AU CAP DE SES SALINES

Cette randonnée longe la côte et traverse les plages vierges d'Es Carbó et d'Es Caragol, et culmine au Cap de ses Salines, le point le plus méridional de Majorque, couronné par un phare et bénéficiant des plus belles vues sur l'archipel de Cabrera.

Es Carbó

Cette plage sauvage est uniquement accessible à pied. Elle a peu à envier à d'autres plages plus connues comme Es Trenc. Elle se trouve à moins d'un kilomètre de Colònia de Sant Jordi, face à l'îlot de Na Moltona. C'est la plage vierge la plus fréquentée par les locaux et les estivants, sans aucun bâtiment visible et avec une affluence moyenne de baigneurs en été. Elle s'étend sur 1,4 km, son sable est très fin et la plage est souvent recouverte de restes de la plante marine posidonie déposés par les vagues. Les dunes sont recouvertes de chardons bleus des sables, de pins, de sabines et d'oliviers sauvages. On peut également arriver à cette plage depuis le Cap de ses Salines, situé à environ 6 km.

Platja des Dolç

C'est la plage qui se trouve à côté du petit port de pêche et de plaisance de la Colònia de Sant Jordi, équipée de bonnes infrastructures touristiques, avec plusieurs possibilités de pratiquer des sports nautiques et de goûter la gastronomie locale. Cette plage urbaine de sable fin et blanc, avec quelques rochers, est surtout fréquentée par des locaux et des estivants qui logent à Ses Salines, à Palma et à la Colònia de Sant Jordi. L'îlot de **Na Guardis** se trouve à environ 300 m de la côte. Un site archéologique conserve des vestiges de la culture phénicienne. Des plongeurs réalisent des immersions pour contempler les restes d'une épave punique et d'une autre romaine.

COLÒNIA DE SANT JORDI

Cet ancien hameau de pêcheurs est devenu un grand centre touristique et résidentiel, un village de caractère et une atmosphère à la saveur locale, puisque de nombreux Majorquins y disposent d'une résidence secondaire et se connaissent depuis toujours. Ce site bénéficie d'un littoral parsemé d'îlots qui font face à de belles plages, et dispose des meilleures vues sur l'archipel de Cabrera. On y trouve le **Centre d'Interprétation de Cabrera**. Les bateaux qui effectuent le trajet jusqu'au Parc national partent du port local. Un long chemin de promenade parcourt la façade maritime, pour de belles balades à pied ou à vélo. De nombreux hôtels, appartements et restaurants sont à la disposition des visiteurs, et la plage d'Es Dolç est très facilement accessible.

▲ **Centre d'Interprétation de Cabrera**

CENTRE D'INTERPRÉTATION DE CABRERA

Ce centre se trouve à la Colònia de Sant Jordi et permet de découvrir les valeurs naturelles du Parc national de Cabrera, avec des aquariums qui montrent les espèces peuplant leurs eaux. Ce bâtiment est inspiré des talayots de Majorque.
www.balearsnatura.com

▲ **Salines de sa Vall** ▼ **Botanicactus**

Estanys ou Salines de sa Vall

Ce site est également appelé salines de la Colònia de Sant Jordi, puisqu'il est situé tout près de ce centre touristique. Les étangs et les zones inondées de façon naturelle constituent un écosystème précieux qui est inclus dans l'espace protégée ANEI d'**Es Trenc-Salobrar de Campos**, et fréquenté par différentes espèces d'oiseaux. Les vestiges archéologiques retrouvés dans cette zone indiquent que son exploitation commença avec les Phéniciens entre le IVe et le IIe siècle avant notre ère, puis ce fut le tour des Romains, des Byzantins, des Arabes et des Chrétiens. C'est l'une des exploitations de sel les plus anciennes de la Méditerranée. Aujourd'hui encore, le sel est récolté fin août. Le coucher du soleil est le meilleur moment pour contempler ce site, quand le soleil colore le ciel et les étangs de tons rosés et rouges.

▲ **Es Marquès**

Es Marquès

Cette plage est connue sous plusieurs noms : Estanys, Raconada de s'Estany, Es Molí de s'Estany ou Platja des Marquès. Elle se trouve à environ 7 km du village de Ses Salines, entre les pointes de Sa Llova et Des Tords. Cette plage de sable fin et à l'inclinaison faible est idéale pour les familles avec des enfants. Son système de dunes à l'arrière est fixé par des lys, des chardons bleus des sables, des sabines et des pins. Cette végétation est capable de vivre avec très peu d'eau, beaucoup de soleil et de fortes doses de sel. Vers l'intérieur s'étendent les Estanys ou Salines de sa Vall, visibles depuis la petite route qui les entoure.

PARC NATIONAL DE L'ARCHIPEL DE CABRERA
P. 231

Des embarcations partent du port de la Colònia de Sant Jordi en direction du Parc national. Les randonnées durent généralement une journée entière, et comprennent la visite de l'île principale et de la Cova Blava, une grotte qui reflète tous les tons de bleu imaginables.
www.excursionsacabrera.es
www.marcabrera.com

BOTANICACTUS

Créé en 1989, ce jardin botanique rassemble des cactus de toute la planète, une sélection de plantes autochtones de Majorque et une collection d'espèces tropicales. C'est l'un des jardins botaniques plus grands du monde, avec une surface de 150 000 m² montrant plus de 1 600 espèces botaniques.
www.botanicactus.com

▲ Moulins de Campos ▼ Es Trenc

Mairie de Campos
Pl. Major, 1
Tél. 971 169 500
www.ajcampos.org
Office du tourisme Campos
Síquia, s/n
Tél. 971 651 588
Renseignements touristiques
www.sarapita.es
Transports
Tél. 971 177 777
www.tib.org
Taxi
Tél. 971 650 376

CAMPOS
SA RÀPITA

Campos était jadis un endroit bien connu pour ses vastes élevages de vaches, la production de lait et de produits laitiers. De nombreux établissements de tourisme rural ont conservé des étables dans lesquels dormaient les vaches, désormais transformées en confortables gîtes ruraux installés sur un paysage plat qui avance harmonieusement vers la mer. La côte est parsemée de longues plages qui ont donné lieu à la croissance d'endroits comme Sa Ràpita et Ses Covetes, et conserve un trésor unique : Es Salobrar, espace protégé constitué par la plage d'Es Trenc, son système de dunes et les salines.

▲ Mairie de Campos

LOCALITÉS DE MIGJORN
CAMPOS, LE NOUVEAU PAYSAGE AGRICOLE
P. 218

EAUX THERMALES

Sant Joan de la Font Santa, le seul centre thermal des Baléares, se trouve entre Campos et la Colònia de Sant Jordi. Ses eaux minéro-médicinales était utilisées par les Romains et servirent pendant des siècles à traiter les malades atteints de gale ou de lèpre. Elles sont désormais exploitées par un hôtel de luxe.
www.fontsantahotel.com

À NE PAS MANQUER

Es Trenc

Voici la plage qui a donné à Majorque sa réputation de paradis sur terre. Une plage vierge de plus de 3 km de long, emblème du mouvement écologiste local, qui a permis de la préserver de plusieurs projets d'urbanisation. Avec le Salobrar de Campos, elle constitue une zone naturelle d'intérêt spécial, avec des dunes à l'arrière, où vivent des espèces botaniques adaptées au vent et à la salinité, comme le chardon bleu des sables, les sabines et le tamarin. Très appréciée pour son sable blanc et fin et ses eaux cristallines, qui acquièrent des tons turquoise sur un fond de sable, on y pratique le nudisme depuis plusieurs années. Son accès depuis Campos est bien indiqué. Elle dispose d'un parking payant, d'un service de hamacs, de parasols et d'un restaurant.

▲ Es Trenc

▲ Étendue de sable d'Es Trenc ▼ Es Salobrar

FLEUR DE SEL D'ES TRENC

La fleur de sel, récoltée de façon artisanale dans les salines d'Es Trenc, est le sel marin le plus riche en minéraux. La formation de ces cristaux à la surface des étangs requiert beaucoup de soleil, une brise douce et un faible taux d'humidité dans l'air. www.flordesaldestrenc.com

VISITE GUIDÉE DES SALINES

Une visite guidée d'environ 90 minutes permet de découvrir l'espace naturel des salines, les oiseaux qui vivent autour des étangs et le processus de fabrication de sel marin. La récolte de trois types de sel a lieu fin août : le sel marin, le sel marin vierge et la fleur de sel. www.salinasdelevante.com

À NE PAS MANQUER

Es Salobrar de Campos

Après S'Albufera, Es Salobrar est la zone humide la plus importante de Majorque, protégée par le label **Zone naturelle d'intérêt spécial**. Ces salines sont constituées d'un ensemble d'étangs artificiels destinés à l'extraction du sel, reliés à la mer par un canal de conduite d'eau provenant de la plage d'Es Trenc, et de zones inondées de façon naturelle, riches en plantes adaptées à la salinité. Cet écosystème délicat renferme plus de 170 espèces d'oiseaux, surtout **limicoles**. On y voit de nombreux **flamants roses** qui forment de grands groupes et même quelques **balbuzards**. Une diversité qui, et c'est extraordinaire, bénéficie de l'activité humaine. Cela vaut la peine de prendre rendez-vous avec l'entreprise Salinas de Levante pour effectuer une **visite guidée** du site.

▲ Ses Covetes

Ses Covetes

Cette plage s'étend à 11 km de Campos. Elle est baignée d'eaux turquoise qui adoptent des tonalités émeraude selon la lumière du soleil. C'est une plage tranquille, au sable blanc et fin, peu inclinée et avec une partie rocheuse, moins fréquentée, connue sous le nom d'**Es Freu**. Ses Covetes fait également partie de la zone protégée d'**Es Trenc-Salobrar de Campos**. Son nom provient des grottes funéraires de l'époque talayotique retrouvées dans une élévation rocheuse exploitée comme carrière, d'où l'on extrayait des pierres pour construire les murailles Renaissance de Palma. Il est possible de garer son véhicule à proximité de la plage.

SA RÀPITA

La tour de Son Durí, tour de surveillance côtière érigée au XVIe siècle s'élève à l'entrée de Sa Ràpita. Elle semble aujourd'hui veiller sur ce centre résidentiel dans lequel de nombreux Majorquins ont acheté leur résidence secondaire au bord de la mer, et où l'été se déroule dans une atmosphère paisible. La **plage de Sa Ràpita**, aux eaux cristallines et aux grandes dunes de sable, bénéficie d'une grande popularité parmi les passionnés de surf et de planche à voile. Les établissements spécialisés en plats à base de riz et de poissons bordent la route qui longe la plage. Le **Club Nàutic** dispose aussi d'un bon restaurant en bord de mer. Les fêtes en l'honneur de la Verge del Carme sont célébrées le 16 juillet, avec une procession maritime très animée.

▲ Llucmajor ▼ Tour de Cala Pi

Mairie de Llucmajor
Pl. d'Espanya, 93
www.llucmajor.org
Office du tourisme Llucmajor
Constitució, 1
Tél. 971 669 162
S'Arenal
Trencadors / Terral, 23
Tél. 971 445 142
Renseignements touristiques
www.visitllucmajor.com
Transports
Tél. 971 177 777
www.tib.org
Taxi
Tél. 971 440 212
971 442 482

LLUCMAJOR

S'ESTANYOL DE MIGJORN S'ARENAL

Avec plus de 300 km², c'est la commune la plus étendue de Majorque. La population se concentre à Llucmajor — centre historique, commercial et administratif —, dans plusieurs lotissements au bord de la mer, dans les zones touristiques de S'Arenal et Cala Pi, et dans le calme village de S'Estanyol de Migjorn. La côte possède à la fois des plages de sable et de nombreuses zones rocheuses et falaises, comme l'impressionnant Cap Blanc, et de superbes petites rades sur le littoral de Cala Blava Les réminiscences de l'époque agricole sont perceptibles dans les marchés et les foires de Llucmajor, qui présentent les meilleurs produits locaux et d'artisanat de l'île.

▲ **Marché de Llucmajor**

PROMENADE À PIED

8,5 km (aller et retour)

MONTÉE AU SANCTUAIRE DE GRÀCIA

Ce parcours suit le Camí de Gràcia et grimpe sur le Puig de Randa vers l'imposant sanctuaire encastré dans la montagne. On suit un chemin au milieu des bois, avec de belles vues panoramiques sur la côte. L'archipel de Cabrera est même visible les jours clairs.

LOCALITÉS DE MIGJORN
LLUCMAJOR, VILLE HISTORIQUE
P. 221

S'ESTANYOL DE MIGJORN

Ce centre résidentiel construit au début du XXe siècle se situe entre la **Punta Plana** — sur laquelle s'élève un phare — et Sa Ràpita. À l'époque, les familles aisées de Llucmajor y établirent leur résidence secondaire au bord de la mer. Son nom provient de la présence de petites lagunes formées entre l'embouchure du torrent de Garonda et les dunes du littoral. La côte est peuplée de pins, de garrigue constituée d'oliviers sauvages et de palmiers nains, tandis que l'intérieur est sillonné d'amandiers. Une plage tranquille de sable et de rochers, Es Racó de s'Arena, s'étend près du port de plaisance. D'anciennes cabanes de pêcheurs se trouvent en bord de mer.

▲ Cala Pi ▼ Cala Blava

Cala Pi

Pour accéder à cette belle crique, entourée de falaises surmontée de vieux pins qui se détachent sur les eaux transparentes, il faut emprunter un escalier en pierre. Elle constitue sans aucun doute l'un des coins les plus beaux de la côte de Llucmajor, malgré l'urbanisation et les constructions touristiques qui l'entourent, parmi lesquels de nombreux restaurants avec vue sur la mer au charme magnétique et profond. À une extrémité de cette plage de sable fin et peu inclinée on voit d'anciens escars ou cales de halage pour les barques de pêche, d'où part un sentier qui mène à la **Cala Beltran**. La tour **de Cala Pi**, du XVIe siècle, s'élève sur une petite péninsule, à l'entrée de la crique, à presque 20 m au-dessus du niveau de la mer.

DAVALLADOR DES CARROS

Cette petite zone de baignade sans sable est accessible à partir du petit complexe touristique constitué par les hôtels Delta et Maioris. C'est un endroit idéal pour les personnes qui veulent profiter du soleil et de la mer près de Palma au calme, loin des foules.

Cala Mosques ou Cala Blava

Cala Blava est une zone résidentielle tranquille à proximité de la baie de Palma, dont les habitués apprécient le calme et les petits accès, parfois au moyen d'escaliers, à des criques aux eaux transparentes et aux dimensions très réduites, pour la plupart des zones rocheuses. La plus vaste est la Cala Mosca ou Cala Mosques, avec un littoral très urbanisé en raison de la proximité de la ville, mais avec de très belles vues sur la baie. En longeant la côte vers le sud, on accède à d'autres petites criques à l'atmosphère familiale —dont certaines ne sont pas répertoriées sur les cartes— comme **Sa Pesquera Plana**, le **Caló de ses Lleonardes**, **Sa Punta de ses Punxes** ou le **Caló des Mercadal**, entre autres.

VILLAGE DE CAPOCORB VELL

Ce village talaoytique constitue l'un des meilleurs symboles de l'âge du bronze à Majorque, et c'est l'un des villages préhistoriques les plus importants de la Méditerranée occidentale, en raison de ses dimensions et de son état de conservation. Un bar et un restaurant sont à la disposition des visiteurs. www.talaiotscapocorbvell.com

▲ **Vestiges d'un talayot de Capocorb Vell**

▲ Cap Blanc ▼ Plage de S'Arenal

LE PARADIS DU CYCLOTOURISME

Llucmajor dispose de presque 400 km de circuits destinés à la pratique du cyclotourisme, embellis par la beauté des amandiers en fleurs fin janvier. Ces sentiers passent à l'intérieur des terres ou bien le long de la côte, jusqu'au **Cap Blanc**. www.visitllucmajor.com

S'ARENAL

C'est la plage la plus grande et la plus touristique du la commune, partagée avec Palma. Cette plage de sable fin et au faible dénivelé attire quelques familles en été mais surtout des jeunes européens en quête d'activités festives. Elle est entourée de tous les services imaginables, et une ligne régulière d'autocars assure la liaison avec Palma. Un tronçon de côte rocheuse s'étend à partir du **Club Nàutic s'Arenal**, avec de petites baies plus isolées où il est possible de se baigner, comme le **Caló de Sant Antoni**, **Sa Roca des Turista**, le **Calonet des Fornàs** et **Es Rentador de sa Senyora**.

▲ ▼ S'Arenal

39

PAYSAGES DE L'INTÉRIEUR

VILLAGES ET SITES À NE PAS MANQUER

Les facettes de Majorque les plus authentiques, enracinées dans le terroir et dans la tradition, demeurent presque intactes à l'intérieur de l'île. De petites routes secondaires conduisent à des villages en pierre dont les maisons sont resserrées autour de l'église principale. L'origine de la plupart de ces villages remonte à d'anciennes fermes arabes, christianisées après la conquête du roi Jacques Ier. Le paysage devient montagneux à mesure qu'on se rapproche de la Serra de Tramuntana, avec des vallées fertiles abritant de très beaux villages, comme Puigpunyent ou Bunyola, tandis que des plaines recouvertes de céréales et de fourrage s'étendent sur la partie centrale. Tous les villages sont des points de départ d'une infinité de chemins qui mènent à des propriétés et à d'anciennes fermes (*possessions*), dont certaines désormais transformées en de pacifiques établissements d'agrotourisme font la joie des randonneurs et cyclotouristes.

Villages et sites à ne pas manquer :

TRAMUNTANA INTERIEURE
➜ P. 197
PUIGPUNYENT
ESPORLES
Visite a La Granja
BUNYOLA
Alfàbia et Raixa
Orient

EL RAIGUER
➜ P. 201
MARRATXÍ
Musée de la terre cuite
ALARÓ
Randonnée aun château
BINISSALEM
Appellation d'origine
INCA
SELVA
CAMPANET
Grottes de Campanet

EL PLA
➜ P. 209
SINEU
SENCELLES
BINIALI
ALGAIDA
Santuaire de Cura
MONTUÏRI
Village et Son Fornés
PETRA

+INFO

Ariany, Búger, Campos, Consell, Costitx, Felanitx, Lloret de Vistalegre, Lloseta, Llubí, Llucmajor, Manacor, Mancor de la Vall, Maria de la Salut, Muro, Porreres, Santa Eugènia, Santa Margalida, Santa Maria del Camí, Sant Joan, Sant Llorenç des Cardassar, Sa Pobla, Son Servera, Vilafranca de Bonany
➜ P. 216

◄ Algaida

▲ Raixa

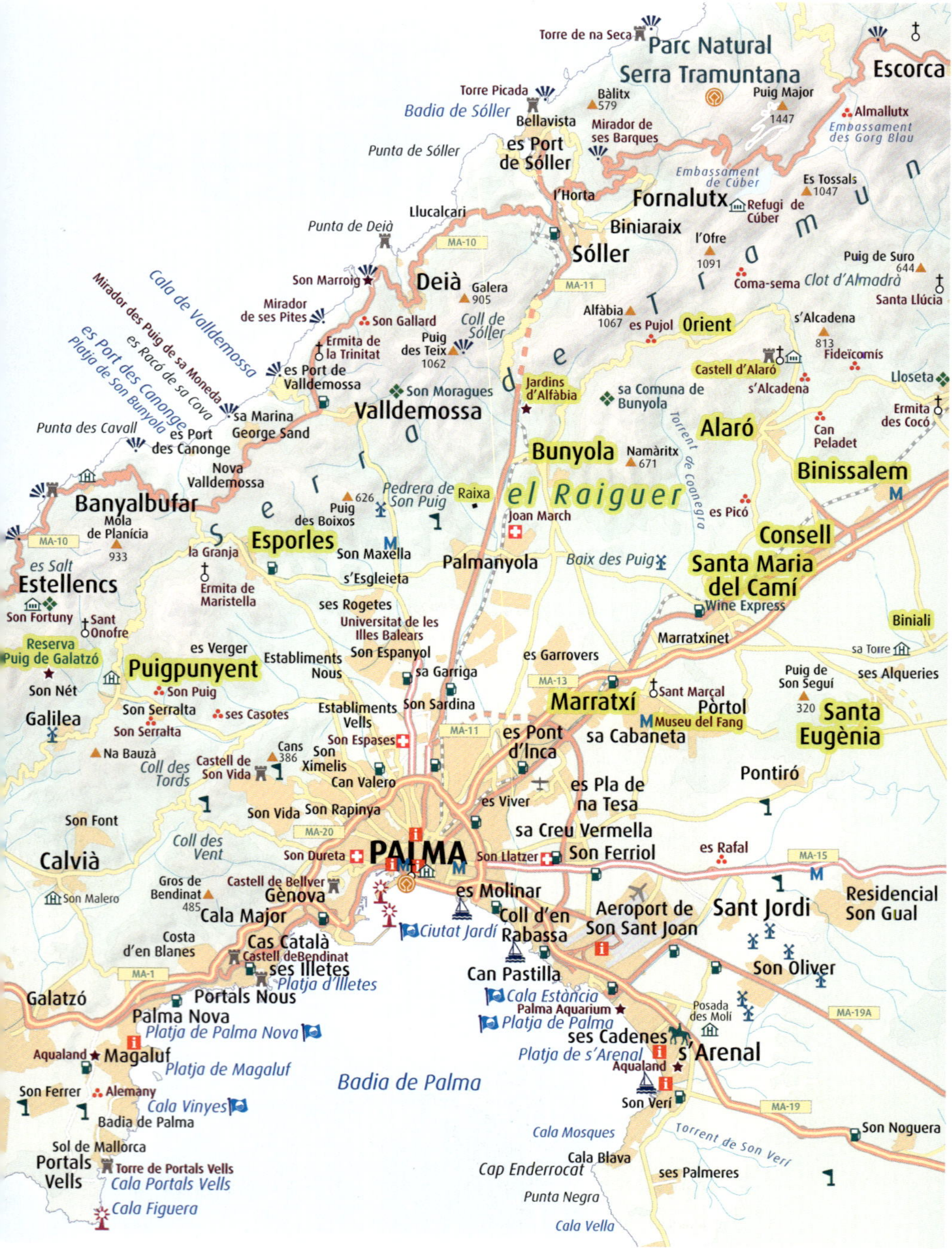
Torre de na Seca
Parc Natural Serra Tramuntana
Escorca
Torre Picada
Bàlitx 579
Puig Major 1447
Badia de Sóller
Bellavista
Mirador de ses Barques
Almallutx
Embassament des Gorg Blau
Punta de Sóller
es Port de Sóller
Embassament de Cúber
Es Tossals 1047
l'Horta
Fornalutx
Refugi de Cúber
Llucalcari
Punta de Deià
Biniaraix
MA-10
Sóller
l'Ofre 1091
Puig de Suro 644
Son Marroig
Deià
Galera 905
MA-11
Coma-sema
Clot d'Almadrà
Santa Llúcia
Mirador des Puig de sa Moneda
Cala de Valldemossa
Mirador de ses Pites
Son Gallard
Coll de Sóller
Alfàbia 1067
es Pujol
Orient
s'Alcadena 813
es Port des Canonge
es Racó de sa Cova
Platja de Son Bunyola
Ermita de la Trinitat
Puig des Teix 1062
Fideïcomís
es Port de Valldemossa
Jardins d'Alfàbia
Castell d'Alaró
Son Moragues
sa Comuna de Bunyola
s'Alcadena
Lloseta
Valldemossa
Ermita des Cocó
Punta des Cavall
sa Marina
es Port des Canonge
George Sand
Alaró
Can Peladet
Torrent de Coanegra
Bunyola
Namàritx 671
Nova Valldemossa
Binissalem
Banyalbufar
626
Pedrera de Son Puig
Raixa
el Raiguer
Serra de Tramuntana
Mola de Planícia 933
Puig des Boixos
Joan March
es Picó
MA-10
Consell
es Salt
la Granja
Esporles
Son Maxella
Palmanyola
Baix des Puig
Santa Maria del Camí
Estellencs
Ermita de Maristella
s'Esgleieta
Son Fortuny
Sant Onofre
ses Rogetes
Universitat de les Illes Balears
Wine Express
Biniali
Reserva Puig de Galatzó
Marratxinet
es Verger
Establiments Nous
Son Espanyol
es Garrovers
sa Torre
Puigpunyent
sa Garriga
Puig de Son Seguí 320
ses Alqueries
Son Nét
Son Puig
MA-13
Sant Marçal
Son Serralta
ses Casotes
Establiments Vells
Son Sardina
Marratxí
Pòrtol
Santa Eugènia
Galilea
Museu del Fang
Son Serralta
MA-11
es Pont d'Inca
sa Cabaneta
Son Espases
Na Bauzà
Cans 386
Son Ximelis
Castell de Son Vida
Coll des Tords
Can Valero
Pontiró
es Pla de na Tesa
es Viver
Son Vida
Son Rapinya
Son Font
sa Creu Vermella
MA-20
Coll des Vent
es Rafal
Calvià
Son Dureta
PALMA
Son Llatzer
Son Ferriol
MA-15
Gros de Bendinat 485
Castell de Bellver
Gènova
es Molinar
Residencial Son Gual
Son Malero
Cala Major
Coll d'en Rabassa
Aeroport de Son Sant Joan
Sant Jordi
Costa d'en Blanes
Ciutat Jardí
Cas Català
Castell deBendinat
ses Illetes
Can Pastilla
Son Oliver
MA-1
Platja d'Illetes
Galatzó
Portals Nous
Cala Estància
Palma Aquarium
Posada des Molí
MA-19A
Palma Nova
Platja de Palma
Platja de Palma Nova
ses Cadenes
Aqualand
Magaluf
Platja de s'Arenal
s'Arenal
Platja de Magaluf
Aqualand
Badia de Palma
Son Ferrer
Alemany
Cala Vinyes
Son Verí
MA-19
Badia de Palma
Cala Mosques
Torrent de Son Verí
Son Noguera
Sol de Mallorca
Portals Vells
Torre de Portals Vells
Cala Blava
Cap Enderrocat
ses Palmeres
Cala Portals Vells
Punta Negra
Cala Figuera
Cala Vella

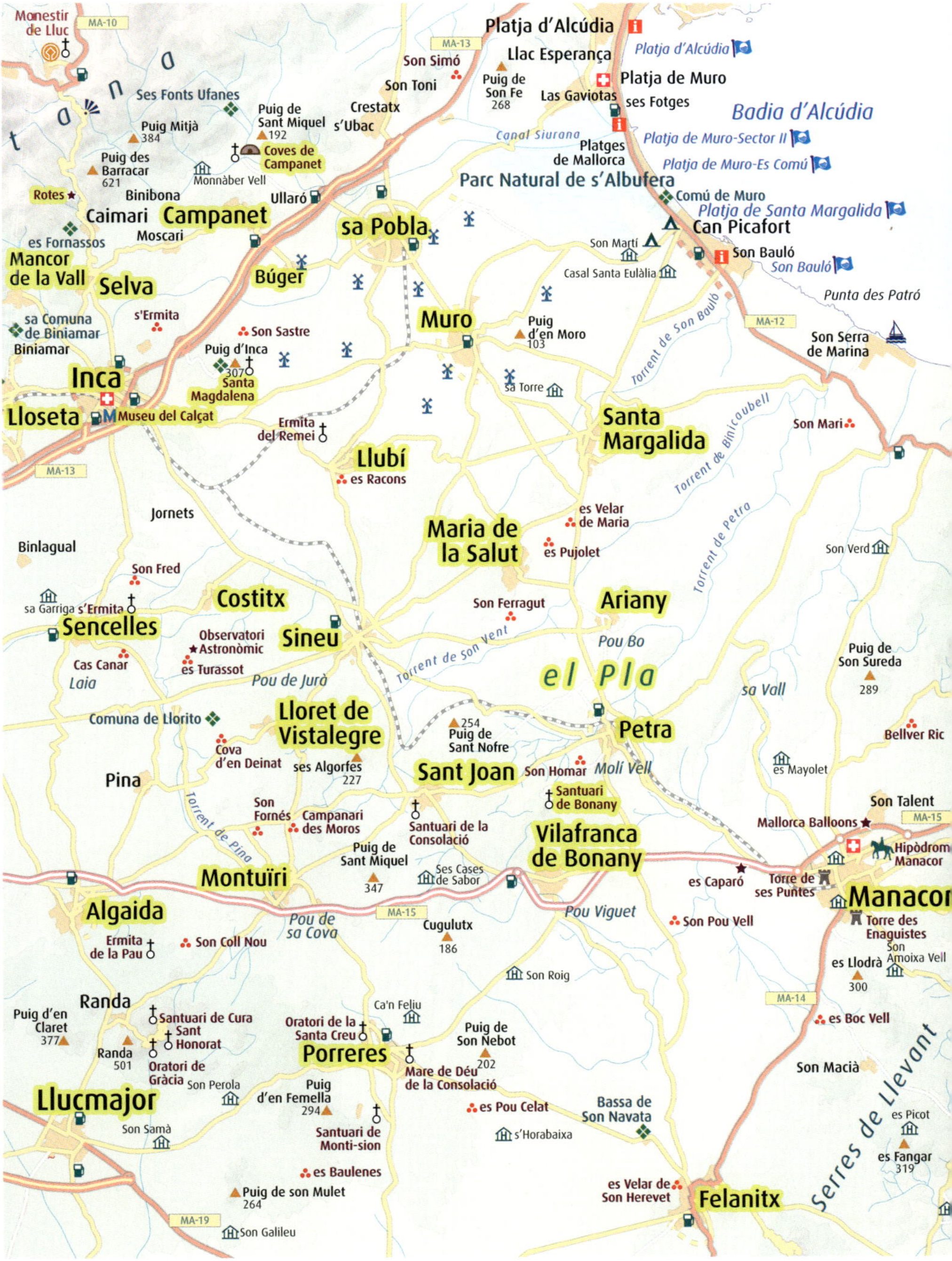
Monestir de Lluc
MA-10
MA-13
Son Simó
Son Toni
Platja d'Alcúdia
Llac Esperança
Platja d'Alcúdia
Puig de Son Fe
268
Platja de Muro
Las Gaviotas
ses Fotges
Badia d'Alcúdia
Ses Fonts Ufanes
Puig de Sant Miquel
192
Crestatx
s'Ubac
Puig Mitjà
384
Canal Siurana
Platges de Mallorca
Platja de Muro-Sector II
Platja de Muro-Es Comú
Coves de Campanet
Puig des Barracar
621
Monnàber Vell
Parc Natural de s'Albufera
Rotes
Binibona
Ullaró
Comú de Muro
Platja de Santa Margalida
Caimari
Campanet
sa Pobla
Can Picafort
es Fornassos
Moscari
Son Martí
Son Bauló
Son Bauló
Mancor de la Vall
Selva
Búger
Casal Santa Eulàlia
Punta des Patró
sa Comuna de Biniamar
s'Ermita
Son Sastre
Muro
Puig d'en Moro
103
MA-12
Torrent de Son Bauló
Son Serra de Marina
Biniamar
Puig d'Inca
307
Santa Magdalena
Inca
sa Torre
Lloseta
Museu del Calçat
Ermita del Remei
Santa Margalida
Torrent de Binicaubell
Son Mari
MA-13
Llubí
es Racons
Jornets
es Velar de Maria
Maria de la Salut
Torrent de Petra
Binlagual
es Pujolet
Son Verd
Son Fred
sa Garriga
s'Ermita
Costitx
Son Ferragut
Ariany
Sencelles
Observatori Astronòmic
Sineu
Torrent de Son Vent
Pou Bo
Cas Canar
es Turassot
Puig de Son Sureda
289
Laia
Pou de Jurà
el Pla
sa Vall
Comuna de Llorito
Lloret de Vistalegre
254
Puig de Sant Nofre
Petra
Bellver Ric
Cova d'en Deinat
Pina
ses Algorfes
227
Sant Joan
Son Homar
Molí Vell
es Mayolet
Torrent de Pina
Son Fornés
Campanari des Moros
Santuari de Bonany
Son Talent
Santuari de la Consolació
Mallorca Balloons
MA-15
Puig de Sant Miquel
347
Vilafranca de Bonany
Hipòdrom Manacor
Montuïri
Ses Cases de Sabor
es Caparó
Torre de ses Puntes
Manacor
Algaida
Pou de sa Cova
MA-15
Pou Viguet
Torre des Enaguistes
Son Pou Vell
Cugulutx
186
Ermita de la Pau
Son Coll Nou
Son Amoixa Vell
es Llodrà
300
Son Roig
MA-14
Randa
Ca'n Feliu
Puig d'en Claret
377
Santuari de Cura
Sant Honorat
Oratori de la Santa Creu
Puig de Son Nebot
202
es Boc Vell
Randa
501
Porreres
Oratori de Gràcia
Mare de Déu de la Consolació
Son Macià
Son Perola
Puig d'en Femella
294
Serres de Llevant
Llucmajor
es Pou Celat
Bassa de Son Navata
es Picot
Son Samà
Santuari de Monti-sion
s'Horabaixa
es Fangar
319
es Baulenes
es Velar de Son Herevet
Felanitx
Puig de son Mulet
264
MA-19
Son Galileu

▲ Puigpunyent ▼ La Granja

TRAMUNTANA INTERIEURE

Trois communes constituent les contreforts de la Serra de Tramuntana intérieure : Puigpunyent, Esporles et Bunyola. Des villages pittoresques, encensés par des voyageurs du XIXe siècle, séduits par les paysages montagneux sur les flancs desquels se déroule la routine d'un peuple qui, il y a encore à peine 50 ans, vivait de l'agriculture, de l'élevage du bétail et de l'exploitation des forêts. Le mont magique Puig de Galatzó est la référence géographique la plus célèbre de l'île. On lui attribue un grand nombre de mythes et de légendes sur le Comte Mal, un noble qui se créa beaucoup d'ennemis en revendiquant ses droits féodaux, et dont la méchanceté lui valut le surnom qui le rendit célèbre.

RESERVE
PUIG DE GALATZÓ
L'accès vers cet espace d'aventures se trouve à la sortie de Puigpunyent. Le visiteur peut entreprendre des activités en plein air aux alentours du Puig de Galatzó via des itinéraires balisés, des tyroliennes vertigineuses conçues pour les adultes et les enfants, et des démonstrations de vols de rapaces. www.lareservamallorca.com

PUIGPUNYENT

Le nom de ce village situé à l'ombre du Galatzó est dérivé de celui-ci, puisque Puigpunyent signifie « mont pointu ». Le village est entouré de vallées fertiles où poussent des orangers et des amandiers, ainsi que des terrasses en pierre ou *marjades* parsemées d'oliviers centenaires. Les montagnes sont parcourues par des *camins de ferradura* (anciens chemins de montagne), d'une grande valeur patrimoniale et ethnologique, qui ont été récupérés, balisés, et dont certains ont retrouvé leur empierrement original. Les randonneurs peuvent choisir de rejoindre Calvià ou Estellencs à pied, ou bien de monter au Galatzó par des chemins qui traversent des montagnes recouvertes de pins et de chênes rouvres, parmi lesquels se trouvent des vestiges de l'exploitation du bois pratiquée jadis : des *barraques de carboner* — abris pour les charbonniers —, des fours à chaux et des puits de neige. La commune abrite le village idyllique de **Galilea**, à 4 km. On y accède par une route sinueuse révélant des maisons isolées parmi un paysage montagneux mais fertile. Galilea est juché sur une élévation couronnée par l'église, près de laquelle se trouvent de petits restaurants qui permettent de profiter à la fois d'une bonne gastronomie et d'excellentes vues sur la mer.

+ INFO
ESPORLES
P. 219

ESPORLES
VISITE A LA GRANJA

Cette maison seigneuriale se trouve au milieu d'un paysage à la végétation riche. Elle est ouverte au public et emporte les visiteurs vers un voyage dans le temps au cœur de la Majorque rurale. On peut y voir des animaux de la ferme, des outils traditionnels et du mobilier. Un vénérable if millénaire pousse dans ses jardins.
www.lagranja.net

▲ Bunyola ▼ Jardins d'Alfàbia

BUNYOLA

Située au milieu des bois et au pied de la Serra d'Alfàbia, Bunyola est une commune tranquille qui a connu une forte croissance lors des dernières décennies, et qui comprend d'autres villages, **Orient** et **Palmanyola**. Elle possède également l'une des forêts les plus vastes de l'île, **Sa Comuna**, une énorme zone montagneuse qui culmine au **Penyal d'Honor** (819 m), recouvert de pins et de quelques zones de chênes verts. Les ressources de ces forêts ont été exploitées, comme le bois, le charbon, la chaux et aussi les animaux, qui étaient chassés. Il est fréquent de trouver des restes de *sitges* (charbonnières) et de fours à chaux. Un marché animé a lieu le mercredi et le samedi sur la place de Bunyola. C'est un bon moment pour se promener dans le village et découvrir des endroits comme **Es Barracar**, quartier aux vieilles ruelles en escalier, comme celle de La Lluna.

LITTERATURE
P. 266

ALFÀBIA ET RAIXA

La commune de Bunyola détient deux possessions seigneuriales indissociables de l'histoire de Majorque, **Alfàbia** et **Raixa**, ouvertes au public. Le train de Sóller s'arrête à Alfàbia, une propriété dont l'origine remonte à l'époque arabe et dont la valeur patrimoniale est remarquable. La visite permet de découvrir la maison, les magnifiques jardins et le potager, reflets de la puissance et du bon goût de l'ancienne noblesse de Majorque. Au XIXe siècle, des voyageurs illustres qui visitaient Majorque apprécièrent la propriété de Raixa et le firent savoir autour d'eux, ce qui la rendit célèbre parmi des artistes du monde entier. Le film *Bearn ou La sala de les nines* — dirigé par Jaime Chávarri —, est une adaptation du livre de l'écrivain Llorenç Villalonga, originaire de Palma. Aujourd'hui, Raixa est une propriété publique qui présente aux visiteurs une exposition permanente sur la Serra de Tramuntana.
www.jardinesdealfabia.com www.raixa.net

▲ **Orient**

ORIENT

Situé entre Alaró et Bunyola, Orient s'étend au cœur d'une vallée protégée par la Serra d'Alfàbia et le Puig d'Alaró. C'est un petit hameau de moins de 100 habitants aux maisons en pierre qui entourent l'église de Sant Jordi, offrant de belles vues sur les alentours. Des restaurants et des gîtes ruraux permettent de profiter de la paix de cette enclave.

▲ Musée de la Terre Cuite ▼ Château d'Alaró

SIURELLS (SIFFLETS) ANCESTRAUX

Ces sifflets en terre cuite sont typiques de Majorque. Ils adoptent la forme d'animaux fantastiques, de géants ou de démons. Les exploitants de bétail et les bergers les utilisaient pour contrôler leurs troupeaux et même pour composer des chansons. Certains historiens les associent à la céramique minoïque crétoise.

EL RAIGUER

La ville d'Inca est la capitale de cette vaste commune intérieure. Elle est connue pour son industrie du cuir, séculaire et prospère. El Raiguer est constituée d'une suite de villages où s'imposent la tradition et la bonne cuisine, puisque c'est une terre de paysans et de *cellers*, ces anciennes caves transformées en restaurants qui préservent la gastronomie la plus authentique. Les vignobles et les caves sont également abondants : on y produit des vins inscrits sous l'appellation d'origine Binissalem. Le centre de la commune est aussi le cœur de l'île : le sanctuaire et les bois de Lluc sont traversés par les tronçons les plus impressionnants de la *Ruta de la Pedra en Sec*.

▲ **Cave**

+ INFO
MARRATXÍ
P. 223
ARTISANAT
P. 274

MARRATXÍ
MUSÉE DE LA TERRE CUITE

Installé dans un ancien moulin de Sa Cabaneta, ce musée expose plus de 900 pièces de céramique traditionnelle et artistique. Entre février et mars, Marratxí célèbre la populaire **Fira del Fang** (Foire de la terre cuite), avec des potiers locaux et étrangers. www.ollersdeportol.com

+ INFO
ALARÓ
P. 216
CHÂTEAUX FORTS
P. 264

ALARÓ
RANDONNÉE AU CHÂTEAU D'ALARÓ

Il est possible d'arriver en voiture jusqu'au **Pla del Pouet**, où se trouve le restaurant Es Verger. À partir de là, monter à pied jusqu'à aux vestiges de la fortification, qui dispose d'une auberge, et où l'on sert un excellent *pa amb oli* à 800 m d'altitude. www.castellalaro.cat

▲ Champs d'amandiers ▼ La Serra de Tramuntana vue d'El Raiguer

▲ Figuiers de Barbarie

▲ Binissalem ▼ Inca

+ INFO
BINISSALEM
P. 217
GASTRONOMIE
P. 297

BINISSALEM
APPELLATION D'ORIGINE

Cette appellation d'origine regroupe des vins rouges élaborés avec les variétés de raisin suivantes : Manto negre, Callet, Ull de llebre (Tempranillo), Monastrell, Cabernet Sauvignon, Syrah et Merlot. Les vins blancs sont élaborés avec du Moll ou Prensal Blanc, Giró Ros, Macabeo, Parellada, Chardonnay et Moscatel. www.binissalemdo.com

INCA

Santa Maria la Major

Ville commerciale célèbre par son industrie du cuir prospère, où d'excellentes marques de chaussures, comme Camper, ont établi leurs *outlets*. Le **Musée de la Chaussure** présente des machines et des objets caractéristiques du secteur. Les visiteurs et les locaux ont rendez-vous tous les jeudis au marché hebdomadaire, qui propose des stands de vêtements, d'accessoires et d'alimentation. Une promenade au centre historique révèle l'importance de l'architecture religieuse, avec des monuments comme l'**église de Santa Maria la Major** (XVIIIe siècle) ou le **cloître et l'église de Sant Francesc**, qui conserve une statue de la Mare de Déu de Gràcia de Gabriel Mòger. Le **monastère de Sant Bartomeu**, au style baroque, accueille depuis 1534 des moniales cloîtrées rattachées à l'ordre de Saint Jérôme. C'est l'un des endroits les plus paisibles d'Inca. Le parc du **Serral de ses Monges**, véritable poumon vert de la ville, s'étend à ses pieds. Au début du XXe siècle, la ville s'embellit grâce à la construction de bâtiments de style moderniste et rationaliste, comme le **Cafè Mercantil**. Le marché couvert, une construction avant-gardiste inaugurée en 2010, propose tous les jours les meilleurs produits de la terre et de la mer de Majorque. L'un des nombreux ***cellers***, des caves transformées en étendards de la gastronomie traditionnelle, réjouiront les visiteurs amateurs de bonne cuisine. Une liaison ferroviaire assure la navette entre Inca et Palma.

PUIG DE SANTA MAGDALENA

Le Puig de Santa Magdalena se trouve à 6 km d'Inca. L'accès s'effectue à pied, à bicyclette ou en voiture. Tout en haut s'élève une petite église gothique du XIIIe siècle et un restaurant offrant de la bonne cuisine locale. Les vues sont splendides. www.incaturistica.es

Musée de la Chaussure

▲ Selva ▼ Grottes de Campanet

SELVA

Cette commune entourée par la chaîne montagneuse comprend les villages de **Biniamar**, **Binibona**, **Caimari** et **Moscari**, qui associent le calme et la beauté du paysage à l'architecture traditionnelle. Selva, qui occupe les terrains de l'ancienne ferme arabe de Xilvar, n'est pas peu fier de son **église de Sant Llorenç**, à la façade gothique et située en haut d'un promontoire, accessible par un escalier monumental. Le **retable du Calvari**, datant de la deuxième moitié du XVe siècle, réalisé par Gabriel Mòger II, y est conservé. L'excellente **bière Tramuntana** et les vins de la cave **Divins** y sont produits. Le chemin en pierre qui mène à Lluc part de Caimari, un village qui est reconnu pour la qualité de l'**huile d'olive vierge extra** élaborée avec les fruits d'oliviers parfois centenaires. Les visiteurs peuvent la déguster dans la ferme **Tafona Caimari**.

OLIVIERS CENTENAIRES

Les *rotes*, des parcelles de montagne délimitées par des murs en pierres sèches où poussent des oliviers centenaires, dont certains sont toujours productifs, se trouvent à la sortie de Caimari et en direction de Lluc. Elles ont été déclarées Biens d'intérêt culturel en raison de leur beauté et de leur valeur ethnologique.
www.ajselva.net

▲ **Caimari**

+ INFO
CAMPANET
P. 217

CAMPANET
GROTTES DE CAMPANET

Elles ont été découvertes par un berger en 1945 et sont ouvertes au public tous les jours de l'année. Un parcours guidé permet de contempler d'impressionnantes stalactites et stalagmites, un petit lac intérieur et des formations curieuses. Le site dispose d'un restaurant.
www.covesdecampanet.com

▲ Santa Margalida ▼ Sineu. Plaça de Sant Marc

EL PLA

▲ **Ariany**

El Pla est une zone intérieure de terres fertiles autour de laquelle quatorze villages ont éclos, dont le point commun est le paysage et la vie rurale. Malgré son nom (*pla* signifie plaine), il ne s'agit pas d'une plaine horizontale, mais elle est ornée de collines offrant des vues panoramiques spectaculaires, comme le Puig de Randa. L'agriculture est toujours vivante : on y cultive des céréales, des arbres fruitiers, des fourrages ou des potagers. D'anciens moulins, puits et citernes sont encore visibles. La religion a inspiré des éléments architecturaux remarquables en pierre : des calvaires, des presbytères, des églises et des sanctuaires.

SINEU

Ce village ancien, austère et enraciné dans la terre, rappelle l'époque des rois de Majorque Jacques Ier et Sanche, qui y établirent leur résidence au Moyen Âge, loin de la ville. D'impressionnantes maisons s'élèvent dans les rues du centre, comme **Son Torelló**, **Can Dameto** ou **Son Garriga**, qui alternent avec des bâtiments religieux. Le **Couvent dels Mínims**, fondé au XVIIe siècle, héberge désormais la mairie, dont les archives conservent la ***barcella* de Sineu**, une unité de mesure officielle qui permettait de peser les céréales avant l'implantation du système métrique. L'**église gothique de Santa Maria** a été édifiée au début du XVIe siècle, devant la place de **Sant Marc**, où se trouve une sculpture en forme de lion ailé qui représente le saint patron de Sineu. Le **presbytère** conserve une collection de céramique médiévale et de l'époque Renaissance. Le **couvent Concepcionista** fut le palais résidentiel du roi Jacques Ier, probablement érigé sur l'alcazar arabe. L'un des bâtiments les plus anciens est l'**hôpital**, répertorié en 1240. Les bars à tapas sont abondants dans les ruelles étroites. N'hésitez pas à y déguster un plat de *frit*. Les ***cellers*** sont également nombreux : Can Font, Es Palau, Sa Bòveda ou Es Grop. L'un des marchés hebdomadaires les plus importants de l'île a lieu à Sineu le mercredi.

▲ **Église de Santa Maria de Sineu**

▲ ▼ El Pla

▲ Figuier

▲ Église de Sant Pere de Sencelles ▼ Sanctuaire de Cura

SENCELLES

Cette commune accueille de petits villages ruraux pleins de charme, comme **Biniali**, **Ruberts**, **Jornets**, **Laiar** et **Cascanar**. L'église de Sencelles, dédiée à **Sant Pere** (saint Pierre) possède un portail latéral Renaissance donnant sur une place ornée d'arbres. L'église jouxte le **presbytère**, avec une façade décorée, qui compte trois étages et une galerie. Juste en face se trouve le monument religieux le plus populaire, dédié à la béate locale **Francinaina Cirer**, créé par le sculpteur Jaume Mir. De nombreuses décorations de portails font allusion à ce personnage, et sa maison natale est désormais le **couvent des Germanes de la Caritat**, plus connu sous le nom de Can Xiroia. Des maisons seigneuriales grandioses ornent le centre de Sencelles, comme **Can Ramis** (place de Son Morey), **la Posada de Can Romanyà** (rue du Rafal) et **Son Mansena** (rue de Sor Francinaina). Les anciennes limites de la commune sont toujours délimitées par quatre *creus de terme* (calvaires), dont la plus ancienne est la croix baroque de **Can Mavi**, au bout de la rue d'Antoni Maura. Des **moulins à farine** sont encore visibles, comme celui de **Can Cinto** et celui de **Can Mopi**. Ils se trouvent tous les deux dans la rue dels Molins. Le site des **talayots** d'**Es Cascanar** est situé à 2 km de Sencelles, en direction de Sineu.

▲ **Biniali**

BINIALI

Village charmant d'un peu plus de 200 habitants, entouré de cultures sèches. Une église, deux places et des rues étroites et courtes, flanquées d'excellents exemplaires d'architecture populaire, lui ont valu la déclaration de Bien d'intérêt culturel. www.ajsencelles.com

+ INFO
ALGAIDA
P. 216
SANCTUAIRES
P. 280

ALGAIDA
SANCTUAIRE DE CURA

Cette construction du XVe siècle couronne le Puig de Randa. La grotte où Ramon Lull se retira se trouve à proximité. Selon la tradition, sa mission lui apparut sous la forme d'un texte écrit sur les feuilles d'un lentisque. Ce sanctuaire fut le siège du premier Collège de grammaire latine, actif jusqu'en 1826. Vues panoramiques magnifiques.
www.santuaridecura.org

▲ Son Fornés ▼ Petra

+ INFO
MONTUÏRI
P. 223
ARCHEOLOGIE
P. 260

SANCTUAIRE DE BONANY
Ce sanctuaire s'élève sur les hauteurs de la colline de Bonany, au milieu d'un vaste espace naturel. Juníper Serra y donna l'un de ses derniers sermons avant d'embarquer pour « les Amériques ». Il dispose d'une auberge et d'installations pour cuisiner. Les vues sont magnifiques. www.ajpetra.net

MONTUÏRI
VILLAGE ET MUSÉE DE SON FORNÉS

Ce village talayotique, l'un des sites les plus importants de Mallorca, est constitué de deux talayots, de plusieurs chambres et d'une muraille. Le musée archéologique de Son Fornés présente les vestiges les plus intéressants, et des visites guidées sont organisées. www.sonfornes.mallorca.museum

PETRA

Il s'agit de l'une des communes les plus étendues du Pla, avec presque 70 km^2 et 3 000 habitants. Cette commune est riche en sites archéologiques et bien connue aux États-Unis. En effet, c'est le lieu de naissance de **Fra Juníper Serra**, le franciscain à la tête de plusieurs missions qui s'étendirent progressivement pour créer des grandes villes de Californie, comme San Francisco ou San Diego. Une partie du patrimoine artistique de Petra est en rapport avec ce moine, et le musée qui lui est consacré — souvent visité par des Californiens — donne une idée de son courage et de ses convictions religieuses. L'**église** de Petra, construite entre 1583 et 1766, est de style gothique tardif. Une grande rosace est placée sur la façade, au-dessus du portail principal, inachevé. Un autre bâtiment intéressant est le **couvent de Sant Bernadí de Sena**, créé au début du XVIIe siècle. Juníper Serra y fit ses études au milieu du siècle suivant. Il dédia ensuite une grande partie des missions californiennes aux saints des chapelles de l'église du couvent. La place de la mairie, au cœur du village, bouillonne d'activités. Elle est présidée par une fontaine et ornée de nombreux bars avec terrasses.

▲ **Musée et Maison de naissance de Fra Juníper Serra**

▲ **Couvent de Sant Bernadí**

+ INFO

Les villages de l'intérieur entretiennent les traditions et renferment une grande partie du patrimoine architectural de Majorque, constitué de maisons traditionnelles en pierre et de bâtiments religieux ancestraux.

Liaison p. 201

ALARÓ

Ce village est entouré de deux montagnes : le **Puig de la Font Seca** (836 m) et le **Puig d'Alaró** (825 m), sur la cime duquel se trouve un château jadis imprenable, qui semble s'enraciner dans la roche. Les chrétiens résistèrent pendent huit ans contre les assauts arabes, réfugiés dans cette forteresse. En 1285, les chevaliers Guillem Cabrit et Guillem Bassa — des héros locaux défenseurs du roi Jacques II de Majorque —, durent également subir l'attaque d'Alphonse II d'Aragon, avant d'être capturés et brûlés vifs. Désormais, la forteresse constitue un extraordinaire belvédère avec de belles vues sur les baies de Palma et d'Alcúdia, et sur les roches abruptes de la Serra de Tramuntana. La place de la Vila, où se dresse l'**église de Sant Bartomeu**, est le cœur du village. Cet ancien édifice gothique n'a conservé que la base du clocher, remplacé par l'actuel monument baroque. Jadis, l'industrie de la chaussure employait jusqu'à 2 000 personnes, bien que seule l'usine de bottes western **Toni Mora** reste en fonctionnement et ouverte au public. Il est possible de réaliser de nombreuses randonnées dans la commune, comme celle qui mène à Orient par le **Pas de s'Escaleta**, ou bien l'ascension du **Puig de s'Alcadena**.

▲ Alaró

Liaison p. 213

ALGAIDA

C'est la commune la plus étendue de la région, avec un paysage plat qui s'élève brusquement vers le sud jusqu'à 548 m d'altitude, au **Puig de Randa**. Plusieurs légendes évoquent cette colline : l'une d'entre elles raconte que ce massif, dont l'intérieur est vide, est soutenu par quatre colonnes en or, dont trois sont cassées. Quand la quatrième cassera, Majorque plongera dans la mer. La formation montagneuse accueille trois sanctuaires : **Gràcia**, **Sant Honorat** et **Cura**, ce dernier sur la cime. Selon la tradition, **Ramon Llull** eut la révélation de son système philosophique dans une grotte proche de Cura, écrit sur les feuilles d'un buisson. Le sanctuaire dispose d'un restaurant et d'une auberge, et c'est un excellent point de vue sur une grande partie de l'île. L'**église de la Mare de Déu de la Pau de Castellitx**, du XIIIe siècle, construite après la conquête de Jacques Ier, se trouve entre Algaida et Randa. Sur la route en direction de Manacor, vous trouverez des restaurants populaires spécialisés en cuisine typique de Majorque : S'Hostal d'Algaida, Els 4 Vents et Cal Dimoni. Il existe de nombreux sentiers à parcourir à bicyclette, comme le circuit circulaire qui commence à Algaida et passe par **Pina** et le hameau de **Ruberts**, avec un très faible dénivelé.

MUSÉE DU VERRE GORDIOLA

Les membres de la famille Gordiola sont des souffleurs de verre depuis trois siècles, une tradition artisanale qui se perpétue à Algaida. Les visiteurs peuvent assister en direct à la création d'objets uniques où l'irrégularité et l'asymétrie sont des valeurs ajoutées.
www.gordiola.com

LA DANSE DES *COSSIERS*

Les *cossiers* sont une danse ancestrale du XIVe siècle, qui a lieu pendant les fêtes de Sant Honorat et Sant Jaume. Elle est interprétée par trois couples d'hommes et une dame, tous vêtus de blanc. Ils sont accompagnés par le diable, l'incarnation du mal, qui tente de saboter la cérémonie.
www.ajalgaida.net

ARIANY

La vie d'Ariany, avec moins de 1000 habitants, se concentre autour de la place, où se trouve un bar qui propose l'apéritif local, le *palo amb sifó*. On y trouve **S'Aljub**, un réservoir rectangulaire en grès ou marès du XIXe siècle qui recueillait l'eau de certaines rues du village. La place est le point de départ de rues qui se transforment parfois en chemins qui conduisent aux propriétés agricoles, avec des cultures de fourrage et de céréales parsemées de petites collines arborées. Sur la partie la plus élevée du village se trouve l'**église paroissiale de Nostra Senyora d'Atocha**. Le premier oratoire, du XVIe siècle, était dédié à la Mare de Déu de les Neus, mais le marquis d'Ariany — qui résidait généralement à Madrid — offrit aux habitants une nouvelle église et une réplique de la Vierge d'Atocha de Madrid, qui remplaça la première vierge. L'église actuelle, de la fin du XIXe siècle, est lumineuse et conçue en forme de croix latine. Le **presbytère** y est accolé. La vaste **Plaça de l'Església** (place de l'église) est situé en face. On y voit des vues splendides au **belvédère de Sa Creu**, entouré d'un jardin où poussent des cyprès, des palmiers et des cactus, et une croix néo-romane en pierre. **L'Alberg** (auberge), un bâtiment jadis situé au centre de l'ancienne ferme arabe, est à l'origine du village actuel.

CALVAIRES
Ariany conserve trois calvaires. Celui de **Sa Creu** — achevé en 1856, réalisé en grès et au style néoclassique — accueille la bénédiction de branches d'olivier le jour des Rameaux, et la fête de la rencontre entre le Christ et la Vierge (*Encontre*) à Pâques.
www.ajariany.net

Liaison p. 205

BINISSALEM

Le centre historique de Binissalem, loin de la route principale, est unique dans l'île, et a été déclaré monument historique-artistique. Il constitue un magnifique exemplaire de l'architecture traditionnelle en pierre de Binissalem, admirée par des voyageurs du XIXe siècle comme Jules Verne. L'une des rues les plus populaires est le **Passeig des Born**, avec de magnifiques maisons seigneuriales comme **Can Rafel Niu** ou **Can Perico Ferrer**. Tous les ans au mois de mai, la **Fira de sa Pedra i l'Artesania** (Foire de la pierre et de l'artisanat) présente au public le travail de la pierre, une tradition caractéristique de cette région. Cette commune viticole donne à ses vins l'appellation d'origine Binissalem, que l'on peut déguster dans plusieurs caves, comme celle d'**Antonio Nadal**, de **José Luis Ferrer** ou d'**Albaflor**. En septembre, Binissalem fête les vendanges avec la **Festa des Vermar**, une semaine d'activités qui tournent autour de l'univers du vin.

LLORENÇ VILLALONGA
Can Sabater est le siège de la **maison-musée Llorenç Villalonga**, ouverte au public, où ce grand écrivain originaire de Majorque vécut de nombreuses années. Il décrivit les us et coutumes de la noblesse majorquine dans ses livres *Bearn* ou *Mort de Dama*.
www.cmvillalonga.org

BÚGER

La plus petite commune des Baléares est caractérisée par la présence de **moulins à vent**, témoins de l'importance des céréales à l'époque où Majorque était une île qui vivait en autosuffisance. L'un d'entre eux se trouve dans la **rue de la Mare de Déu de Lluc**, près du **chemin d'Es Rafal**, point de départ de la courte promenade sur le **Camí de na Pontons**. La **Plaça de la Constitució**, ornée d'une fontaine, est au cœur de la vie locale. La **mairie**, également appelée la **Sala**, y est érigée : ce bâtiment régionaliste à trois étages a été construit en 1952. La première église a été construite en 1576, mais elle est devenue trop petite et a donc été remplacée par l'église actuelle, financée par des dons et construite par les habitants du village. Búger conserve cinq *creus de terme*, des calvaires qui servaient à délimiter les communes. Deux de ces croix se trouvent dans la rue Major : la **Creu del Sant Crist** ou de Can Perico, baroque et datant de la deuxième moitié du XVIIe siècle ou du début du XVIIIe siècle, et la **Creu de la Mare de Déu del Roser** ou de Cas Mestre, également baroque et datant probablement du XVIIe siècle. De nombreux **circuits de cyclotourisme**, comme celui qui relie Sineu à Can Picafort, passent par Búger. Au mois de mai, le village célèbre la **Fira des Jai**, une foire ancrée dans la tradition, où les artisans locaux offraient des bonbons aux enfants, après leur passage au marché de Sineu.

CUILLERES, CLOCHES ET *FLORERES*
L'artisanat traditionnel de Búger est caractérisé par les cuillères en bois, les cloches (*picarols*) pour le bétail et les *floreres* : ce sont des compositions florales en soie et en coquillages marins placés sur un socle en bois et recouverts d'une cloche en verre.

Liaison p. 207

CAMPANET

Ce village privilégié s'étend au pied de la Serra de Tramuntana,

▲ Algaida

▲ Ariany

▲ Binissalem

▲ Búger

▲ Campanet

▲ Campos

non loin de la mer et à proximité de belles villes comme Pollença ou Alcúdia. Sa silhouette vue de loin est digne d'une carte postale, avec ses maisons traditionnelles regroupées autour de l'église, sa place toujours animée et deux bars avec terrasse. La commune possède des sites de toute beauté, comme la **vallée de Sant Miquel** et le **Pla de Tel**, où l'on trouve plusieurs hôtels et gîtes ruraux. Cette zone comporte des sites intéressants, comme les **grottes de Campanet**, l'**église de Sant Miquel** — datant de l'époque de la conquête catalane, au XIIe siècle — et la propriété **Gabellí Petit**, où jaillissent parfois les **Fonts Ufanes**, des fontaines souterraines qui affleurent après de fortes pluies. La verrerie artisanale **Menestralia** se trouve dans cette commune. Elle est ouverte au public. Des cyclotouristes du monde entier pédalent sur le chemin qui relie Campanet et Pollença.

← Liaison p. 183

CAMPOS

LE NOUVEAU PAYSAGE AGRICOLE

Comme dans presque tout le sud de Majorque, Campos a vécu lors des dernières décennies une augmentation de la population étrangère au pouvoir d'achat élevé, ce qui est visible dans ses commerces, avec une profusion de boutiques gourmet qui vendent des produits locaux de qualité. Le nouveau paysage rural conserve quelques zones cultivées, mais les propriétés privées ou les logements touristiques sont majoritaires : ceux-ci permettent d'associer la tranquillité de la campagne et la proximité de Palma et des belles plages de la côte.

De nombreux témoignages architecturaux du passé rural subsistent, comme certains **moulins à farine** : celui d'En Canals (rue de Santanyí) ou celui d'En Meló (rue de Sa Ràpita). De vieilles tours qui constituaient le système de défense urbain ont également subsisté, comme celle de **Can Cós** — à la base carrée et datant du XVIe siècle —, qui servit à combattre les fréquentes attaques corsaires de l'époque. Elle est située à proximité de la mairie, un bâtiment d'époque Renaissance, rénové depuis lors.

L'**église** paroissiale est dédiée à **Sant Julià**. Cette construction récente et de grandes dimensions, bâtie à la deuxième moitié du XIXe siècle, conserve encore son clocher du XVIe siècle. Ses dépendances accueillent le **musée paroissial**, qui préserve un tableau de Murillo — *El Santo Cristo de la Paciencia* (Le saint Christ de la patience) —, un retable gothique de Mòger et plusieurs objets liturgiques. L'oratoire de l'ancien hôpital, au style gothique, est désormais l'**Auditòrium**, une magnifique salle d'expositions.

CAN POMAR

Depuis 1902, cette pâtisserie de Campos confectionne des spécialités telles que le *gató* — un gâteau aux amandes —, des *robiols* — petites tourtes sucrées — et des *cocarrois*, des petits gâteaux en forme de demi-lune fourrés aux légumes. C'est l'un des meilleurs établissements de l'île, où de nombreux habitants de la région commandent leurs gâteaux du dimanche.

ORATOIRE DE SANT BLAI

Cet oratoire daté du XIIIe siècle est accessible depuis le village. Un vieux cimetière avec un jardin contenant des exemplaires de flore locale est situé juste à côté. Une procession a lieu le 3 février, le jour de la Sant Blai. Le prêtre bénit des bonbons et des petits pains qui préviennent le mal de gorge.

CONSELL

Le centre historique de Consell était constitué, au XIVe siècle, par un ensemble d'auberges et de tavernes fréquentées par les voyageurs qui se rendaient à Inca. L'**église**, construite à la fin du XVIIIe siècle sur un ancien oratoire et reconstruite au début du XXe siècle, est un monument éclectique où prédominent les éléments néogothiques, et où l'on observe des détails baroques et même modernistes, comme les vitraux de l'intérieur. La **mairie** se trouve sur la place Major. Ce bâtiment fonctionnel construit en 1932 pour y accueillir l'école publique, conserve un **sarcophage paléochrétien** du Ve ou VIe siècle, retrouvé en 1920 dans la *possessió* de Mainou. Cette commune produit d'excellents vins. Les ***cases* de Can Ribes**, ancienne *possessió* dont la tradition vinicole remonte à 1711, se trouve en plein centre-ville. On y produit des vins d'appellation d'origine Binissalem, et des visites sont possibles sur rendez-vous. Tous les dimanches matins, l'un des **marchés d'occasion** les plus anciens et les plus intéressants de Majorque a lieu à Consell, avec plus de 300 stands. C'est un paradis pour les passionnés d'antiquités, d'objets originaux et de marchandage.

FIRA DE TARDOR (FOIRE D'AUTOMNE)

Consell célèbre sa foire d'automne

tous les ans en octobre, avec des stands de produits alimentaires locaux, de vannerie, de coutellerie et d'articles en bois, entre autres. Cet événement, fortement marqué par la culture du vin et de la gastronomie, est relayé par les restaurants locaux.
www.ajconsell.net

COSTITX

Environ 1000 habitants vivent à Costitx, situé sur une petite élévation. Ce lieu tranquille est très connu en raison d'une découverte archéologique unique : trois **têtes de taureau en bronze** retrouvées il y a plus de 100 ans à **Son Corró**. Elles représentent le culte voué aux taureaux à Majorque lors de la dernière période talayotique. Malheureusement, les originaux se trouvent au musée archéologique de Madrid, mais des reproductions fidèles sont visibles au **Casal de Cultura**, qui accueille également un **musée des Sciences naturelles**. Les travaux de construction de l'église ont démarré à la fin du XVIIe siècle. Une statue gothique polychrome de la **Mare de Déu de Costitx** y est conservée. Le presbytère, constitué de deux étages, se trouve à droite de l'église. En face, une vaste place dispose de bars et d'un terrain de jeux. Le marché y est tenu tous les samedis. Les grandes maisons sont nombreuses, comme par exemple la **casa d'Arnau de Santacília**, dans la rue du même nom, ou la **posada de Son Vispó**, dans la rue de Jaime I. La commune accueille le seul **observatoire astronomique** de l'île, qui organise des ateliers et des activités d'observation pendant toute l'année. La foire de jardinerie **Costitx en Flor** a lieu le 1er mai : tout le village est décoré de fleurs et plusieurs activités sont organisées.

SANCTUAIRE DE SON CORRÓ
La bifurcation menant au sanctuaire talayotique de Son Corró se trouve au point kilométrique 2,8 de la route de Sencelles à Costitx. Il s'agit d'une édification typique de l'architecture sacrée de la culture talayotique. On y accède à pied par un chemin d'environ 100 m.
www.ajcostitx.net

Liaison p. 197

ESPORLES

Une route tortueuse mène de Puigpunyent à Esporles, parmi des vallées fertiles et d'anciennes *possessions*. Pour découvrir le village, n'hésitez pas à flâner dans ses rues étroites, flanquées de maisons traditionnelles en pierre, avec la silhouette omniprésente de la Serra de Tramuntana. Le quartier le plus ancien est **Sa Vileta**, où se trouve l'église néogothique de **Sant Pere**, ainsi que le **presbytère** et un vieil abreuvoir. Face à la mairie, la sculpture ***La filadora*** (la fileuse) rend hommage à l'industrie textile locale, prospère jusqu'à la moitié du XIXe siècle. La zone la plus animée est le **Passeig del Rei**, avec de nombreux bars et restaurants avec terrasse. À l'extérieur du village, un chemin mène à la **chapelle de Maristella**, offrant de belles vues sur la vallée.

CAMÍ DEL CORREU
Ce chemin du XVe siècle relie Esporles et Banyalbufar, et constitue une magnifique randonnée d'environ deux heures le long d'un chemin balisé qui commence près de l'église d'Esporles, monte une côte et continue doucement. Certains tronçons longent la mer.

Liaison p. 161

FELANITX

LA CULTURE VITICOLE

Cette ville possède plusieurs églises et couvents qui obligent le visiteur à lever la tête pour en contempler la majesté. L'un de ces monuments est l'église de Sant Miquel, dont l'accès s'effectue par un perron large et élégant. Elle date du XVIe siècle, sa façade est d'époque Renaissance et l'intérieur est très lumineux. Le **presbytère**, à droite, jouxte l'église

▲ Consell

▲ Costitx

▲ Esporles

▲ Felanitx

médiévale, du XIVe siècle. En face, se trouve la **fontaine** souterraine de **Santa Margalida**, dont l'origine remonte au XIIIe siècle et qui constitue la base de l'approvisionnement en eau des environs. À côté de cela on verra la **Casa de Cultura** (maison de culture) occupe le majestueux bâtiment **Can Proens de la Font**, où se trouve une sculpture d'un frondeur.

Les rues du centre-ville sont flanquées de grandes maisons qui montrent que de nombreuses familles s'enrichirent au XIXe siècle grâce à une industrie du vin prospère. Des bâtiments clés de l'économie locale furent alors construits, comme le **Celler Cooperatiu** (cave coopérative) ou Sindicat, la **Estació Enològica** (station œnologique) et la **Fàbrica d'Electricitat** (usine d'électricité). Une partie de la production de vin était envoyée par train à Palma, et une autre était embarquée à Portocolom en direction de la France. Cependant, l'arrivée de l'épidémie de phylloxéra mit fin au rêve viticole, et Felanitx entra en récession. Cependant, les propriétés viticoles ont été récupérées depuis une dizaine d'années, et les vins de Majorque ont été revalorisés, en général.

La commune a vécu une explosion touristique à partir des années 1960, et la beauté évidente de son littoral a encouragé la construction d'hôtels et d'appartements, surtout aux alentours de Portocolom, Cala Ferrera et Cala Serena.

FONT DE SANTA MARGALIDA
La fontaine de Santa Margalida, en face de l'église de Sant Miquel de Felanitx, est entourée de légendes. L'une d'elles soutient qu'à la date anniversaire de la Sainte, un cheval assoiffé frappa le sol avec sa patte et soudain de l'eau jaillit, satisfaisant la soif de tous les habitants du village.

DANSE DES CAVALLETS
Six enfants avec un cheval en carton à la taille et une dame, — tous âgés de 10 à 14 ans — interprètent des danses du XVIIe siècle lors des fêtes de la sainte patronne locale, Santa Margalida, et lors de celles de Sant Agustí, accompagné de géants, de personnages à grosse tête et de diables.

GUILLEM TIMONER
Originaire de Felanitx, né en 1926, il a été six fois champion du monde de cyclisme sur piste et treize fois champion d'Espagne de demi-fond. Une petite salle de l'oratoire de Sant Salvador expose les maillots du cycliste.

VINS D'EXCELLENCE
Les vins produits dans cette commune sont commercialisés sous l'appellation d'origine Pla i Llevant, mais il existe aussi des caves indépendantes, comme **Ànima Negra** ou **4 kilos**, qui élaborent des vins avec d'autres variétés de raisin, et qui ont été récompensés lors de concours internationaux.

LLORET DE VISTALEGRE

Ce village se trouve au centre de l'île, sur une petite élévation. Il a changé de nom trois fois au cours de l'histoire : il s'est d'abord appelé Manresa, puis Llorito et finalement, Lloret de Vistalegre. Son activité principale est l'agriculture, et il rend hommage au monde rural en septembre avec la **Festa des Sequer**, une foire qui met à l'honneur les figues sèches, jadis un aliment de base à Majorque. L'**église de la Mare de Déu de Loreto**, du XVIe siècle, dispose d'une seule nef et de quatre chapelles de chaque côté. Près de l'église se trouve la **maison consistoriale**, qui faisait partie de l'ancien **couvent des dominicains**. Le **marché** a lieu tous les lundis sur la Plaça de l'Església.

SA COMUNA DE LLORET
L'un des trésors naturels de Lloret. L'origine de cet espace communal de plus de 130 ha de garrigue parsemée de pins, remonte au XIIe siècle. Différentes randonnées peuvent être réalisées sur le territoire de Sa Comuna : la promenade d'Es Pi Gros, le Camí de s'Aljub, le Camí Blanc et le Camí de Ca'n Dimoni, d'environ une heure.
www.ajlloretdevistalegre.net

CIRCUITS VTT
Lloret est le point de départ de différents circuits VTT aux degrés de difficulté variés. L'un d'entre eux, d'environ 40 km, traverse les villages de Pina, Algaida, Santa Eugènia, Biniali, Sencelles et Costitx, avant de retourner à Lloret.
www.wikiloc.com

LLOSETA

Comme dans presque tous les villages du Raiguer, la Lloseta est constituée d'une partie haute, avec de vieilles rues en ente, et d'une partie basse, à la structure plus moderne. L'un des bâtiments les plus intéressants est le **palais d'Aiamans**, déclaré Bien d'intérêt culturel, une vieille demeure transformée en palais à l'italienne avec de grands jardins, où des concerts sont organisés certains soirs d'été. L'église est située à proximité. Elle date du XVIIIe siècle, et conserve une statue romane de la Mare de Déu de Lloseta. La chapelle avec la crypte des comtes d'Aiamans se trouve à droite. L'**oratoire de la Mare de Déu del Cocó** est situé aux alentours, près du **torrent d'Almadrà**. Il est accessible à pied. La légende raconte qu'un esclave arabe du XIIIe siècle vit briller une lumière extraordinaire près du trou creusé dans la roche, le *cocó* du torrent. Il alerta les voisins, qui découvrirent sur place une statue de la Vierge. Ils la transportèrent à l'église du village de Robines ; la vierge disparut deux fois de cet endroit et revint au *cocó*, où l'oratoire fut enfin érigé. L'usine de **chaussures de montagne Bestard** se trouve à Lloseta. Elle dispose d'un magasin et d'un *outlet*. La dégustation du ***cardinal*** est indispensable. C'est un gâteau d'environ 30 cm de long, fourré à la meringue, recouvert de crème chantilly et de pâte sucrée, une spécialité du **Forn de Baix**.

REFUGE TOSSALS VERDS
La randonnée d'environ trois heures vers le refuge Tossals Verds démarre au Clot d'Almadrà de Lloseta. Elle s'inscrit dans le cadre de la *Ruta de la Pedra en Sec*, et offre de magnifiques vues. Il est recommandé de réserver à l'avance si l'on souhaite manger et dormir au refuge.
www.conselldemallorca.net

LLUBÍ

De nombreux habitants de Majorque apprécient les câpres au vinaigre et le miel de Llubí. Ces produits locaux sont élaborés par l'entreprise **Sa Llubinera**, située dans la rue Roca Llisa, qui commercialise également les célèbres *olives trencades* (olives cassées) et de délicieuses tomates sèches. L'**église de Sant Feliu**, bâtie entre 1570 et 1650, puis élargie par la suite, est un bâtiment intéressant du village. L'intérieur est constitué d'une seule nef avec sept chapelles latérales et une voûte en berceau. L'église préside une place où se concentre la plupart de l'activité locale, avec un bar disposant d'une terrasse à l'ombre. La rue de Sineu est le point de départ du chemin qui menait à Llubí. À environ 500 m à droite, on aperçoit le **talayot** d'**Es Racons**, avec un portail en bon état et un corridor intérieur. La **Foire au miel**, organisée en novembre, regroupe tous les apiculteurs de Majorque. Le marché hebdomadaire a lieu le mardi sur la place.

Le **moulin d'En Suau** présente une collection privée de matériel d'apiculture, avec plus de 150 objets qui expliquent l'évolution de cette activité (visite gratuite pour quatre personnes maximum, sur rendez-vous). Le village conserve quatre calvaires, qui délimitaient jadis son territoire.

CHAPELLE DEL SANT CRIST
Elle est accessible à pied en empruntant le chemin de La Canastreta. Cette promenade d'1 km part du centre de Llubí. Construite à la fin du XIXe siècle, elle hébergea une petite communauté d'ermites pendant des années. Après Pâques, les habitants de Llubí célèbrent ici la procession du Pancaritat.
www.ajllubi.net

Liaison p. 187

LLUCMAJOR

VILLE HISTORIQUE

Llucmajor est connue parce que Jacques III, dernier roi de Majorque, y perdit à la fois la vie et son royaume dans une cruelle bataille le 25 octobre 1349. L'île entra ainsi aux mains de la couronne d'Aragon, sous le mandat du monarque Pierre le cérémonieux. Le roi vaincu bénéficie désormais d'un monument sur la promenade qui porte son nom, conçu par l'architecte catalan au style *Modernisme* (Art nouveau) Joan Rubió, avec l'aide du sculpteur Josep Maria Camps Arnau.

Désormais, la route qui mène à Palma coupe Llucmajor en deux. Le titre de ville lui a été octroyé en 1916. Le centre historique concentre de nombreux exemplaires d'architecture religieuse et civile, avec de nombreuses maisons seigneuriales, sobres et monumentales, qui étaient jadis des auberges appartenant aux grandes possessions de la commune. L'**église de Sant Miquel**, de style néoclassique, construite entre le XVIIIe et le XIXe siècle, est précédée par la **Plaça d'Espanya**, énorme et magnifique, où bat le cœur de la ville, avec plusieurs restaurants et de beaux bâtiments historiques.

Le **couvent franciscain de Sant Bonaventura** est situé tout près. Il possède une église baroque et un cloître de la fin du XVIIe siècle, utilisés actuellement pour des activités administratives. La **Placeta del Sabater**, en centre-ville, est ornée du monument rendant hommage aux fabricants de chaussures locaux : en effet, l'industrie du cuir a été une activité importante jusqu'aux années 1970. Les représentants en cuir et en chaussures s'arrêtaient généralement à **Hôtel Espanya**, dans la rue Melià. Ce bâtiment

▲ Lloret de Vistalegre

▲ Lloseta

▲ Llubí

▲ Llucmajor

construit en 1914 conserve quelques touches Art nouveau.

MARCHÉS ET MARCHÉS AUX PUCES
Le marché de Llucmajor a lieu le mercredi, le vendredi et le dimanche, et se concentre autour de la Plaça d'Espanya. Le marché du vendredi est complété par un vaste marché d'objets d'occasion, de curiosités et d'antiquités.

LES FÊTES DE LLUCMAJOR
Les habitants de Llucmajor ont raison d'être fiers de leurs fêtes locales, un privilège concédé au village en 1543 par l'empereur Charles Ier d'Espagne et Charles-Quint : elles sont célébrées entre le 29 septembre et le 18 octobre.

Liaison p. 149

MANACOR

CAPITALE DE LLEVANT

Manacor est également le berceau d'écrivains locaux remarquables de la littérature majorquine, comme Mossèn Antoni Maria Alcover, Guillem d'Efak et Miquel Àngel Riera. Plus de cent sites archéologiques y sont recensés, comme le village talayotique de **S'Hospitalet Vell** et la **basilique paléochrétienne de Son Peretó**. **La tour dels Enagistes**, l'une des possessions les plus importantes de la commune, se trouve à 1 km du centre-ville. C'est un exemplaire de l'architecture civile médiévale qui héberge aujourd'hui les collections du **Museu d'Història de Manacor**.

On aperçoit au loin le clocher, élevé et stylisé, de l'église de Manacor. Les origines de cette église remontent à 1236, peu après la conquête chrétienne, mais l'église actuelle, dédiée à la **Mare de Déu dels Dolors**, est de la fin du XIXe siècle, de style néogothique et dont la façade est inachevée. L'intérieur est constitué d'une seule nef, de la croisée du transept, d'une coupole étoilée et de la statue vénérée du Sant Crist de Manacor. Près de l'église s'élèvent la tour **del Palau** — des restes de l'ancien palais médiéval des rois de Majorque — et la tour de **Ses Puntes**, maison rurale fortifiée et intégrée dans le centre-ville.

Le centre-ville, capitale de la région de Llevant, bouillonne d'activité commerciale. Les terrasses des bars sont fréquentés par les locaux, surtout sur la **Plaça de sa Bassa**, le cœur de la ville, très animée le samedi matin par un énorme marché en plein air.

La commune comprend les villages de **Son Macià** — zone rurale entourée de champs cultivés, avec des maisons anciennes reconverties en gîtes ruraux et à l'hôtellerie en général —, le port de **Portocristo** et les centres touristiques de **Cales de Mallorca**, **Cala Anguila**, **Cala Mendia** et **Cala Murada**.

▲ **Manacor**

▲ **Mancor de la Vall**

FABRICATION DE PERLES
Depuis 1890, **Majorica** fabrique des perles artificielles, réalisées et sélectionnées à la main, par un processus qui reproduit celui des perles naturelles. Depuis 1950, **Orquídea** développe la même activité. Les passionnés de perles peuvent visiter les magasins-musées de ces deux entreprises.

ANTONI MARIA ALCOVER
Ecclésiastique érudit, écrivain, linguiste et folkloriste de Manacor (1862-1932), auteur du monumental *Diccionari català-valencià-balear* et de la compilation des rondalles, contes populaires de Majorque, transmis de génération en génération.
www.institucioalcover.org

MANCOR DE LA VALL

Ce village se trouve au pied du **Puig de Massanella** — qui s'élève à 1 364 m de hauteur, l'un des sommets de Majorque presque toujours enneigés en hiver. Au sud se trouve le **Puig de sa Fita**, à 905 m d'altitude. La zone montagneuse est couverte de pins et de chênes verts, tandis que des oliviers et des amandiers poussent sur les plaines, ainsi que des caroubiers et des figuiers solitaires près desquels paissent des troupeaux de moutons. L'endroit abrite certains monuments de caractère, comme la **chapelle de Santa Llúcia**, qui remonte à 1348, l'impressionnante ***possessió* de Massanella** et ses alentours, ou la maison seigneuriale de **Son Simó**, qui donne son nom à la rue où elle se trouve. Au XIXe siècle, la culture de l'olivier était l'activité la plus productive de la région, au même titre que l'exploitation des forêts. De nombreuses charbonnières, fours à chaux et puits de neige témoignent de cette activité.

FIRA DE L'ESCLATA-SANG (*LACTAIRE DELICIEUX*)
En novembre, Mancor célèbre une foire consacrée à ce champignon, à laquelle participent des passionnés et des artisans. Les restaurants préparent des plats comme le *frit de matances amb esclata-sangs*, une association savante de viscères de porc ou d'agneau et de pommes

de terre, de légumes et de lactaires délicieux.
www.ajmancordelavall.net

CASES DE MASSANELLA
Les maisons de Massanella, une vaste possessió qui s'étend jusqu'à la commune d'Escorca, datée du XIIIe siècle, se trouve à environ 2 km de Manacor en direction de Caimari. Le long du chemin, des champs d'amandiers fleurissent fin janvier, pour le bonheur des cyclistes qui parcourent la région.

MARIA DE LA SALUT

Ce village tranquille s'organise autour de la place, ornée de plusieurs bars offrant une ombre agréable en été et une ambiance chaleureuse à l'intérieur, en hiver. N'hésitez pas à y commander un *variat* : c'est un petit récipient en céramique contenant un assortiment de *tapas* proposées par l'établissement, généralement accompagné d'un verre de vin local. L'**église paroissiale de Maria** se trouve sur la partie la plus élevée. Sa façade est unie et son portail principal est accessible par un escalier à cinq marches. L'intérieur est constitué d'une seule nef avec six chapelles de chaque côté. Le **presbytère**, situé juste à côté, possède deux étages. L'inscription « Any 1760 » (année 1760) est gravée sur le portail. En face, un puits ou *coll de cisterna* octogonal avec un bénitier rectangulaire. En flânant dans les rues on découvre de vieux moulins à farine et de belles maisons traditionnelles en pierre. Plusieurs hôtels et gîtes ruraux sont disposés aux alentours du village. Les visiteurs peuvent y profiter d'une atmosphère rurale paisible.

Un **marché** d'articles d'occasion est célébré le dernier dimanche de septembre. Des **foires nocturnes** consacrées aux métiers traditionnels ont lieu les vendredis du mois d'août. Tous les vendredis, un marché a lieu sur la Plaça des Pou.

FÊTES PATRONALES
Le 8 septembre, Maria célèbre ses fêtes patronales en l'honneur de la Mare de Déu de la Salut ou dels Missatges. L'origine de ces fêtes remonte à l'époque où l'on fêtait la fin des moissons ou de la récolte des figues, ainsi que le commencement de la nouvelle année agricole.
www.ajmariadelasalut.net

Liaison p. 201

MARRATXÍ

Marratxí est caractérisé par son activité de poterie, alimentée depuis des temps reculés par des carrières de terre rouge et d'argile blanche. Des potiers étaient déjà établis à **Pòrtol** au XVIIIe siècle, dont certains s'installèrent par la suite à **Sa Cabaneta**. Aujourd'hui, les ateliers de poterie, de céramique et les *siurelleries* (ateliers de fabrication de sifflets-statues) de ces villages fonctionnent encore à plein régime. La **procession** et les fêtes de **Sant Marçal** ont lieu tous les ans à la fin juin : elles attirent des visiteurs de toute l'île, et les nombreux potiers y vendent leurs *siurells* et leurs pots en terre (*greixoneres*). Les passionnés de céramique peuvent se promener entre Sa Cabaneta et Pòrtol tout en visitant des ateliers de poterie ou le musée de la céramique.

Liaison p. 215

MONTUÏRI

Le centre historique de Montuïri est un bon exemple d'urbanisme médiéval, typique des villages de Majorque au XIVe et XVe siècles. La vieille université locale, désormais siège de la mairie, se trouve sur la Plaça Major, où un **marché** animé a lieu le lundi. Les céréales étaient vendues jadis sur la **Plaça del Molinar**, et la boucherie était située sur la **Plaça Vella**. L'accès à l'**église de Sant Bartomeu** s'effectue par l'escalier appelé *Es Graons*. Des bâtiments d'architecture civile se trouvent aux alentours, comme **Can Socies de Tagamanent** — ancienne auberge de la *possessió* du même nom — et le **presbytère**.

▲ Maria de la Salut

▲ Marratxí

▲ Montuïri

▲ Muro

Le quartier d'**Es Molinar**, parsemé de moulins, abrite le **Pou del Rei** (puits du roi), près du lavoir public : c'est le puits communautaire le plus ancien, qui conserve encore des abreuvoirs destinés aux animaux. La **Fira de sa Perdiu** (foire de la perdrix) est célébrée à Montuïri le premier dimanche de décembre, avec un concours de perdrix. En août, lors des fêtes de Sant Bartomeu, la danse des *cossiers* est interprétée devant les commerces et les cafés. Le Puig de Sant Miquel, couronné par le **sanctuaire de la Mare de Déu de la Bona Pau**, se trouve à l'extérieur du village, et c'est une promenade agréable à réaliser en voiture ou à pied.

Liaison p. 119

MURO

SÉRÉNITÉ ET TRADITION

Contrairement au bouillonnement de la côte, le village de Muro, à l'intérieur, respire la paix et la tradition. La vie est rythmée par le calme majorquin dans le quartier le plus ancien, **El Comtat**, constitué à l'origine par d'anciennes demeures de seigneurs féodaux qui furent construites autour de l'**église de Sant Joan Baptista**. Cette église a été construite entre 1570 et 1611 et possède deux accès : le portail principal, réservé aux femmes, et le portail latéral, celui des hommes, orné d'une décoration baroque abondante. Le haut **clocher**, constitué de sept corps superposés, rejoint l'église via un petit pont de pierre.

Un autre bâtiment religieux important est l'ancien **couvent des Mínims**, avec son cloître paisible et une chapelle dédiée à Santa Anna. L'**église du Sang**, oratoire du XVe siècle, se trouve dans la rue des Màrtirs. Ses lignes simples et ses dimensions réduites suivent les critères des églises de repeuplement qui commencèrent à être construites à Majorque après la conquête catalane du XIIIe siècle.

Dans la rue Major, il est intéressant de visiter **Can Alomar**, un bâtiment du XVIIe siècle qui héberge la **section ethnologique du musée de Majorque**, avec des salles consacrées à des outils traditionnels, à des métiers d'artisanat — désormais disparus ou en danger d'extinction — et de la céramique. Au rez-de-chaussée se trouve une ancienne pharmacie, et dans la cour intérieure, une noria ou sínia et un puits octogonal.

Tous les dimanches, c'est le jour du **marché**, avec des stands de fruits, de légumes et de produits locaux. La **Fira de Tardor** (foire d'automne) a lieu en novembre. Le potiron y est mis à l'honneur : les restaurants locaux élaborent des plats avec cet ingrédient, et un concours récompensant le potiron le plus lourd est organisé.

DÉLICIEUSES *ESPINAGADES*

Pour la Sant Antoni, tous les foyers et toutes les boulangeries de Muro préparent les délicieuses *espinagades*, de fines galettes de pain fourrées d'un mélange d'épinards, de poireaux, de petits pois et de morceaux d'anguille — qui étaient jadis pêchées à S'Albufera —, ou bien de filet de porc et de chou.

▲ Porreres

PORRERES

Pendant des siècles, l'agriculture a été la principale richesse de Porreres, comme le montrent plus de trente **moulins à vent** toujours en fonctionnement, outre des *possessions* comme **Son Lluís**, **Es Monjos** ou **Sa Bastida**. La place accueille l'**église de la Mare de Déu de la Consolació**, du XVIIe siècle, la **mairie** et le **presbytère**, qui conserve des œuvres d'art religieuses ainsi que les archives paroissiales. Cela vaut la peine de visiter l'**église de Sant Felip Neri**, entre les rues de Sant Roc et de Passaraix, conçue par Pere d'Alcàntara Penya, avec des œuvres picturales de Vicenç Furió et de Llorenç Cerdà. Le bâtiment jadis occupé par l'hôpital accueille le **musée et le fonds artistique de Porreres**, avec presque 300 œuvres d'art contemporain signées par les artistes Cándido Ballester, Dionís Bennàssar, Jim Bird, Remigia Caubet, Coll Bardolet, Dalí et Macedowski. Les boulangeries locales proposent de délicieuses **galettes aux abricots**.

SANCTUAIRE DE MONTI-SION

Ce sanctuaire situé à 245 m de hauteur est accessible à pied. Le chemin est parsemé de *goigs*, des reliefs religieux du Moyen Âge. Le sanctuaire a été construit à la fin du XVe siècle, et son Collège de grammaire enseignait le latin.

FOIRE DE L'ALBERCOC

Porreres est connu pour la production d'abricots. En juin, à l'occasion de la récolte, une foire propose des recettes élaborées avec ce fruit. Dans certaines zones rurales de Majorque, une partie de la production était séchée au soleil pour que les villageois puissent consommer des fruits toute l'année.

SANTA EUGÈNIA

Ce territoire est habité depuis la Préhistoire, comme en témoignent treize **sites archéologiques**, comme les grottes du *puig* de Santa Eugènia et Es Rafal, où s'élève un talayot circulaire. À l'entrée du village, la tradition viticole locale est matérialisée par les vignes et la cave **Vinya Taujana**, qui produit d'excellents vins sous l'appellation d'origine Binissalem. Le paysage de la commune est caractéristique de la plaine, et comprend quelques hameaux ou *llogarets* qui constituent des trésors d'architecture rurale parfaitement intégrés dans le paysage : **Ses Alqueries**, **Ses Olleries** et **Ses Coves**, entourés de chemins qui sillonnent des propriétés agricoles de grande beauté. L'**église de Santa Eugènia**, du XVIIe siècle, est le noyau central du village, d'où partent les maisons de pierre de Son Bosso — qui pourraient constituer le cœur de l'ancienne ferme arabe de Benibazari, dans la rue Major —, **Can Reüll** et **Son Mateu**. Une ancienne **citerne**, située dans la rue de l'Aljub, témoigne du système hydraulique traditionnel qui assurait l'approvisionnement en eau du village jusqu'à la moitié du XXe siècle. Plusieurs **moulins à farine**, dont trois sont situés dans la zone d'**El Puget**, montrent que leur activité était intense à l'époque. De nombreux bars et restaurants animés jalonnent le territoire, comme Sa Torre, sur la route de Santa Maria à Sencelles, qui occupe une cave du XVe siècle.

FESTIVAL DE THEATRE
Fin juin, Santa Eugènia accueille la **Quarterada Teatral**, un festival de théâtre où participent des groupes d'animations, des acrobates et différentes compagnies offrant des spectacles à un large public.
www.ajsantaeugenia.net

Liaison p. 121

SANTA MARGALIDA

PATRIMOINE SÉCULAIRE

L'**église de Santa Margalida** se trouve sur la partie la plus élevée du village. Toujours ornée de fleurs, ses origines remontent à 1241 mais elle a été reconstruite à plusieurs reprises. L'accès au portail principal — achevé en 1679 — s'effectue par un perron, et le portail latéral donne sur une grande esplanade permettant de contempler l'ensemble du bâtiment et une vue panoramique sur cette commune rurale. L'intérieur de l'église est constitué d'une seule nef avec six chapelles réparties des deux côtés. Plusieurs **retables** remarquables sont conservés : le retable gothique de Santa Margalida et Sant Pere, le retable maniériste de Sant Sebastià et les retables baroques de Sant Antoni Abat et de la Mare de Déu del Roser.

La vie locale se concentre autour de la place, avec des bars typiquement majorquins où il convient de déguster un ***variat***, petit récipient en terre cuite contenant un assortiment de toutes les *tapas* de l'établissement, et qui est accompagné de pain et de vin local. Une promenade aux alentours permet de découvrir les vestiges du passé agricole, comme des moulins et des puits. Le marché local a lieu le mardi et le dimanche. En septembre, les **Festes de la Beata** (fêtes de la béate) présentent des défilés de carrosses, et plusieurs diables brisent des centaines de pots en terre aux pieds d'une jeune femme incarnant la béate Catalina Tomàs.

Un tronçon du **GR-222** passe par la commune. Ce sentier de grande randonnée relie les chaînes montagneuses de Llevant aux montagnes de Lluc, 102 km répartis en cinq étapes d'une durée de 5 à 6 h.

SANTA MARIA DEL CAMÍ

Au loin, Santa Maria se distingue par le clocher de l'église, recouvert d'un toit en carreaux de faïence. Des maisons traditionnelles et des rues anciennes s'agglutinent autour de l'église et constituent le centre historique. La mairie se trouve dans le quartier de **la Vila**. Elle possède un retable gothique important, daté de 1385, du peintre Joan Massana. La petite place qui se trouve en face est entourée de maisons seigneuriales comme **Ca s'Apotecari**, salle d'expositions municipale. Le quartier voisin appelé quartier des **Hostals** doit son nom aux nombreux hôtels qui accueillaient jadis les voyageurs faisant la navette entre Palma et Inca. De nombreuses caves produisent des vins sous l'appellation d'origine Binissalem, comme **Macià Batle**. La commune s'étend sur la plaine, riche en amandiers et en vignobles, avec la colline **Puig de Son Seguí** au fond. Vers le nord, une zone montagneuse renferme

▲ **Santa Eugènia**

▲ **Santa Margalida**

▲ **Santa Maria del Camí**

▲ **Sant Joan**

des sites charmants, comme la **vallée de Coanegra**. De nombreuses randonnées sont possibles, comme celle qui parcourt le chemin de **Coanegra** et passe par **Son Torrella**, une splendide *possessió* d'origine médiévale. La **fontaine de Coanegra** se trouve à **Son Pou**, et marque le commencement d'un ancien système hydraulique. L'**Avenc de Son Pou** est une grotte naturelle avec un tunnel d'accès de 50 m.

MARCHE DOMINICAL
Le marché hebdomadaire de Santa Maria a lieu tous les dimanches. On y trouve des stands de vêtements, de céramique, de vannerie, d'artisanat, de fruits et légumes ainsi qu'une grande sélection de produits écologiques. Il convient d'arriver suffisamment tôt pour pouvoir flâner tranquillement et prendre son petit déjeuner dans l'un des bars de la place.
www.ajsantamariadelcami.org

SANT JOAN

Il s'agit de l'une des communes les plus agricoles de Majorque, dont les vestiges de quelques moulins à farine témoignent de la production de blé. L'**église de Sant Joan**, au centre du village, a été construite à partir de 1927. Son portail principal est néobaroque, et elle possède un portail latéral gothique du XVIe siècle. L'intérieur est constitué d'un plan basilical de trois nefs avec six chapelles latérales et un plafond plat à caissons en bois. Une promenade aux alentours permettra aux visiteurs de découvrir des bâtiments d'architecture traditionnelle, comme la **posada (auberge) de Son Roig**, de la fin du XVIIe siècle, la **posada dels Calderers** et le **couvent des moniales de la Caritat de Sant Vicenç de Paül**, tous réunis dans la rue Major. Les fêtes populaires sont nombreuses : **Sant Antoni** est célébré en hiver. La veille, des brasiers ou *foguerons* sont allumés tandis que le diable fait la fête ! À l'occasion du Carême, la fête d'**Es Pa i es Peix** rappelle le miracle de la multiplication des pains et des poissons. Des casques, galettes sans levain, sont distribués au sanctuaire de Consolació. Pour la **Festa del Botifarró** (Fête de la saucisse), en octobre, des *botifarrons* et autres charcuteries à base de porc sont grillés. Les fêtes patronales sont célébrées fin août. Le marché hebdomadaire a lieu le jeudi.

SANCTUAIRE DE LA CONSOLACIÓ
Ce sanctuaire du XIIIe siècle, rénové au fil des siècles, est accessible à pied. Il se trouve à 1 km du centre. Les *santjoaners* y fêtent **Es Sol que Balla** : le jour de la Saint-Jean, ils y grimpent à l'aube pour voir « danser » le soleil au son des cloches de l'église.

Liaison p. 145

SANT LLORENÇ DES CARDASSAR

ESPRIT RURAL

Les centres de **Sa Coma** et de **S'Illot** sont séparés par la pointe sauvage Punta de n'Amer. Au XVIIe siècle, l'insécurité de cette partie du littoral conduisit le Gran i General Consell à y construire un **château** pour défendre la côte des pirates et des envahisseurs arrivés par la mer.

Sant Llorenç constituait une seule commune avec Manacor jusqu'en 1892. Avant l'explosion touristique, ses activités principales étaient l'agriculture et une petite industrie de charpenterie, ainsi que la vente des broderies confectionnées par les femmes. Le passé éminemment rural est toujours visible dans certains éléments patrimoniaux, comme les trois **moulins à farine** et le **Pou Vell**, ancien puits destiné à l'approvisionnement public d'eau.

Le bâtiment le plus remarquable du village est l'**église de Sant Llorenç**, mentionnée dans la bulle du pape Innocent IV sous le nom de Santa Maria de Bellver. En 1360, le roi Pierre le cérémonieux autorisa la construction d'une nouvelle église, dont les travaux se prolongèrent pendant tout le XVe siècle. Le bâtiment a été soumis à plusieurs rénovations et modifications, et sa façade principale de style néoclassique date de la moitié du XIXe siècle. Le **musée paroissial** conserve des éléments de l'église primitive, des ex-voto et un fragment d'un retable baroque qui représente saint Georges.

Sur la place de l'église, deux bars disposant de terrasses invitent à s'asseoir prendre un apéritif et lire le journal, tout en s'imprégnant de la paisible atmosphère locale. C'est encore mieux si c'est jeudi, jour de marché.

SANT JOAN PELUT
Le 24 juin, un personnage attifé d'un chapeau et d'une cape de couleur rouge rend hommage à saint Jean-Baptiste avec la danse de Sant Joan Pelut. Au son de la musique traditionnelle, il danse dans les rues de Sant Llorenç, parfois accompagné de deux diables.

SA POBLA

Le roi Jacques II fonda ce lieu en 1300, alors appelé La pobla d'Huialfàs, qui adopta ensuite le nom générique de Sa Pobla. À la fin du XIXe siècle, l'extraction d'eau par des moulins permit d'étendre les cultures irriguées, ce qui fit de cette commune l'une des réserves agricoles de Majorque, bien connue pour ses pommes de terre nouvelles, qui sont préparées en accompagnement du cochon de lait ou *porcella* au four. La **Plaça Major** est pleine de bars avec terrasse et de restaurants. En haut d'un promontoire se dresse l'**oratoire de Crestatx**, accessible à pied, qui abrite une statue de Santa Margalida du XVIe siècle, œuvre de Gabriel Mòger. Les **fêtes de Sant Antoni**, qui remontent à 1385, mettent tout le village en effervescence. La nuit du 17 janvier, les rues se remplissent de brasiers ou ***foguerons***. Un spectacle mettant en scène la lutte du saint contre le diable y est présenté : le démon s'en donne à cœur joie. Des **joutes verbales** ont lieu à minuit, où les meilleurs *glosadors* de toute l'île s'affrontent.

MALLORCA JAZZ SA POBLA
En août, Sa Pobla organise ce festival qui réunit à Majorque de grandes célébrités du jazz. John Zorn et Nicholas Payton y ont déjà participé. Parallèlement, des expositions et des séminaires en rapport avec ce style musical sont réalisés. www.jazz.sapobla.cat

Liaison p. 141

SON SERVERA

UN TRÉSOR ARCHITECTURAL

L'**Església Nova**, au style néo-gothique, resta inachevée pour des raisons budgétaires, mais sa valeur et son originalité résident précisément dans le fait qu'elle soit inachevée ; c'est aujourd'hui un lieu de célébrations populaires en plein air. La vie locale se concentre autour de la Plaça de Sant Joan, avec un certain air médiéval, entourée de bars avec des terrasses et des petits restaurants, et présidée par la petite église dédiée au saint patron local du même nom. Perdez-vous dans les ruelles des alentours pour contempler d'excellents exemplaires d'architecture civile, comme les maisons de **Ca s'Hereu**, ornées d'une tour de défense.

La sculpture *Es Pastoret*, créée par Eduard Servera, se trouve sur la Plaça de l'Abeurador. Elle rappelle l'épidémie dévastatrice de la peste qui s'abattit sur Son Servera au début du XIXe siècle, et dont les origines sont controversées. L'épidémie causa la mort de 1 040 des 1 808 habitants, et depuis lors, une messe est tenue le 1er février, pour célébrer la fin de cette tragédie. Plusieurs possessions imposantes, comme **Pula**, **Son Jordi** ou **Sa Jordana** sont distribuées aux alentours, et on dénombre plus de 40 sites archéologiques inventoriés, datant de l'époque pré-talayotique — comme les grottes funéraires de Sa Font Gata ou les Coves de Ca s'Hereu — et de l'époque post-talayotique, comme Son Lluc et Son Corb.

FÊTES DE SANT JOAN
Aux alentours du 24 juin, pour la fête de la Saint-Jean, Son Servera est en ébullition, avec des activités pour tous les âges et des nuits de fête en musique jusque tard dans la nuit.

VILAFRANCA DE BONANY

Vilafranca est connue à Majorque pour ses excellents melons. Ce fruit est à l'honneur en septembre lors de la **Foire et la fête du melon**, avec un concours qui récompense le melon le plus grand et de meilleure qualité, une foire aux animaux locaux, des produits d'artisanat et des activités culturelles. Parmi le patrimoine urbain, il convient de mentionner l'**église de Santa Bàrbara**, avec une façade lisse, une lucarne supérieure et un portail principal baroque. **Ca ses Monges**, dans la rue de Santa Bàrbara, est un couvent dont la construction a commencé en 1897, et qui s'élève sur trois étages. L'oratoire, à la façade simple et au mur recouvert de pierre apparente, se trouve à droite. Quelques bâtiments à l'architecture traditionnelle s'élèvent sur la Plaça Major, comme **Ca l'Amo en Bernat Rumbande**, **Ca l'Amo Antoni de s'Estany** et la **mairie**. Le seul **moulin à farine** conservé au centre du village a arrêté de fonctionner vers 1915. En hiver, Vilafranca célèbre la **fête de Sant Antoni** : des *foguerons* (brasiers) sont allumés la veille, et les animaux sont bénis le lendemain. En été, c'est le tour des **Festes de la Beata** (Fêtes de la béate), en l'honneur de Santa Catalina Tomàs, où le personnage du diable apporte une touche traditionnelle et originale aux festivités. Le mercredi, c'est le jour du marché sur la Plaça Major.

TALAYOTS DE SON POU VELL
Deux talayots se trouvent aux alentours de Porreres, sur la route de Vilafranca à Manacor. L'un d'eux, en assez bon état, conserve ses caractéristiques particulières, comme la colonne et le corridor.
www.vilafrancaterrabona.com

▲ Sant Llorenç des Cardassar

▲ Sa Pobla

▲ Son Servera

▲ Vilafranca de Bonany

▼ Serra de Tramuntana

ESPACES PROTÉGÉS
LE TRÉSOR DE LA BIODIVERSITÉ

1 **PARC NATIONAL MARITIME ET TERRESTRE DE L'ARCHIPEL DE CABRERA**
➜ P. 231

2 **PARC NATUREL DE S'ALBUFERA DE MAJORQUE**
➜ P. 235

3 **RESERVE NATURELLE DE S'ALBUFERETA**
➜ P. 239

4 **PARC NATUREL DE MONDRAGÓ**
➜ P. 241

5 **PARC NATUREL DE SA DRAGONERA**
➜ P. 245

6 **PARC NATUREL DE LA PENÍNSULA DE LLEVANT**
➜ P. 249

7 **SITE NATUREL DE LA SERRA DE TRAMUNTANA**
➜ P. 253

Majorque bénéficie de plusieurs espaces protégés, des écosystèmes dont la grande diversité donne lieu à des paysages différents. Ce ne sont pas toujours des endroits vierges : ils ont été partiellement modelés par l'être humain pendant des siècles à travers l'agriculture, l'élevage ou l'exploitation des ressources forestières. Cette intrusion contrôlée a permis de maintenir un équilibre avec la nature, comme c'est le cas dans d'autres îles de la Méditerranée. Dans de nombreux cas, c'est la pression populaire qui a forcé les institutions à protéger ces sites, en les libérant de l'urbanisation incontrôlée qui a défiguré une partie des Baléares. C'est le cas de Sa Dragonera, véritable étendard du mouvement écologiste local, ou de la zone humide la plus importante de l'île, S'Albufera. La visite de ces sites est fortement recommandée pour sentir la respiration de l'île où, encore mieux, respirer avec elle. Ils préservent une grande diversité de faune et de flore, souvent endémiques, fruit de l'évolution dans des conditions d'insularité.

www.balearsnatura.com

▲ **Arbousier (*Arbustus unedo*)**

Centre d'interprétation
Gabriel Roca, s/n
Colònia de Sant Jordi
Tél. 971 656 282
www.balearsnatura.com
www.mma.es/parques
Bureau d'information
Port de Cabrera
Tél. 630 982 363
Randonnées à Cabrera au départ de la Colònia de Sant Jordi
Mar Cabrera
Tél. 971 656 403
www.marcabrera.com
Randonnées à Cabrera
Tél. 971 649 034
www.excusionesacabrera.es
Refuge
24 places réparties dans 12 chambres doubles avec salle de bains. Le micro-ondes, le réfrigérateur et la salle de séjour sont communs.
Réservations : www.cvcabrera.es
Durée maximum du séjour : 2 nuits.
Fermé en décembre et en janvier.

Zone de protection spéciale pour les oiseaux (ZEPA)
Lieu d'importance communautaire (LIC)
Réseau Natura 2000
Zone spécialement protégée de la Méditerranée (ZEPIM)

Superficie totale : 10 021 ha
Espace terrestre : 1 318 ha
Espace marin : 8 703 ha

Commune : Palma

◂ **Bella Miranda**

Parc national maritime-terrestre de l'archipel de CABRERA

Cabrera est un petit archipel situé au sud-est de Majorque, constitué de 18 îles et îlots. Connu comme « la cinquième île des Baléares », l'archipel a été déclaré Parc national après une campagne intense en faveur de l'écologie. L'accès au parc s'effectue via une sortie organisée par l'une des entreprises qui organisent le trajet par la mer au départ de la Colònia de Sant Jordi. Huit itinéraires à pied sont possibles, toujours en compagnie d'un guide du parc. Un musée ethnographique permet de découvrir son histoire mouvementée ainsi que sa riche biodiversité.

PARADIS PROTEGE

Cabrera est l'île la plus grande de cet archipel, et la seule ouverte aux visiteurs. Avec une superficie de plus de 11 km², son point culminant est **Na Picamosques**, avec 172 m. Le relief est austère, avec de petites élévations et de douces vallées dominées par la garrigue, où le pin, persévérant, gagne du terrain face aux oliviers sauvages et aux sabines. La côte, découpée et abrupte, est ornée de falaises parfois adoucies par des criques aux eaux turquoise, comme **Es Port** ou **L'Olla**.

C'est un paradis pour la faune. Des oiseaux marins y vivent sans s'inquiéter de la présence humaine, comme le goéland d'Audouin, le cormoran, le faucon d'Éléonore et le balbuzard. Mais les animaux les plus emblématiques sont sans aucun doute les lézards, qui ont donné naissance à plusieurs sous-espèces en raison de l'isolement séculaire de l'archipel. D'autres espèces endémiques concernent les coléoptères, les arachnides, les gastéropodes terrestres et certains crustacés qui vivent dans des cavités souterraines. Les seuls mammifères terrestres autochtones sont cinq espèces de chauves-souris.

Certains exemplaires les plus surprenants de la faune et de la flore vivent sous l'eau : les riches prairies de *Posidonia oceanica* — plante marine en forme de ruban — touchent presque le bord de l'eau pour le bonheur de nombreuses espèces comme les étoiles de mer, les rascasses rouges (*Scorpaena scrofa*), les mérous… Les eaux qui entourent le

▴ **Lézard (*Podarcis lilfordi*)**

▲ Phare de N'Ensiola ▼ Château de Cabrera

PARC NATIONAL DE L'ARCHIPEL DE CABRERA

LA COVA BLAVA

La randonnée à Cabrera inclut la visite de la Cova Blava, une grotte arrondie d'origine calcaire dont les fonds marins sont constitués de sable et de roches. Lorsqu'elle est éclairée par le soleil de l'après-midi, le jeu de la lumière sur l'eau inonde le lieu de toutes les nuances de bleu.

parc sont limpides, cristallines, et les fonds sont constitués de roches et de sable.

Le **château** de Cabrera, en haut d'un promontoire, dont la silhouette rappelle un château qui aurait été dessiné par un enfant, attire l'attention des visiteurs. Il a probablement été construit à la fin du XIVe siècle, quand des pirates de toutes les nationalités rivalisaient pour contrôler son territoire, puisque le port de Cabrera — accessible depuis Alger — permettait de contrôler la côte sud de Majorque.

L'une des randonnées les plus belles est celle qui mène au **phare de N'Ensiola**. Elle passe par un chemin sinueux qui révèle un paysage sauvage, où la mer déchaînée frappe les falaises avec force. Depuis le phare, la vue et le coucher de soleil récompensent l'effort d'une promenade de plus de deux heures.

Il est difficile d'imaginer que ce havre de paix fut un camp de concentration pour presque 9 000 prisonniers français au début du XIXe siècle et pendant la guerre d'indépendance entre la France et l'Espagne. Ces prisonniers y restèrent pendant cinq ans, et seuls 3 600 d'entre eux survécurent et revinrent dans leur pays. Quelques-uns de leurs souvenirs de cette période éprouvante sont reflétés dans le livre écrit par les journalistes Pierre Pellissier et Jérôme Phelipeau, *Les Français de Cabrera, 1809-1814*.

Centre de réception
Route d'Artà au Port d'Alcúdia (Ma-12 km 26,7, Pont dels Anglesos)
Tél. 971 892 250
parc.albufera@gmail.com
www.balearsnatura.com

Accès à pied ou à bicyclette par le Pont dels Anglesos.
Parking près de l'entrée.

Zone de protection spéciale pour les oiseaux (ZEPA)
Lieu d'importance communautaire (LIC)
Réseau Natura 2000
Zone humide d'importance internationale Convention de Ramsar

Superficie totale : 1 646,48 ha

Communes : Muro, Sa Pobla

Parc Naturel de S'ALBUFERA DE MALLORCA

C'est la zone humide la plus étendue et la plus importante des Baléares. Une ancienne lagune séparée de la mer par un cordon de dunes sur lequel se sont accumulés des sédiments, jusqu'à devenir une énorme plaine inondable. Ce royaume humide attire des oiseaux et des ornithologues du monde entier. Il peut être parcouru à pied ou à vélo par quatre itinéraires balisés, et dispose d'observatoires et de plateformes pour observer, en silence et aux jumelles, la vie quotidienne des oiseaux. Il se remplit de libellules au coucher du soleil, et plus de 300 espèces de papillons nocturnes apparaissent la nuit.

DES ÊTRES D'EAU, DE TERRE ET D'AIR

Sa Bufera, comme l'appellent les habitants de Majorque, se nourrit de l'eau de la mer, mais surtout de l'eau de pluie qui émane des torrents et des sources souterraines. Le marais actuel s'est formé il y a environ 100 000 ans. Il est constitué de plusieurs écosystèmes habités par des plantes, des insectes et des vertébrés.

L'inondation presque constante conditionne la croissance d'une végétation variable selon la profondeur, la proximité de la mer et le type de terrain. Les espèces prédominantes dans les grandes zones inondées sont la laîche (*Phragmites australis*), la marisque (*Cladium mariscus*) et la massette à feuilles étroites (*Jypha angustifolia*). Certaines espèces poussent dans des zones saumâtres, comme les joncs ou la salicorne en buisson (*Sarcocornia fruticosa*). La très rare et minuscule orchidée *de prat* (*Orchis robusta*) est un véritable joyau botanique. Des peupliers, des

▲ **Héron royal (*Ardea cinerea*)**

ormes et des tamarins poussent à proximité de l'eau.

Les poissons qui vivent dans les canaux et les marais sont généralement d'origine marine, comme plusieurs espèces de mulets. Mais la star des fonds marins est la mystérieuse anguille : les civelles (alevins d'anguilles) arrivent à S'Albufera, les anguilles s'épanouissent, puis retournent en haute mer pour se reproduire au cœur de l'Atlantique, huit hivers plus tard.

Il est fréquent d'entendre la grenouille croasser. Les canaux sont l'habitat de prédilection des couleuvres et des tortues d'eau. Les mammifères les plus surprenants, en dehors des rats et des souris, sont huit espèces de chauves-souris, avec des raretés comme la chauve-souris des bois. Les oiseaux sont les animaux les plus appréciés et aussi les plus bruyants. S'Albufera est un refuge et un lieu de halte pour beaucoup d'espèces qui y font une pause au printemps et en automne pendant leur périple entre l'Europe et l'Afrique. Certaines d'entre elles viennent du nord pour y passer l'hiver, comme les canards souchets (*Anas clypeata*), les canards siffleurs (*Anas penelope*), différentes espèces de hérons et de bruyants étourneaux. D'autres, comme la sarcelle d'hiver (*Anas crecca*) ou les combattants variés (*Philomachus pugnax*), restent dans le parc seulement quelques jours. Certaines grues et spatules blanches (*Platalea leucorodia*) viennent au parc de façon occasionnelle et imprévisible. Plus de 60 espèces d'oiseaux se reproduisent dans ces zones humides.

S'Albufera est, en outre, un lieu productif : la culture du riz *bomba* a été récupérée sur certaines terrasses ; la pêche artisanale de l'anguille est autorisée, le pâturage a été récupéré et plusieurs races de vaches et de chevaux locaux ont été réintroduites dans le parc. Ces animaux se nourrissent de laîche et de joncs tendres, et aménagent des surfaces libres pour les oiseaux.

RIZ BOMBA ET *ESPINAGADES*

La culture du riz *bomba* est autorisée dans certaines zones de S'Albufera. C'est une variété de grain court à la couleur perlée, apprécié pour l'élaboration des *paellas* et d'autres plats à base de riz. La pêche artisanale d'anguilles est également pratiquée. Lors des fêtes de Sant Antoni, au cœur de l'hiver, les habitants de Sa Pobla et de Muro confectionnent des *espinagades*, de délicieuses tourtes fourrées à l'anguille et aux légumes.

Martin-pêcheur (*Alcedo atthis*)

▲ S'Albufera ▼ Canard Colvert (*Anas platyrhynchos*)

www.balearsnatura.com

Zone naturelle d'intérêt spécial (ANEI)
Réseau Natura 2000

Superficie totale : 211 ha

Communes : Alcúdia, Pollença

Réserve naturelle de S'ALBUFERETA

La vaste baie de Pollença abrite une petite zone humide d'une haute valeur ornithologique et botanique. Un paysage surprenant au cœur d'une enclave touristique, véritable oasis pour de nombreux oiseaux lors des rigoureuses sécheresses estivales. Il est possible d'accéder à S'Albufereta à bicyclette depuis le Port de Pollença, puis faire le tour de la réserve en contemplant le paysage agricole avec ses constructions traditionnelles en pierre. Au crépuscule, le visiteur silencieux peut être récompensé par le spectacle d'un balbuzard ou d'un faucon d'Éléonore.

L'EMPIRE DE L'EAU

S'Albufereta est un marais recouvert de laîche et de joncs, séparé de la mer par une fine barrière de dunes. Cette zone est inondée en permanence grâce à deux étangs et à plusieurs canaux presque toujours pleins d'eau. Le **torrent d'Es Rec**, l'un des cours d'eau au débit le plus fort de Majorque, y débouche, alimenté par les sources saumâtres qui naissent dans son lit, les **Ulls de Rec**. Ces résurgences d'eaux profondes constituent un approvisionnement important pour S'Albufereta, qui reçoit également l'eau des torrents de la **Font de Mal Any**, de **Can Roig** et de **Can Xanet**. Les eaux circulent le long du réseau de canaux et d'étangs avant de rejoindre la mer via **Es Grau**.

C'est l'un des meilleurs points d'observation d'oiseaux pendant toute l'année. Plus de 300 espèces y ont été répertoriées. Les oiseaux suivants y établissent leur nid : la talève sultane (*Porphysio porphysio*), l'échasse blanche (*Himantopus himantopus*), la bergeronnette printanière (*Motacilla flava*) et la lusciniole à moustaches (*Acrocephalus melanopogon*). Des oiseaux migrateurs s'y installent pour se reposer et s'alimenter lors de leurs voyages de printemps et d'automne. Les espèces qui viennent du nord de l'Europe viennent y passer l'hiver.

La réserve accueille l'une des forêts de tamarins les plus importantes de Majorque. Presque 350 espèces botaniques sont présentes, avec des variétés endémiques comme le *Limonium alcudianum*, qui pousse uniquement dans les zones saumâtres de S'Albufereta et de S'Albufera.

▲ S'Albufereta

CENTRE DE TOURISME ORNITHOLOGIQUE

La Gola se trouve au Port de Pollença. C'est une petite zone humide formée par la confluence de deux torrents dont les eaux se calment avant de se mêler à la mer. Plusieurs itinéraires balisés dotés de panneaux d'informations sont disponibles, ainsi qu'une exposition permanente sur les espèces et les habitats. blog.lagola.info

Centre d'information
Route de
Cala Mondragó, s/n
Santanyí
Tél. 971 181 022
Bureau du parc Can Crestall
C. de Can Llaneres, 8
Santanyí
Tél. 971 642 067

Zone naturelle d'intérêt spécial (ANEI)
Zone de protection spéciale pour les oiseaux (ZEPA)
Lieu d'intérêt communautaire (LIC)
Réseau Natura 2000

Superficie du parc : 766 ha

Propriété publique : 95 ha

Propriété privée : 671 ha

Commune : Santanyí

Parc naturel de MONDRAGÓ

Des eaux transparentes, des dunes, des falaises, des zones humides, des torrents, des plaines et de petits bois de pins et d'oliviers sauvages. Le paysage de Mondragó est marqué par des siècles d'activité agricole et d'exploitation du bétail, largement dominé par des *rotes*, de petites parcelles de terre recouvertes de cultures d'agriculture sèche : des amandiers, des caroubiers, des figuiers et des graminées comme de l'orge, de l'avoine et du blé. Une mosaïque d'atmosphères qui permet d'imaginer comment était la vie à Majorque il y a à peine 50 ans. Le parc dispose de quatre itinéraires à réaliser à pied ou à vélo.

L'EMPREINTE DE L'HOMME

Le parc comprend de nombreuses propriétés délimitées par des murs en pierre sèche, une technique artisanale ancestrale qui consiste en l'assemblage de pierres sans mortier. Certaines parcelles possèdent des *barraques de roter*, petits abris en pierre destinée à héberger des personnes, des animaux ou du matériel agricole, avec des poutres ou des toits en forme conique (*curucull*). On peut également contempler des systèmes hydrauliques ingénieux permettant de canaliser et de stocker l'eau, comme des norias, des canaux et plusieurs sortes de réservoirs et de citernes. Plusieurs témoignages de l'exploitation forestière sont encore visibles : des charbonnières ou *sitges*, des abris pour les charbonniers et des fours à chaux.

Mais d'autres écosystèmes où la

▲ Cala Mondragó

▲ S'Amarador ▼ Cala Mondragó

CALA FIGUERA DE SANTANYÍ

Cette crique profonde et étroite se trouve au sud du parc, près d'un ancien hameau de pêcheurs. Plus loin, on trouve le Caló d'en Boira et le Caló d'en Busquets. C'est une agréable promenade en bord de mer, entre les *llaüts* et de petites maisons de vacances. Un endroit idéal pour y déguster du poisson frais.

trace de l'homme est à peine perceptible existent encore à Mondragó. Les plages vierges de **S'Amarador** et de **Ses Fonts de n'Alis** sont superbes, et leurs fonds de sable sont parfois couverts par des prairies de posidonie, végétal phanérogame endémique de la Méditerranée. Ces plages sont délimitées par une frange de dunes sur lesquelles poussent le chardon bleu des sables (*Eryngium maritimum*), l'immortelle (*Limonium virgatum*) et le lis maritime (*Pancratium maritimum*). Une partie de la côte est constituée de falaises, où certaines plantes plongent leurs racines dans la pierre, comme la criste marine (*Crithmum maritimum*) et les *eriçons* (*Astragalus balearicus*), véritables boules d'épines adaptées à l'implacable action du vent.

Des restes d'une forêt de chênes verts subsistent au creux du canyon du **torrent de S'Amarador**, dans la zone la plus sombre. Mais l'écosystème le plus vaste est la garrigue d'olivier sauvage, où poussent des pins, des lentisques, des cistes et du romarin. Cet habitat accueille des pigeons ramiers, des buses et des huppes, mais aussi des mammifères, surtout des hérissons, des belettes, des martes, des lapins, des loirs et des tortues terrestres. Les salamandres lézardent sur les pierres, et les murs de pierre abritent quelques inoffensives couleuvres à capuchon (*Macroprotodon cucullatus*).

Les zones humides constituent les communautés les plus précieuses du parc. Les espèces végétales présentes dans les **étangs de S'Amarador** et **Ses Fonts de n'Alis** sont les joncs, les salicornes et la laîche, qui cohabitent avec des hérons blancs, des foulques macroules (*Fulica atra*) et des bécasseaux minute (*Calidris minuta*), ainsi que des couleuvres d'eau et des grenouilles communes. Sur la côte, rocheuse et pleine de précipices, le faucon commun établit son nid. Aux alentours, on voit des cormorans huppés et des goélands d'Audoin, et même l'élégant balbuzard à la recherche de poissons.

▲ **Hérisson (*Erinaceus europaeus*)**

▲ **Huppe (*Upupa epops*)**

Parc naturel de SA DRAGONERA

Sa Dragonera ressemble à un dragon endormi qui, toujours en alerte, protège la côte sud-ouest de Majorque. Déclarée parc naturel conjointement avec Pantaleu et Mitjana, des îlots voisins, cette île est séparée de Majorque par un petit canal d'environ 800 mètres emprunté par quelques embarcations touristiques en été. Symbole du mouvement écologiste local, sa protection a été obtenue en partie grâce à une forte résistance populaire contre les tentatives d'urbanisation dans les années 1970. Elle constitue aujourd'hui un site solitaire habité par des mouettes et des lézards, et par la plus grande colonie de faucons d'Éléonore des Baléares.

L'ILE AUX TROIS PHARES

D'un point de vue géologique, Sa Dragonera s'inscrit dans la continuité de la Serra de Tramuntana, et la plus grande partie de ses roches se sont formées au fond de la mer pendant le Jurassique, il y a entre 200 et 180 millions d'années. Le débarquement sur l'île s'effectue par le quai de Cala Lledó. Nager dans ses eaux transparentes est un vrai plaisir. Une fois sur terre, il est possible de choisir parmi quatre itinéraires pédestres : vers le **phare de Llebeig**, vers **Es Far Vell**, vers le **Cap de Tramuntana** — où se trouve le troisième phare de l'île —, ou bien vers la **tour de Na Miranda**.

Ce territoire a été exploité par l'homme de plusieurs façons. Après la conquête de Majorque par la couronne d'Aragon, ses forêts furent exploitées au XIIIe siècle, ainsi que le palmier nain, l'*orxella* — lichen utilisé pour l'élaboration de la couleur pourpre — et les faucons, qui étaient entraînés par des fauconniers et appréciés pour leurs excellentes aptitudes à la chasse aux oiseaux, aux lièvres

▲ Lézard de Sa Dragonera

Centre de réception Es Lledó
Île de Sa Dragonera
Tél. 971 180 632
www.balearsnatura.com
Bureau d'information
Av. Jaume I, 18
Sant Elm
Tél. 971 239 205

L'accès au parc s'effectue via une sortie organisée par l'une des entreprises qui proposent le trajet par la mer au départ du Port d'Andratx et de Sant Elm :
Cruceros Margarita
Tél. 639 617 545
www.crucerosmargarita.com
Water Taxi
Tél. 971 100 866
www.watertaxi.es
Cruceros de Mallorca
Tél. 600 520 503
www.crucerosdemallorca.com

Lieu d'importance communautaire (LIC)
Zone de protection spéciale pour les oiseaux (ZEPA)
Réseau Natura 2000

Superficie totale : 274 ha

Commune : Andratx

◂ **Es Freu**

▲ Bruyère (*Erica multiflora*)

▲ Faucon d'Éléonore (*Falco eleonorae*)

PARC NATUREL DE SA DRAGONERA

LA TRAPA

La Trapa, bâtiment consacré à l'éducation environnementale, est situé en face de Sa Dragonera, et dispose des plus belles vues sur l'île. Il est accessible uniquement à pied, lors d'une randonnée de 9 km qui part de la place de Mossèn Sebastià Grau à Sant Elm.

et aux lapins. Jusqu'au XVIIe siècle, cette enclave faisait régulièrement l'objet d'attaques de pirates.

Plus de 350 espèces de plantes dont 18 sont endémiques des Baléares, ont été identifiées à Sa Dragonera. La communauté végétale la plus étendue est la garrigue d'oliviers sauvages, et les animaux les plus visibles sont les lézards, — dont une espèce endémique —, qui abandonnent leur cachette au passage des marcheurs.

La liste des oiseaux marins catalogués est vaste, et le goéland d'Audouin y figure en bonne place, ainsi que le puffin baléare. Ces deux espèces survolent la mer avec précision à la recherche d'aliments. Des rapaces comme le faucon pèlerin et le faucon d'Éléonore vivent également sur l'île. Les mammifères les plus emblématiques sont les chauves-souris, dont cinq espèces ont été détectées. Elles partagent leur habitat avec des rats, des lapins et des souris. Les prairies de *Posidonia oceanica*, qui abritent de nombreuses espèces marines, recouvrent les fonds marins qui entourent le parc.

Le **Centre de réception Es Lledó** propose une zone de **tables à l'ombre**, idéales pour les pique-niques. L'**exposition** permanente *Sur les chemins de la mer* propose une vision de Sa Dragonera en tant que lieu de passage sur les itinéraires maritimes vers la Péninsule Ibérique. Cette exposition a lieu dans le phare de Tramuntana.

▾ Sa Dragonera

Centre d'information
S'Alqueria Vella de Baix
Carretera Ma-3333, km 4,7
Artà
Tél. 971 836 828
www.balearsnatura.com
Refuges et zone de camping
Refuges de S'Alzina, Els Oguers et S'Arenalet
Zone de camping près de S'Arenalet
Renseignements et réservations :
Tél. 971 177 652
www.caib.es

Zone de protection spéciale pour les oiseaux (ZEPA)
Lieu d'intérêt communautaire (LIC)
Réseau Natura 2000

Superficie totale : 1 671 ha

Commune : Artà

◂ **Punta des Gulló**

Parc naturel de la péninsule de LLEVANT

Le Parc naturel de la péninsule de Llevant et les réserves naturelles de Cap de Ferrutx et de Cap des Freu protègent les montagnes du nord-est de l'île. La superficie la plus étendue du parc correspond à trois propriétés publiques : **S'Albarca**, **Es Verger** et **S'Alqueria Vella**. Le paysage est constitué par des montagnes élevées qui dominent la mer sous la forme de falaises abruptes et de plages vierges comme **S'Arenalet des Verger** et **S'Arenalet d'Albarca**. Le site dispose de refuges et d'une zone de camping où il convient de réserver des places à l'avance. Dix itinéraires aux différents degrés de difficulté sont mis à la disposition des visiteurs.

DE LA MONTAGNE A LA MER

Le paysage actuel de ces terres est le fruit de l'interaction séculaire entre l'homme et la nature. Il s'agissait jadis d'une région productive où poussaient des oliviers, des amandiers, des figuiers et des caroubiers, jusqu'à l'explosion touristique et l'abandon de ces activités agricoles. À l'époque on y élevait également des troupeaux de moutons et de chèvres, et les pâturages étaient régénérés en brûlant de larges parcelles année après année, ce qui a favorisé la présence d'espèces qui repoussent facilement, comme la laîche et le palmier nain. Les étendues de laîche dominent ce territoire qui était auparavant recouvert de bois et de communautés arbustives. On y trouve aussi des pinèdes, des garrigues et quelques forêts de chênes verts, avec des espèces botaniques endémiques d'une grande valeur, comme le millepertuis des Baléares.

La faune est riche et variée. Outre le bétail, constitué de moutons et de chèvres, d'autres animaux vivent ici, comme la tortue méditerranéenne, le hérisson,

▴ Genette (*Genetta genetta*)

▴ Marthe (*Martes foina*)

▲ Ferrutx ▼ Talaia (tour) Moreia

PARC NATUREL DE LA PÉNINSULE DE LLEVANT

L'ART DU TRESSAGE DES FEUILLES DE PALMIER

Au XIXe siècle, l'abondance de palmiers nains dans les Serres de Llevant a encouragé l'artisanat du tressage de feuilles de palmier dans des villages comme Artà et Capdepera. Certains artisans subsistent encore aujourd'hui. L'histoire et les secrets de cet art sont expliqués au musée de la Llata, situé dans le château de Capdepera.

la genette, la marte et le crapaud *Bufotes balearicus*. Les oiseaux qui établissent leur nid dans différents secteurs du parc sont l'aigle botté, le faucon pèlerin, le goéland d'Audouin, le cormoran huppé et l'alimoche. Le milan royal, au vol majestueux, a été réintroduit.

L'empreinte humaine est visible dans plusieurs sites, comme les vestiges d'une colonie pénitentiaire de combattants républicains établie ici après la Guerre d'Espagne. Des exemplaires d'architecture militaire sont également présents, comme la **talaia** (tour) **Moreia**, qui faisait partie du système d'alerte contre les attaques de pirates, surtout provenant d'Algérie, et contrôlait la baie d'Alcúdia et le canal de Minorque. Cependant, les constructions les plus emblématiques sont les cases de *possessió*, les maisons rustiques comme celles d'**Albarca**, de véritables exemples de vie en autosuffisance qui conserve des éléments permettant d'imaginer comment était la vie agricole dans un passé récent, comme des fermes, des norias et des citernes.

Le parc abrite les refuges des ***cases* d'Albarca**, des ***cases* de S'Arenalet** ou de la ***caseta* dels Oguers**. Ce lieu est apprécié par les randonneurs, car on y trouve les sommets les plus hauts des Serres de Llevant : **Puig Morei** (564 m), **Puig des Porrassar** (491 m) et **Puig de sa Tudossa** (441 m). Les réserves naturelles de Cap de Ferrutx et de Cap des Freu sont situées à l'extrémité sud de de la péninsule de Llevant, et constituent un paysage saisissant et solitaire, avec leurs falaises abruptes.

▲ Serra de Llevant

Centre d'informations Ca s'Amitger
Route de Lluc à Pollença, s/n
Escorca
Tél. 971 517 083
971 517 070
www.balearsnatura.com
www.serradetramuntana.net
Centre d'éducation environnementale de Binifaldó
Tél. 971 517 074
***Ruta de la Pedra en Sec* (GR-221)**
www.conselldemallorca.net
Refuges de montagne
Gorg Blau, Cúber, Son Oragues, La Coma de Binifaldó, Lavanor, Comuna de Caimari.
Renseignements et réservations :
Tél. 971 177 652
www.caib.es
Zone de camping
Es Pixarells et Sa Font Coberta.
Renseignements et réservations :
Tél. 971 517 070

Superficie totale : 65 526 ha

Espace terrestre : 62 403 ha

Espace marin : 1 123 ha

Communes : Alaró, Andratx, Banyalbufar, Bunyola, Calvià, Campanet, Deià, Escorca, Esporles, Estellencs, Fornalutx, Lloseta, Mancor de la Vall, Palma, Pollença, Puigpunyent, Santa Maria, Selva, Sóller, Valldemossa.

Site naturel de la SERRA DE TRAMUNTANA

L'espace naturel le plus grand et le plus précieux de Majorque articule le nord-ouest de l'île sur 90 km, de l'îlot de Sa Dragonera aux falaises de Formentor. La Tramuntana, comme l'appellent les locaux, concentre toutes sortes de formations géologiques, de communautés végétales et animales, et ses paysages ont inspiré des peintres comme Santiago Rusiñol et des écrivains comme Robert Graves. Ce trésor culturel dispose d'éléments architecturaux et ethnologiques qui racontent en silence l'histoire de l'île. Ce paradis pour les randonneurs, les cyclotouristes et les passionnés de beaux paysages, a été inscrit au patrimoine mondial par l'UNESCO en 2011.

PATRIMOINE MONDIAL

En raison de la beauté de son paysage et de ses richesses culturelles, la Serra de Tramuntana a été choisie par l'UNESCO en 2011 pour faire partie du patrimoine mondial. Plusieurs de ses sommets dépassent 1 000 m, le plus haut étant le **Puig Major** (1 445 m), suivi du **Puig de Massanella** (1 348 m). Ces cimes sont généralement recouvertes de neige en hiver, ce qui explique la présence d'anciennes *cases de neu*, où les puits de neige permettaient de recueillir de la glace pour des usages hospitaliers et gastronomiques.

Entre ces sommets s'étendent de douces vallées qui ont permis le développement de villages comme **Valldemossa**, savamment disposés à l'intérieur pour éviter les attaques des pirates. Près du littoral, la sierra s'adoucit et forme des criques isolées comme le **Port des Canonge** ou la **Cala Deià**, ou bien elle se précipite dans la mer sous forme de falaises qui atteignent les 500 m de hauteur, comme celles du **Cap de Formentor**. Le taux de pluviométrie dans ces montagnes est supérieur au reste de l'île, ce qui constitue une réserve d'eau pour Majorque, qui s'accumule dans les retenues de **Cúber** et d'**Es Gorg Blau**.

Cette zone possède une valeur botanique énorme, avec 25 espèces et sous-espèces de plantes endémiques de la chaîne montagneuse, dont 9 sont des orchidées rares et 13 des fougères. C'est le seul

▲ **Neige sur les cimes les plus élevées**

▲ Coanegra ▼ Cap de Formentor. Îllot El Colomer

endroit sur l'île où poussent des plantes caractéristiques de climats plus froids, comme l'if. Bien que les pinèdes soient prédominantes, il reste encore quelques forêts de **chênes** verts — surtout aux alentours du **sanctuaire de Lluc** —, un bois autochtone qui couvrait jadis une grande partie de l'île.

Il sert également de refuge à une faune diverse et précieuse. Parmi les invertébrés, les espèces endémiques sont abondantes, surtout des escargots, des scarabées, des arachnides et des crustacés. Dans le règne des vertébrés, le ***ferreret*** (Alytes muletensis), qui ne vit nulle part ailleurs dans le monde, occupe une place de choix. L'univers des oiseaux est occupé, entre autres, par le **vautour moine**, le plus grand rapace d'Europe. Des rapaces comme le **faucon d'Éléonore** ou le **balbuzard survolent** la côte, ainsi que le **cormoran huppé** ou le **goéland d'Audouin**.

Ce n'est pourtant pas un espace vierge. Il a été exploité au fil des siècles, et la présence humaine a modelé une grande partie de son paysage, comme on peut l'apprécier par les terrasses délimitées par des murs en pierres sèches, qui reflètent les efforts des agriculteurs pour retenir le peu de terre disponible. D'élégantes possessions typiques de Majorque sont encore visibles. Ces

▲ **Aigle pêcheur (*Pandion haliaetus*)**

▲ **Orchidée**

▲ ***Estepa joana* (*Hipericum balearicum*)**

▲ **Petit crapaud baléare (*Alytes muletensis*)**

TORRENT DE PAREIS

Déclaré monument naturel, il naît à la confluence des torrents du Gorg Blau et de Lluc, dans la zone appelée S'Entreforc. Il suit son chemin vers la mer sur environ 3 km entre des parois rocheuses de jusqu'à 200 m de hauteur, et débouche à Sa Calobra.

FONTS UFANES

Le miracle des Fonts Ufanes a lieu occasionnellement au lieu-dit Gabellí Petit : ces fontaines intermittentes surgissent de façon puissante et soudaine au milieu d'une forêt de chênes verts, après de fortes pluies sur la colline ou *puig* Tomir et les alentours. Ce site a été déclaré Monument naturel. Pour pour connaître leur activité, consultez le site Internet de la mairie. www.ajcampanet.net

centres de production ont participé jadis à la déforestation d'une partie des montagnes pour cultiver la terre ou élever du bétail. L'irrigation a permis d'optimiser la fertilité de certaines vallées, comme celle de **Sóller**, célèbre pour ses plantations d'orangers. La côte de **Banyalbufar** et d'**Estellencs** est caractéristique des efforts humains pour exploiter la terre. Le raisin malvoisie pousse sur des terrasses tournées vers la mer, grâce à une irrigation fondée sur un système de canaux hérités de la culture arabe. Désormais, l'agriculture et l'élevage sont en récession, un processus presque irréversible, susceptible d'avoir des conséquences sur la configuration du paysage de Majorque tel que nous le connaissons actuellement.

Certaines constructions apportent une valeur ajoutée au patrimoine de la chaîne montagneuse : des tours de défense, des moulins à eau, des monastères, des chapelles, des sanctuaires, des ponts, des citernes, des chemins empierrés, des charbonnières et des fours à chaux, entre autres. Plusieurs personnalités ont célébré la beauté du lieu, comme l'**archiduc Louis-Salvador** de Habsbourg-Lorraine, amoureux de la côte nord de Majorque, qui fit l'acquisition de plusieurs terrains situés entre Valldemossa et Deià, comme Son Marroig. C'est l'auteur d'une œuvre ethnologique colossale et indispensable, *Les Baléares décrites par les mots et le dessin*.

L'une des meilleures façons de découvrir la Tramuntana est de parcourir la ***Ruta de la Pedra en Sec***, un sentier de grande randonnée (GR-221) qui suit le tracé d'un ancien réseau de chemins restaurés par des passionnés de la randonnée.

Le guide-plan de la Serra de Tramuntana apporte les informations indispensables pour se déplacer facilement dans l'un des espaces naturels les plus beaux et les plus étendus de Majorque. Il présente plusieurs itinéraires, les sites les plus intéressants du point de vue du paysage et des ressources écologiques, ainsi que les hôtels et logements adaptés aux besoins des visiteurs.

TRIANGLE POSTALS
Version française
ISBN : 978-84-84-78-402-9

▲ **Route de la pierre sèche**

▲ Vallée de Sóller ▼ Cala Tuent

◂ Toiles de *llengos*

CIRCUITS THÉMATIQUES

Ce recueil de circuits permet de découvrir le vaste patrimoine culturel et artistique de Majorque. Un héritage accumulé pendant des siècles grâce aux différentes cultures qui ont vécu ici depuis la Préhistoire jusqu'à l'époque contemporaine, ainsi qu'aux artistes du monde entier qui ont été inspirés (et qui le sont toujours) par le paysage de l'île.

ARCHÉOLOGIE → P. 260
CHÂTEAUX FORTS → P. 264
LITTÉRATURE → P. 266
MODERNISME → P. 270
ARTISANAT → P. 274
ART CONTEMPORAIN → P. 276
SANCTUAIRES → P. 280

▲ Ses Païses

ARCHÉOLOGIE

L'histoire de Majorque transparaît à travers des vestiges préhistoriques, paléochrétiens, romains et arabes. L'époque talayotique a apporté des monuments cyclopéens fortifiés aux fonctions défensives. En 123 av. J.-C., une expédition romaine entreprit la conquête de l'île, et bâtit des villes comme par exemple Pollentia, à Alcúdia. Les empreintes les plus fortes du christianisme primitif sont visibles dans la basilique de Son Peretó de Manacor. Les Arabes débarquèrent en 902, et transformèrent l'ancienne Palma romaine en une splendide Madina Mayurqa.

SES PAÏSSES

Il s'agit de l'un des hameaux talayotiques les plus étendus et les mieux conservés, avec une superficie de 13 500 m² et une enceinte fortifiée de 374 m de périmètre. Il a été probablement fondé autour de l'an 1000 av. J.-C. Le talayot central constitue le noyau du village, complété par plusieurs maisons. Le village déclina à l'arrivée des Romains. Trois portes d'accès ont été retrouvées : la porte orientée au sud-est est la mieux conservée, avec des pierres verticales de plusieurs tonnes couronnées d'une autre pierre utilisée comme linteau. Le Museu d'Artà présente et interprète les pièces principales.

Ses Païsses
Camí de sa Corballa
Artà
www.museuarta.com

MUSÉES

Museu Arqueològic de Deià
Es Clot
Tél. 971 639 001
Créé par William Waldren, il conserve d'importants vestiges archéologiques et un squelette de *Myotragus balearicus*.

Museu Monogràfic de Pol·lèntia
Sant Jaume, 30
Alcúdia
Tél. 971 547 004
Ce musée réunit des objets retrouvés grâce aux fouilles de la ville romaine de Pollentia.

Museu de Mallorca
Portella, 5
Palma
Tél. 971 717 540
museudemallorca.caib.es
Établi dans un palais du XVIe siècle, Ca la Gran Cristiana, il conserve des objets archéologiques et des œuvres d'art emblématiques de l'histoire de Majorque.

Museu d'Història de Manacor
Torre dels Enagistes
Route de Manacor à Cales de Mallorca, km 1,5
Tél. 971 843 065
museu.manacor.org
Importante collection d'objets archéologiques découverts dans les sites de Majorque, et différentes œuvres d'art.

Museu d'Artà
Estel, 4
Tél. 971 829 778
www.museuarta.com
Ce musée est consacré à l'archéologie, — de l'époque pré-talayotique à l'époque romaine —, à l'histoire naturelle et à l'ethnologie.

▲ Nécropole de Son Real

MYOTRAGUS BALEARICUS

Le Museu Arqueològic de Deià conserve un squelette de *Myotragus balearicus*, une petite chèvre vivant à Majorque au Quaternaire. On y trouve également des objets retrouvés dans des sites archéologiques proches, comme celui de Muleta, à Sóller.

NECROPOLE DE SON REAL

Ce site jouxtant la mer, frappé par les vagues à la Punta dels Fenicis (pointe des Phéniciens), est constitué de plus de 100 tombes rectangulaires, circulaires et absidales datées de la dernière époque de la culture talayotique, entre le VIIIe et le IIIe siècle avant J.-C. Les tombes absidales ou **micronavetas** (micro-nefs) sont les plus abondantes, avec deux fosses parallèles où les cadavres étaient placés en position fœtale, tandis que les tombes circulaires étaient destinées aux inhumations collectives. Des bijoux et des armes, parmi lesquels une épée à antennes, ont été retrouvés sur l'**îlot des Porros**, et sont actuellement conservés au **Museu de Mallorca**. L'accès s'effectue à pied en passant par la magnifique propriété publique de Son Real, avec plusieurs itinéraires balisés qui débouchent sur la mer.

Finca Pública de Son Real
Route Alcúdia-Artà, km 17,7
Santa Margalida
Tél. 971 185 363
www.balearsnatura.com

FRONDEURS

Les *foners* (frondeurs), présents à Majorque depuis 700 av. J.-C., étaient célèbres pour leur habileté à jeter des pierres depuis la côte, afin de perforer la coque des embarcations ennemies. Ils étaient souvent recrutés, ou bien séquestrés, par les Carthaginois et les Romains.

▲ Pol·lèntia

POL·LÈNTIA

Il s'agit des vestiges de la ville romaine construite entre les baies d'Alcúdia et de Pollença après la conquête de l'île en 123 avant J.-C. par le général Quinto Cecilio Metelo. Ce site permet d'imaginer comment était la vie quotidienne des Romains dans une ville qui connut un développement plus important que d'autres cités, comme Palma. Il comporte trois sites archéologiques : la zone résidentielle de la **Portella**, le **forum** et le **théâtre**. Le circuit est complété par la visite du **Museu Monogràfic de Pol·lèntia**, qui réunit des objets de la vie quotidienne des Romains, retrouvés dans la ville.

Point d'information de Pol·lèntia
Av. Prínceps d'Espanya, s/n
Alcúdia
Tél. 971 184 211

SANCTUAIRE DE SON CORRÓ

La bifurcation menant au sanctuaire talayotique de Son Corró se trouve au point kilométrique 2,8 de la route de Sencelles à Costitx. Il s'agit d'une édification typique de l'architecture sacrée de la culture talayotique. On y accède à pied par un chemin d'environ 100 m.

www.ajcostitx.net

▲ Son Corró

▲ Son Peretó

▲ Bains arabes

CULTE DU TAUREAU
La Casa de Cultura de Costitx conserve les répliques de trois têtes de taureau en bronze retrouvées sur le site de Son Corró situé à proximité, datées entre le Ve et le IIe siècles. Il s'agit des pièces les plus représentatives du culte des taureaux à Majorque.
www.ajcostitx.net

BASILIQUE PALÉOCHRÉTIENNE DE SON PERETÓ

Ces vestiges représentent une découverte fondamentale pour comprendre l'implantation du christianisme à Majorque. L'ensemble est constitué d'une ancienne basilique paléochrétienne datée du Ve au VIIe siècle avant J.-C., de chambres situées un peu plus loin, d'un silo à céréales et d'un réservoir de vin ou d'huile, qui indiquent l'existence d'une communauté chrétienne rurale. La basilique possède un plan rectangulaire avec trois nefs séparées par des colonnes, précédées d'un vestibule où se trouvait le baptistère central, avec deux piscines baptismales. Le sol est recouvert de mosaïques, conservées au **Museu d'Història de Manacor**.

Basilique de Son Peretó
Route de Manacor à Sant Llorenç des Cardassar, km 7,5
Manacor

BAINS ARABES

Lorsque Isam al-Khawlani réussit la conquête de Majorque en l'an 903, la ville romaine de Palma était en ruines. Les Arabes y construisirent des auberges, des mosquées, des bains, ils modifièrent le tracé urbain et édifièrent une ville qui devait être splendide, Madina Mayurqa. L'un des vestiges les plus remarquables sont les bains arabes, dont la salle centrale, destinée aux bains chauds, ainsi qu'une pièce annexe rectangulaire, ont été conservées. La salle principale est carrée, orné de 12 colonnes avec des arcs en fer à cheval et des fûts en bois non décorés, et recouverte d'une coupole en briques avec des lucarnes.

Bains arabes
Can Serra, 7
Palma
Tél. 971 721 549

▲ Château d'Alaró

CHÂTEAUX FORTS

Trois châteaux solitaires s'élèvent sur des promontoires inaccessibles, au milieu de superbes paysages, entourés de légendes et de mystère. Leur origine est incertaine, bien qu'elle puisse remonter à l'époque romaine ou talayotique. Les habitants de l'île y trouvèrent refuge pour se protéger des envahisseurs arabes, qui s'opposèrent plusieurs siècles plus tard à la conquête chrétienne. On y accède par des sentiers montagneux qui révèlent à l'arrivée au sommet un panorama spectaculaire sur l'île.

CHÂTEAU D'ALARÓ

Sa silhouette se découpe tout en haut du Puig d'Alaró, à 822 m de hauteur. Sa situation est stratégique, la colline élevée et abrupte lui donnant une inaccessibilité naturelle. La forteresse domine l'ensemble de la plaine de Majorque, de la baie d'Alcúdia à celle de Palma, un endroit hautement stratégique pour contrôler la Serra de Tramuntana.

Au xe siècle, la population locale résista ici contre l'invasion arabe pendant plus de huit ans. Au XIIIe siècle, ce sont les Arabes qui durent supporter dans cette enclave l'assaut des Catalans, avant de capituler plusieurs années après, en échange de la promesse de respecter leur vie et leur liberté pour cultiver leurs terres. En 1285, Alphonse d'Aragon usurpa le pouvoir à Jacques II de Majorque, mais la garnison du château resta fidèle à son roi. Deux soldats furent particulièrement courageux : Guillem Bassa et Guillem Cabrit furent emprisonnés puis brûlés sur la place publique, après s'être moqués du roi Alphonse.

PROMENADE À PIED

10 km (aller et retour)

CHÂTEAU D'ALARÓ

Il est accessible uniquement à pied, après une randonnée d'environ 3h 30. Depuis Alaró, suivre les indications vers le restaurant Es Verger, où il est possible de stationner le véhicule avant d'entreprendre la montée vers le château. Il dispose de chambres pour les visiteurs.
www.castellalaro.cat

▲ Château de Santueri

▲ Château del Rei

CHÂTEAU DE SANTUERI

C'est le château le mieux conservé de Majorque, à 7 km de Felanitx et à 400 m de hauteur. Il domine la baie de Portocolom, Portopetro et Cala Llonga. Au XIIIe siècle, les troupes de Jacques Ier réussirent à y déloger les Arabes. En 1285, les soldats qui le protégeaient le livrèrent à Alphonse d'Aragon.

C'est le style de château que dessinerait un enfant : perché sur une roche et qui semble inaccessible. La structure arabe du château fut rénovée au XIVe siècle : une tour cylindrique fut érigée près de l'entrée. À cette époque, le château était considéré comme une référence en matière de défense contre les attaques corsaires. Il a été restauré et est ouvert aux visiteurs. www.santueri.com

CHÂTEAU DEL REI

Cette forteresse isolée située au nord de Pollença, domine le paysage, perchée à 500 m de hauteur. À ses pieds, les vagues se jettent contre des falaises sauvages. Des vestiges de la culture talayotique et romaine ont été retrouvés aux alentours. Les Arabes résistèrent aux attaques des troupes chrétiennes pendant sept ans. Après la capitulation, le château passa aux mains du roi Jacques Ier, ce qui expliquerait son nom.

Il fut utilisé au XVIe siècle comme lieu de quarantaine ou lazaret pour accueillir les personnes touchées par la peste, puis fut réintégré au réseau des tours de surveillance. Il est aujourd'hui très détérioré, mais on apprécie toujours l'encastrement parfait de la muraille dans la roche.

PROMENADE À PIED

14 km (aller et retour)

VERS LE CHÂTEAU DEL REI

Quelques jours avant de monter au château, demander une autorisation à la mairie de Pollença, puisque le monument se trouve dans la propriété privée de Ternelles. La randonnée part du chemin de Ternelles, sur la route qui relie le Port de Pollença à Lluc. www.ajpollenca.net

▲ Valldemossa

LITTÉRATURE

De tout temps, la Serra de Tramuntana a attiré des écrivains talentueux. Ce paysage de montagnes élevées, parfois recouvertes de pins ou de chênes verts, parfois nues, avec une côte escarpée qui tombe à pic dans la mer ou s'ouvre sur des criques de rêve, est émouvant et invite à la création et à l'introspection, exalte les sentiments. Ces émotions transparaissent dans les œuvres d'artistes qui vécurent à Valldemossa, Deià ou Pollença, et qui firent briller ces villages d'une véritable splendeur artistique pendant de longues périodes.

LE ROMANTISME A VALLDEMOSSA

La ligne assurant le trajet Barcelone-Palma sur le bateau à vapeur *El Mallorquín* fut inaugurée en 1837. Un an plus tard, le couple formé par l'écrivain **George Sand** — pseudonyme d'Amandine Aurore Lucie Dupin, barone Dudevant — et le musicien polonais **Frédéric Chopin** débarquèrent sur l'île. Ils se logèrent à la **Chartreuse** de Valldemossa, alors convertie en résidence pour les bourgeois et les étrangers. Les chambres qu'ils occupèrent à l'époque peuvent être visitées. Chopin y composa des préludes et des nocturnes.

George Sand décrivit les expériences et les contrariétés de leur séjour dans *Un hiver à Majorque*. Ce livre reflète également sa vision négative de la population locale et les émotions provoquées par le paysage : « Tout ce que le poète et le peintre peuvent rêver, la nature l'a créé en cet endroit ».

Offices du tourisme
Valldemossa
Av. de Palma, 7
Tél. 971 612 019
oficinaturisme@
valldemossa.es
Pollença
Sant Domingo, 17
Tél. 971 535 077
Cala Sant Vicenç
Pl. Cala Sant Vicenç
Tél. 971 533 264
Renseignements touristiques
www.pollensa.com
www.culturapollensa.com
www.valldemossa.com
www.cartujadevalldemo
ssa.com

▲ Miramar

▲ Son Marroig

MIRAMAR, RÊVE DE RAMON LLULL

Miramar est situé sur la côte entre Valldemossa et Deià. Ce monastère a été fondé par **Ramon Llull** pour former des missionnaires dans la langue arabe et l'*Art Lul·liana* pour convaincre, et non pas vaincre, les infidèles. L'œuvre de Llull, né à Palma en 1232, joua un rôle fondamental dans la culture médiévale et la formation de la littérature catalane. Elle est constituée de plus de 200 ouvrages abordant différents sujets. Il était marié et avait des enfants, c'était un serviteur du roi Jacques II de Majorque, lorsqu'il décida de se consacrer à l'apostolat. Il apprit l'arabe et les préceptes de la doctrine musulmane.

L'ARCHIDUC ET SON MARROIG

Vers le milieu du XIXe siècle, Miramar fut racheté par l'**archiduc Louis-Salvador de Habsbourg-Lorraine**, un noble érudit amoureux de la beauté des Baléares, où il exerça des fonctions d'anthropologue, de mécène, de scientifique encyclopédique et de minutieux naturaliste. *Die Balearen* est un recueil des recherches les plus exhaustives réalisées sur les îles. Il acheta d'autres propriétés de la région, comme **Son Marroig**, où il passa de longues heures à contempler **Sa Foradada**. Ces contemplations sont reflétées dans le volume *Songes d'été au bord de la mer* : « Dans cette solitude du rivage, la voix de l'homme dérange presque et ici, quand deux personnes parlent, elles le font à voix basse, comme si elles avaient peur de briser ce silence pur ».

▲ Deià

▲ Rue pavée de Deià

LE DEIÀ DE GRAVES

Robert Graves, poète, romancier et érudit britannique, s'installa à Deià en 1929 avec sa compagne, la poétesse nord-américaine Laura Riding. La Guerre Civile l'obligea à quitter Majorque en 1936, mais il y revint en 1945 pour ne plus jamais en repartir. Il écrivit la plupart de ses livres à Deià : plusieurs éditions de poèmes et de nombreux livres en prose, comme *Moi, Claude* et l'essai *La déesse blanche*. L'écrivain était également très attaché à la crique de **Llucalcari**, où il écrivit ses *Vingt-et-un poèmes d'amour*. Il se définissait lui-même comme un poète, comme l'indique la pierre tombale sous laquelle il repose, au **cimetière de Deià**, où il fut enterré en décembre 1985. **Ca n'Alluny**, sa résidence pendant de nombreuses années, se trouve sur la route qui mène à Sóller. Cette maison-musée dédiée à l'écrivain est désormais ouverte au public.

Avant la Guerre Civile espagnole, Deià vécut des années de prospérité culturelle, et était une destination à la mode pour des artistes du monde entier. Ce village de montagne accueille toujours des artistes qui y trouvent l'inspiration pour leurs créations.

GERTRUDE STEIN
Écrivain nord-américaine, elle séjourna à Majorque entre 1915 et 1916. Elle décrit dans son autobiographie *La vie d'Alice B. Toklas* sa vie dans le quartier d'El Terreno à Palma. C'est elle qui recommanda à Robert Graves de s'installer sur l'île.

AGATHA CHRISTIE
Elle passa l'été 1932 à Pollença, ce qui inspira son roman *Le second coup de gong* (*Problem at Pollença Bay*). Deux établissements du Port de Pollença se disputent encore aujourd'hui l'honneur d'avoir accueilli la reine du mystère.

▲ Cap de Formentor

MARIO BENEDETTI
Le poète uruguayen passa deux ans à Majorque à la fin des années 1970. Cependant, à cause de son asthme, ses médecins lui recommandèrent d'aller vivre dans un climat plus sec. Il continua cependant à séjourner sur l'île à plusieurs reprises.

JULIO CORTÁZAR
Un passage du récit *El rayo Verde* (Le rayon vert) de l'écrivain argentin se déroule à Son Marroig : « C'était une étincelle d'un vert intense, c'était un rayon vert même si ce n'était pas un rayon, c'était le rayon vert, c'était Jules Verne qui me murmurait à l'oreille : Tu l'as vu finalement, espèce d'idiot ? ».

FORMENTOR, POINT DE RENCONTRE

L'hôtel Formentor, ouvert en 1929 et situé au cœur d'un très beau paysage, est un établissement traditionnel de luxe où ont séjourné des personnages illustres de tous les temps : Grace Kelly et le prince Rainier de Monaco, l'architecte suisse Le Corbusier, les acteurs John Wayne, Peter Ustinov, Charles Chaplin et Audrey Hepburn, ou des personnalités comme le Dalaï-Lama, Winston Churchill ou Yasser Arafat.

Il a également hébergé de nombreux écrivains. Les premières **Conversations poétiques** eurent lieu en 1959. Ces réunions d'écrivains étaient fréquentées par Vicente Aleixandre, Dámaso Alonso, Gerardo Diego, José Hierro, Gabriel Celaya, J. Gil de Biedma, J. A. Goytisolo, etc. Peu après, les **Colloques internationaux sur le roman** furent organisées, et débouchèrent en 1961 sur deux initiatives littéraires : le Prix Formentor et le Prix international de littérature. Les lauréats des deux premières éditions furent **Samuel Beckett** et **Jorge Luis Borges**.

Le **Prix Formentor** a été récupéré lors des dernières années. Il a été remis à Carlos Fuentes et à Javier Marías, entre autres. Les **Conversations de Formentor** ont lieu tous les mois, et rassemblent des écrivains du monde entier.

▲ Hotel Barceló Formentor

▲ Baldaquin de Gaudí dans la cathédrale

MODERNISME

L'Art nouveau arriva à Majorque entre la fin du XIXe siècle et le début du XXe siècle grâce à des architectes catalans comme Gaudí — chargé de rénover la cathédrale — ou Domènech i Montaner, créateur du Gran Hotel de Palma. La révolution industrielle insuffla à la nouvelle bourgeoisie de Majorque le désir de bâtir une culture moderne et cosmopolite. Ces envies étaient partagées par des architectes locaux tels que Gaspar Bennàssar, Jaume Alenyar, Francesc Roca ou Guillem Reynés. Palma et Sóller possèdent de véritables joyaux architecturaux érigés dans le cadre de cet esprit novateur et créatif qui traversait l'Europe à l'époque.

PALMA COSMOPOLITE

La contribution du courant moderniste la plus remarquable de la capitale est la rénovation de l'intérieur de la **cathédrale de Majorque** par **Gaudí** entre 1904 et 1915. Cette intervention fut critiquée à l'époque car elle supposa la destruction d'éléments patrimoniaux comme le *Corredor dels Ciris*, de style mudéjar. Elle fut cependant appréciée, notamment grâce à la décoration du presbytère avec un revêtement en céramique, l'installation d'une balustrade, de lampes et de deux baldaquins sur l'autel principal.

Le Parlement des îles Baléares se trouve dans la rue Conqueridor. Il occupe les installations de l'ancien **Cercle Mallorquí**, siège social de la bourgeoisie majorquine de la fin du XIXe siècle et du début du XXe siècle, où étaient organisées des conférences, des réunions, des concerts et des auditions musicales. Il a été rénové en 1913 par l'architecte catalan **Miquel Mado-**

CIRCUIT DU MODERNISME A PALMA

La visite des principaux monuments modernistes de la ville s'inscrit dans une agréable promenade au centre-ville.

1 CATHEDRALE
2 PARLEMENT BALEARE
3 CAN CORBELLA
4 CAN CASASAYAS
5 PENSIÓN MENORQUINA
6 GRAN HOTEL
7 FORN DES TEATRE
8 CAN FORTEZA-REY

▲ Casal Solleric

Renseignements touristiques
OIT Palma
Casal Solleric
Passeig del Born, 27
Palma
Tél. 902 102 365
www.palmademallorca.es
OIT Sóller
Pl. d'Espanya, 15
Sóller
Tél. 971 638 008
www.visitsoller.com

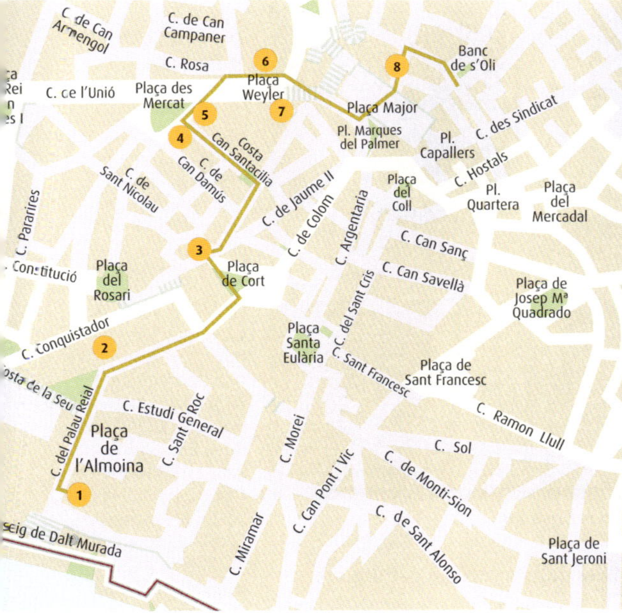

▲ Can Casasayas et Pensión Menorquina

À NE PAS MANQUER

CAN PRUNERA
MUSÉE *MODERNISTE*
Ce musée situé dans une maison *moderniste* de Sóller expose une partie de son mobilier original et une collection de tableaux du XIXe et du XXe siècles, avec des œuvres de Joan Miró, Toulouse-Lautrec, Paul Klee, Santiago Rusiñol et Ritch Miller, entre autres.
www.canprunera.com

rell i Rius, qui orna la façade d'une composition symétrique, de décorations florales sur les fenêtres, les colonnes et les chapiteaux.

L'un des exemples les plus représentatifs de l'architecture moderniste est **Can Corbella**, sur la Plaça de Cort. Il s'agit d'une maison couronnée d'une petite tour octogonale, et rénovée à la fin du XIXe siècle par **Nicolás Lliteras**. Le rez-de-chaussée, destiné aux activités commerciales, comporte des arcs en fer à cheval et des vitraux colorés. Au-dessus, une façade en bois à trois étages, superposée à l'ancien bâtiment.

Il existe d'autres constructions remarquables, érigées entre 1908 et 1911 par **Francesc Roca i Simó** : **Can Casasayas** et la **Pensión Menorquina**, sur la Plaça del Mercat. Leur structure est identique : un rez-de-chaussée et quatre étages, avec de magnifiques ornements en fer forgé sur les balcons. L'influence de Gaudí est clairement perceptible sur les arcs des ouvertures et les formes ondulées de l'ensemble.

▲ Forn des Teatre

▲ Gran Hotel

▲ Can Forteza Rey

La première construction moderniste réalisée dans la ville se trouve sur la Plaça de Weyler : le **Gran Hotel**, symbole de la foi naissante dans le tourisme en tant que moteur de développement économique. Construit entre 1901 et 1903 selon une idée de **Lluís Domènech i Montaner**, il devint une référence en matière de confort à l'époque, puisqu'il disposait d'un ascenseur, de salles de bains dans les chambres, de chauffage et d'électricité. La façade est décorée de balcons ronds et d'ornements représentant des formes florales, humaines, animales et héraldiques. Il est aujourd'hui le siège du CaixaForum Palma.

En face, la boulangerie **Forn des Teatre**, encore ouverte actuellement, montre l'influence de l'Art nouveau dans la décoration d'un local commercial. Des panneaux en bois encadrent la vitrine, formant des ondulations avec des motifs végétaux et floraux. Une œuvre minutieuse et pleine de détails, avec un petit dragon doré sur la porte et un aigle sur la fenêtre. **Can Forteza-Rey** se trouve dans la rue de Ses Monges toute proche. C'est un bâtiment de logements de style moderniste, dont la façade a été conçue par Forteza-Rey lui-même, avec une décoration abondante, à base de carreaux de faïence polychrome brisés et disposés de façon irrégulière (*trencadís*), comme le pratiquait Gaudí.

LA PROSPERITE DE SOLLER

L'influence du modernisme à Sóller est visible dès la sortie du train, dans la gare de chemin de fer (**Estació del Ferrocarril**), une ancienne maison du XVIIe siècle transformée en gare ferroviaire au début du XXe siècle. Les travaux de 1911-1912 apportèrent au bâtiment des détails décoratifs de style *moderniste* sur

HERMEN ANGLADA CAMARASA

Une magnifique collection permanente de ce peintre catalan se trouve au Gran Hotel, siège de CaixaForum Palma. Ce représentant du mouvement postimpressionniste vécut à Majorque de 1915 jusqu'à sa mort en 1959 au Port de Pollença. www.obrasocial.lacaixa.es

SANTIAGO RUSIÑOL

Artiste catalan appartenant au mouvement moderniste (1861-1931), qui séjourna plusieurs fois à Majorque pour en peindre les paysages. Il en écrivit un témoignage idyllique dans son livre *L'illa de la calma* (L'île du calme). Quelques-unes de ses œuvres sont exposées aux musées Es Baluard et Can Prunera. www.esbaluard.org www.canprunera.com

▲ Banque de Sóller

▲ Can Prunera

GRAN HOTEL SÓLLER
Bâtiment moderniste de Joaquín Pavía Birmingham, qui a également construit le bâtiment du Consell de Mallorca. Désormais rénové et converti en hôtel de luxe, il dispose d'un restaurant de cuisine méditerranéenne proposant un menu dégustation. www.granhotelsoller.com

TRAIN DE SÓLLER
Depuis 1912, ce train aux wagons en bois effectue la liaison quotidienne entre Palma et Sóller. Le trajet dure une heure. Pour traverser la chaîne montagneuse d'Alfàbia, le train parcourt un dénivelé de presque 200 m en 7 km. www.trendesoller.com

les portes et les fenêtres, outre des ornements en fer forgé.

Sóller a traversé plusieurs crises agraires qui conduisirent une partie de ses habitants à émigrer en France ou en Amérique du Sud au XIXe siècle. Lorsque la prospérité revint, certains de ces émigrants ayant fait fortune à l'étranger retournèrent dans leur ville natale, et certains rénovèrent leur maison selon des critères de l'Art nouveau qui régnait à l'époque en Europe. Ces grandes maisons sont encore visibles dans certains quartiers de la ville, comme **Can Ledesma**, dans la rue Reial, **Can Bell Esguard**, dans la rue de Can Vives ou **Can Prunera**, dans la rue de la Lluna, désormais convertie en **musée de l'Art nouveau**.

Cependant, les bâtiments les plus représentatifs de l'Art nouveau sont situés sur la vaste place de la Constitució : l'**église de Sant Bartomeu** et la **Banc (banque) de Sóller** ont toutes les deux été créées par un disciple de Gaudí, Joan Rubió i Bellver. Bien que la structure de l'église soit baroque, sa façade est de style Art nouveau, avec un portique à trois arcs en ogive. La Banque de Sóller a été créée en 1889 pour veiller sur le capital accumulé par les émigrants de retour dans leur ville natale. Ce bâtiment possède de nombreuses ouvertures, et une double tribune rappelant le style de Gaudí, un portail circulaire et des ornements en fer forgé sur les fenêtres. Les deux constructions ont été réalisées en pierre calcaire grise, extraite des carrières de Sóller.

▲ Atelier de poterie

ARTISANAT

Majorque entretient une tradition d'artisanat qui reste vivante grâce aux maîtres potiers, cordonniers, menuisiers ou fabricants de paniers en feuilles de palmier, qui élaborent de beaux objets avec patience et savoir-faire. Les objets d'artisanat en bois, en cuir ou en verre sont visibles dans des ateliers d'artisans, qui vendent également leurs produits dans des marchés et des salons.

POTERIE

La présence de la céramique à Majorque remonte à des temps immémoriaux : on a retrouvé des objets en céramique de l'époque prétalayotique. Le *siurell*, un sifflet en terre utilisé par les bergers, est un objet ancestral qui est toujours fabriqué par les potiers. Les ateliers de céramique sont concentrés à Pòrtol et à Sa Cabaneta, à Marratxí. Les artisans y élaborent des terrines, des pots, de la vaisselle, des tuiles, des santons et des objets artistiques confectionnés avec la terre rouge locale. Le Museu del Fang (musée de la terre cuite), à Sa Cabaneta, rassemble une collection impressionnante de céramiques. La Foire de la terre cuite a lieu tous les ans en mars et réunit des potiers locaux et du reste de l'Espagne.

POTERIE
Ollers. Associació de Pòrtol. Museu del Fang
Carrer del Molí, 4
Sa Cabaneta (Marratxí)
Tél. 971 797 624
www.ollersdeportol.com

VERRE
Gordiola
Route de Palma à Manacor, km 19
Algaida
Tél. 971 665 046
www.gordiola.com
Menestralia
Route de Palma à Alcúdia, km 36
Campanet
Tél. 971 877 104
www.menestralia.es
La Fiore
Route de Valldemossa, km 11
S'Esglaieta
Tél. 971 610 140
www.lafiore.com

TOILES MAJORQUINES
Teixits Riera
Major, 50
Lloseta
Tél. 971 514 034
www.teixitsriera.com
Teixits Vicens
Rotonda Can Berenguer, s/n
Pollença
Tél. 971 530 450
www.teixitsvicens.com
Artesania Textil Bujosa
Bernat de Santa Eugènia, 53
Santa Maria
Tél. 971 620 054
www.bujosatextil.com

PALMIER TRESSE
Mimbrería Vidal
Corderia, 17
Palma
Tél. 971 724 277

BOIS D'OLIVIER
Olivart
Route Palma-Manacor, km 47
Manacor
Tél. 971 847 232
www.olivart-mallorca.com
Artesanía del Olivo
Bon Jesús, 10
Consell
Tél. 971 622 158
www.artesaniadelolivo.com

▲ Verre soufflé

▲ Vannerie traditionnelle

CHAUSSURES

Inca est le centre de production de chaussures le plus important de Majorque, avec des marques désormais connues dans le monde entier, appréciées pour leur qualité et leur style innovant, et qui disposent de magasins et d'outlets dans cette ville. www.incaturistica.es

VERRE SOUFFLE

Les souffleurs de verre à Majorque connurent leur âge d'or à l'époque de la domination grecque et carthaginoise. Plusieurs siècles plus tard, les Majorquins importèrent la technique des souffleurs de verre de Venise. Au XVIIIe siècle, cet artisanat local devint particulièrement florissant grâce aux ateliers de Can Gordiola, qui élaborent toujours des lampes et de la vaisselle, d'une qualité reconnue dans le monde entier. Cet artisanat est toujours pratiqué dans des usines où des artisans élaborent des pièces singulières par leur irrégularité. Ils donnent naissance à des objets uniques.

BOIS D'OLIVIER

Le bois d'olivier, soyeux et très résistant, est apprécié pour ses veines, qui reflètent les longs cycles de croissance de l'arbre. Ce bois permet d'élaborer des objets utiles et décoratifs comme des mortiers, des cuillères, des récipients, des planches ou des pots à sel.

TOILES DE *LLENGOS* ET FEUILLES DE PALMIERS TRESSEES

La *roba de llengos* est un tissu similaire aux *ikats* orientaux, mais qui est devenu caractéristique de Majorque. Il s'agit de toiles de lin, de coton ou de soie teintes à la main, avec des dessins de couleurs vives. Ces toiles résistantes servent à la confection de serviettes de toilette, de linge de table, de rideaux ou pour la tapisserie de chaises ou de canapés.

Le palmier nain (*Chamaerops humilis*) est le seul palmier européen. Le tressage de ses fibres permet d'élaborer des cabas, des paniers, des tapis ou des chapeaux. C'est un artisanat caractéristique des villages d'Artà et de Capdepera.

▲ Toiles de *llengos*

▲ Fundació Pilar et Joan Miró

ART CONTEMPORAIN

En raison de sa situation stratégique au milieu de la Méditerranée, Majorque a toujours été un carrefour de civilisations qui l'ont enrichie par de multiples influences culturelles. Les cultures les plus pacifiques sont apparues lors des siècles des communications, le XIXe siècle et le XXe siècle, lorsque des artistes du monde entier découvrirent l'île et ses paysages, qui imprégnèrent durablement leurs œuvres. Certains y établirent même leur résidence, comme Joan Miró. Cet environnement créatif favorise l'inspiration d'artistes contemporains tels que Miquel Barceló. Voici un parcours essentiel pour découvrir l'art contemporain de Majorque.

FONDATIÓ PILAR I JOAN MIRÓ

En 1981, Joan Miró et son épouse, Pilar Juncosa, léguèrent les ateliers de l'artiste à la fondation, ainsi que les tableaux, les objets et les documents qu'ils contenaient. L'atelier où l'artiste travailla entre 1956 et 1983 avait été créé par l'architecte rationaliste catalan Josep Lluís Sert. Plus tard, Miró acheta Son Boter, maison du XVIIIe siècle qu'il utilisa comme atelier et comme support pour dessiner des graffitis au fusain sur les murs. Les œuvres de Miró sont exposées dans un bâtiment conçu par Rafael Moneo. Des expositions temporaires d'artistes émergents y sont également organisées.

i

MUSÉES ET FONDATIONS

Fundació Pilar i Joan Miró
Palma de Majorque
Saridakis, 29
Cala Major
Tél. 971 701 420
www.miro.palmademallorca.es

Es Baluard
Musée d'art moderne et contemporain
Palma de Majorque
Pl. de la Porta de Santa Catalina, 10
Tél. 971 908 200
www.esbaluard.org

Musée Fondation Juan March
Palma de Majorque
Sant Miquel, 11
Tél. 971 713 515 / 710 428
www.march.es

Fondation Bartolomé March
Palma de Majorque
Palau Reial, 18
Tél. 971 711 122
www.fundacionbmarch.es

Musée de Pollença
Pollença
Guillem Cifré de Colonya, s/n
Tél. 971 531 166
www.ajpollenca.net

Fondation Yannick et Ben Jakober
Alcúdia
Sa Bassa Blanca
Tél. 971 546 915 / 549 880
www.fundacionjakober.org

Centre Culture Andratx
Estanyera, 2
Andratx
Tél. 971 137 770
www.ccandratx.com

Museu i Fons Artístic de Porreres
Porreres
Prevere Agustí Font
Tél. 971 166 617
www.porreres.cat

▲ Es Baluard

▲ Musée Fundation Juan March

À NE PAS MANQUER

LA CATHEDRALE DE GAUDÍ ET BARCELÓ P. 25

Au début du XXe siècle, Antoni Gaudí entreprit une rénovation de la cathédrale. Il décora le presbytère et orna le monument de décorations en fer forgé. En 2007, Miquel Barceló appliqua un revêtement en céramique sur la chapelle du Santíssim.
www.catedraldemallorca.info

ES BALUARD MUSÉE D'ART MODERNE ET CONTEMPORAIN

La collection permanente de ce musée rassemble des œuvres d'artistes et de mouvements artistiques qui se sont croisés dans les Baléares depuis le début du XXe siècle : Joaquim Mir, Santiago Rusiñol, Anglada Camarasa ou Sorolla. Les courants avant-gardistes sont matérialisés par des œuvres de Picasso, Miró, Juli Ramis et Wifredo Lam, entre autres.
La diversité des langages de l'art contemporain est exprimée par Marina Abramovic, Miquel Barceló, Ramon Canet, Maria Carbonero ou Toni Catany. La visite s'achève par une promenade sur la terrasse supérieure, l'un des bastions des vieilles murailles, avec des vues exceptionnelles sur Palma.

MUSÉE FONDATION JUAN MARCH

Il s'agit sans doute de l'une des meilleures collections d'art espagnol du XXe siècle, avec des artistes significatifs des premières vagues d'avant-garde, comme Picasso, Miró, Juan Gris ou Salvador Dalí, ainsi que des œuvres représentatives des mouvements de la moitié du XXe siècle et des générations récentes. Le musée présente également des expositions temporaires d'artistes rattachés à la collection, contemporains et issus des principales tendances de la modernité.
Il est situé dans un bâtiment du XVIIe siècle, agrandi et rénové à plusieurs reprises.

S'HORT DES REI

Les jardins de S'Hort des Rei s'étendent au pied de l'Almudaina. Cet ancien potager royal est désormais embelli par des jeux d'eau et des sculptures de Josep Maria Subirachs, Alexander Calder ou Joan Miró.

▲ Fondation Bartolomé March

▲ Fondation Yanick et Ben Jakober

FONDATION BARTOLOMÉ MARCH

C'est un palais imposant construit au XXe siècle sur le terrain jadis occupé par le couvent de Santo Domingo. La fondation accueille une collection spectaculaire de sculptures contemporaines des artistes Henry Moore, Barbara Hepworth, Max Bill, Pietro Consagra, Apel·les Fenosa, Francisco Otero Besteiro ou Eduardo Chillida, entre autres. Elle présente également des peintures murales de Josep Lluís Sert, une crèche napolitaine du XVIIIe siècle et une collection de cartographie majorquine du XIVe et XVe siècle.

FONDATION YANICK ET BEN JAKOBER

Ces deux artistes qui résident sur l'île ont créé leur fondation dans la magnifique propriété de Sa Bassa Blanca à Alcúdia. Le bâtiment central a été réalisé par l'architecte égyptien Hassan Fathy, et réunit des œuvres de Domenico Gnoli, Rebecca Horn, Fabrizio Plessi, Alan Rath, Miralda, Meret Oppenheim, Takis et Ben Jakober. L'espace SoKrates montre des objets extraordinaires, comme un rideau de Swarovski, des masques anciens, des objets exotiques et des œuvres de Miquel Barceló, Gerhard Merz et Dolores Vita. Une collection exceptionnelle de portraits d'enfants du XVIe siècle au XIXe siècle est exposée en permanence, et la fondation possède un beau jardin de roses.

MUSÉE DE POLLENÇA

Cet espace culturel est situé dans l'ancien couvent des dominicains, construit entre le XVIe et le XVIIe siècle. Sa collection d'art contemporain provient du Concours international d'arts plastiques de Pollença, créé dans les années 1960 pour promouvoir

MIRÓ ET PICASSO A SÓLLER

La gare de chemin de fer de Sóller accueille une exposition permanente de céramiques de Picasso et la collection *Miró a Sóller*, constituée par les séries *Càntic al Sol* (1975), *Archipel sauvage* (1970), *Les gens de la mer* (1981) et *Maja Negra* (1973). www.trendesoller.com

▲ Gare de chemins de fer de Sóller. Collection *Miró a Sóller*

les nouveaux langages et manifestations de l'art. Elle est régulièrement enrichie de nouvelles acquisitions. En outre, elle présente la collection de paysages d'Atilio Boveri, qui vécut à Majorque entre 1912 et 1915.

MUSÉE ET FONDS ARTISTIQUE DE PORRERES

Situé dans le bâtiment de l'ancien hôpital, il constitue l'une des collections d'art contemporain les plus complètes de Majorque, avec des œuvres de Cándido Ballester, Dionís Bennàssar, Jim Bird, Remigia Caubet, Coll Bardolet, Dalí, Macedowski, Riera Ferrari et Tarrassó, entre autres.

SA TORRE CEGA

Ce palais situé à Cala Rajada est ouvert au public, et ses jardins accueillent une collection unique de sculptures du XXe siècle d'artistes comme José Manuel Alberdi, Francisco Otero Besteiro, José María Sirvent, etc.
www.fundacionbmarch.es

CENTRE CULTURE ANDRATX

C'est un des plus grands centres d'art contemporain des Baléares, qui mène à bien un programme de résidences accueillant des artistes nationaux et internationaux. Fondé en 2001 par Jacob et Patricia Asbaek, il est situé dans un bâtiment de style minimaliste intégré dans le paysage, avec des références à l'architecture traditionnelle. On y réalise des expositions, des activités, des séminaires et des visites guidées pour les collectionneurs et les amateurs d'art pendant toute l'année.

▲ Sanctuaires de Sant Salvador

SANCTUAIRES

Des sanctuaires ont été érigés dans des lieux considérés sacrés même avant l'arrivée du christianisme. Situés sur les hauteurs, au cœur de paysages magnifiques, ils invitent à profiter de la nature et à s'adonner à la contemplation. Ils sont souvent entourés de légendes et de mystère. Parfois, les cellules monacales ont été transformées en confortables chambres d'hôtes, accompagnées de restaurants. Le sanctuaire de Lluc est l'un des représentants les plus importants de ces lieux spirituels de Majorque, situés près de villages chargés de traditions, entourés de sentiers qui s'enfoncent dans la montagne ou débouchent sur la mer, et qui peuvent être parcourus à pied ou à bicyclette.

SANCTUAIRE DU PUIG DE MARIA

Ce sanctuaire daté de 1348 a été érigé à 330 m au-dessus du niveau de la mer, lorsqu'une épidémie de peste s'abattit sur Pollença. La légende raconte qu'il a été construit à l'endroit où trois ermites, au milieu du XIVe siècle, furent témoins d'une apparition de la Vierge.

▲ Sanctuaire du Puig de Maria

À NE PAS MANQUER

SANCTUAIRE DE LLUC
P. 91

Sanctuaire de Lluc
Escorca
Tél. 971 871 525
www.lluc.net

Sanctuaire du Puig de Maria
Pollença
Tél. 971 184 132
www.ajpollenca.net

Sanctuaire de Sant Salvador
Felanitx
Tél. 971 827 282
www.visitfelanitx.es

Sanctuaire de Bonany
Petra
Tél. 971 561 101
www.visitplademallorca.net

Sanctuaire de Cura
Algaida
Tél. 971 660 994
www.santuaridecura.org

Sanctuaire de Monti-sion
Porreres
Tél. 971 120 260

▲ Sanctuaire de Cura

▲ Sanctuaire de Monti-sion

SANCTUAIRE DE SANT SALVADOR

Le Puig de Sant Salvador (182 m), habité par les premiers habitants de l'île au IIe siècle av. J.-C., fut transformé en mosquée et en forteresse pendant la domination arabe. Le bâtiment actuel a été construit au XIXe siècle après une épidémie de peste. Il conserve une statue romane de la Vierge.

SANCTUAIRE DE CURA

Cette construction du XVe siècle couronne le Puig de Randa. La grotte où Ramon Lull se retira se trouve à proximité. Selon la tradition, sa mission lui apparut sous la forme d'un texte écrit sur les feuilles d'un lentisque. Ce sanctuaire fut le siège du premier Collège de grammaire latine, actif jusqu'en 1826.

SANCTUAIRE DE MONTI-SION

Cet oratoire du XVe siècle, rénové ultérieurement, est situé à proximité de Porreres. Au XVIe siècle, il hébergea un Collège de grammaire latine pouvant accueillir plus de cent élèves. Il possède un cloître pentagonal et un important retable gothique.

▲ Sanctuaire de Bonany

SANCTUAIRE DE BONANY

Ses origines remontent à un oratoire du XVIIe siècle où une Vierge légendaire était vénérée : cachée dans une grotte par des chrétiens pour la sauver de l'invasion arabe, elle fut récupérée après la conquête catalane de 1229. C'est probablement le dernier temple où Fra Juníper Serra fit un sermon.

◂ Sa Dragonera vue du belvédère de La Trapa

TOURISME ACTIF

LOISIRS EN FAMILLE ET ACTIVITÉS D'AVENTURE

Que faire à Majorque ? Il existe une multitude d'activités pour satisfaire tous les besoins. L'immensité de la mer peut être parcourue à bord d'un voilier, ou en pratiquant des sports comme le standing paddle ou le kayak, qui permet d'accéder à des criques inaccessibles par la terre. C'est un plaisir de plonger dans des eaux transparentes et oxygénées par la plante marine *Posidonia oceanica*. Des parcs à thème et des parcs aquatiques assurent de bons moments en famille. Les passionnés de randonnée et de montagne peuvent parcourir ces paysages à pied, à vélo ou à cheval par des itinéraires balisés, souvent solitaires, qui offrent les meilleures vues panoramiques sur l'île. Et ceux qui recherchent des émotions fortes les trouveront dans les airs, à bord d'une montgolfière, ou en sautant en parachute ou en parapente. Ils auront Majorque à leurs pieds ! Plusieurs terrains de golf permettent d'associer le sport et la nature.

SPORTS NAUTIQUES → P. 284
PLONGÉE SOUS-MARINE → P. 286
PARCS AQUATIQUES → P. 287
CYCLOTOURISME ET VTT → P. 288
EQUITATION → P. 289
RANDONNÉE (*RUTA DE LA PEDRA EN SEC*) → P. 290
ACTIVITÉS AÉRIENNES → P. 294
GOLF → P. 295

SPORTS NAUTIQUES,
LOCATION DE BATEAUX ET CROISIÈRES SUR LA COTE

Majorque vue de la mer est tout à fait différente, avec un littoral plein de recoins invisibles depuis la terre ferme. Les activités proposées sont infinies : louer un bateau ou partir en croisière, pratiquer la voile, le surf, la planche à voile, le kitesurf, le standing paddle, le kayak... Les clubs nautiques offrent toutes les informations nécessaires pour trouver les activités qui vous conviennent le mieux.

SPORTS NAUTIQUES

ALCÚDIA
Kite Mallorca
Tél. 696 264 729
www.kite-mallorca.com
Sports & Nature Alcudiamar
Tél. 619 169 171
www.sailingmallorca.com
Watersports Mallorca
Tél. 606 353 807
www.watersportsmallor-ca.com

ANDRATX
Club de Vela Port d'Andratx
Tél. 971 671 721
www.cvpa.es

ARTÀ
Club Nàutic Colònia de Sant Pere
Tél. 971 589 118
www.cncoloniasp.com

CALVIÀ
Club Nàutic Palmanova
Tél. 971 681 055
cnpc@eresmas.com
Club Nàutic Santa Ponça
Tél. 971 694 950
cnsp@arrakis.es
Port Adriano
Tél. 971 232 494
www.portadriano.com
Port de Portals Vells
Tél. 971 453 555
Port de Puerto Portals
Tél. 971 171 100
www.puerto-portals.com

CAMPOS
Club Nàutic La Ràpita
Tél. 971 640 001
www.cnrapita.com

CAPDEPERA
Club Nàutic Cala Rajada
Tél. 971 564 019
port.calarajada@portsib.es

FELANITX
Club Nàutic Portocolom
Tél. 971 824 568
www.cnportocolom.com

LLUCMAJOR
Club Nàutic s'Arenal
Tél. 971 440 142
www.cnarenal.com
Club Nàutic s'Estanyol
Tél. 971 640 085
www.cnestanyol.es

MANACOR
Club Nàutic Porto Cristo
Tél. 971 821 253
www.cnportocristo.com

PALMA
Asociación Aprende a Navegar
Tél. 971 890 096
www.asociacionaprendea-navegar.es
Bonaona, surf school & bar
Tél. 619 749 271 / 971 261 261
www.bonaona.com
Club de Mar
Tél. 971 403 611
www.clubdemar-mallorca.com
Club Marítim Molinar de Llevant
Tél. 971 249 460
www.cmmolinardelevante.com
Club Marítim Sant Antoni de la Platja
Tél. 971 745 076
www.cmsap.com
Club Nàutic Cala Gamba
Tél. 971 261 849
www.cncg.es
Club Nàutic de Palma
Tél. 971 726 848
www.rcnp.es
Club Nàutic Portitxol
Tél. 971 242 424
www.cnportitxol.com
El Niño Surf Center Mallorcapaddlesurf
Tél. 971 490 811
www.paddlesurfmallorca.com
Escola Nacional de Vela Cala Nova
Tél. 971 402 551
www.portcalanova.com
Kayak Mallorca
Tél. 971 919 152
www.kayakmallorca.com
Kitesurf Windsurf Mallorca
Tél. 971 890 096
www.kitesurfwindsurfmallorca.com
Mallorca Kayak
Tél. 971 535 248
www.mallorcakayak.com
Trentanodi
Tél. 634 373 038
www.30nodikitebar.com

POLLENÇA
Club Nàutic Bonaire
Tél. 971 548 316
marinabonaire@terra.es
Club Nàutic Port de Pollença
Tél. 971 864 635
www.rcnpp.net

SANTA MARGALIDA
Club Nàutic Can Picafort
Tél. 971 850 185
Club Nàutic Serranova "Es Mollet"
Son Serra de Marina
Tél. 971 854 182
www.cnserranova.com

SANTANYÍ
Club Nàutic Portopetro
Tél. 971 657 657
www.rcnportopetro.com
Marina de Cala d'Or
Tél. 971 657 070
marinacalador@ctv.es
Port de Cala Figuera de Santanyí
Tél. 971 645 242

SES SALINES
Club Nàutic Colònia de Sant Jordi
Tél. 971 656 224

SÓLLER
Club Nàutic Sóller
info@clubnauticsoller.es
www.clubnauticsoller.es
Nàutic Sóller
Tél. 609 354 132
www.nauticsoller.com

SON SERVERA
Port de Cala Bona
Tél. 971 586 256

VALLDEMOSSA
Mallorca Adventure Sports
Tél. 971 948 520
www.mallorcaadventuresports.com

LOCATION DE BATEAUX ET CROISIÈRES SUR LA COTE

ALCÚDIA
Alcúdia Sea Explorer
Tél. 640 513 929
www.alcudiaseaexplorer.com

ANDRATX
Charter a la carta
Tél. 622 195 543
www.charteralacarta.com
Cruceros Margarita
Tél. 639 617 545 / 629 606 614
www.crucerosmargarita.com
Llaüts
Tél. 654 158 923
www.llauts.com

CALVIÀ
Cruceros de Mallorca
Tél. 600 520 503
www.crucerosdemallorca.com

MANACOR
Delfín Negro
Tél. 664 671 582
www.excursiones-maritimas.com

MARRATXÍ
Almar Baleares Charter
Tél. 630 957 404
www.almarbaleares.com
Latitud Cero
Tél. 607 304 045
www.latitudcero.com

PALMA
Aigua Charter
Tél. 971 735 372
www.aiguacharter.com
Alboran
Tél. 971 901 991
www.alboran-charter.com
Cruesa
Tél. 971 282 821
www.cruesa.com
Cruceros Mansaya
Tél. 679 906 919
www.crucerosmansaya.com
Mallorca Exclusive Sea Tours
Tél. 971 405 826 / 610 522 222
www.mallorcaexclusive-seatours.com
Mallorca Nautic
Tél. 971 280 007
www.mallorcanautic.com
Mallorca Special Events
Tél. 619 418 410
www.mallorcaspecialevents.com
Marenostrum-Catamarans
Tél. 971 456 182
www.marenostrum-catamarans.com
Rafael Verdera
Tél. 609 602 827
www.rafaelverdera.com
Sal a navegar
Tél. 610 725 469
www.salanavegar.com
Viva Yatchcharter
Tél. 971 738 019
www.vivacharter.com

POLLENÇA
CM Charter Mallorca
Tél. 971 867 332
www.cmcharter.de
Nautinort
Tél. 971 868 115
www.nautinort.com

SANTANYÍ
Ancapi
Tél. 669 939 567
www.ancapi.es

SES SALINES
Excursions a Cabrera
Tél. 971 649 034
www.excursionsacabrera.es

SÓLLER
Barcos Azules
Tél. 971 632 435
www.barcosazules.com
Sóller Mar
Tél. 971 630 280
wwww.sollermar.com

SON SERVERA
Cruceros Barceló
Tél. 639 654 848
www.crucerosbarcelo.com

PLONGÉE SOUS-MARINE

Les fonds sableux ou rocheux et les grottes sous-marines alternent avec les prairies de *Posidonia oceanica*, plante marine qui regorge de vie, admirée par des plongeurs du monde entier. Les centres de plongée offrent de nombreuses activités, qui vont du baptême de plongée à des immersions dans des réserves marines peuplées de poissons.

ALCÚDIA
Skualo Alcúdia
Tél. 971 549 957
www.mallorcadiving.com

ANDRATX
Aqua Mallorca Diving
Tél. 971 674 376
www.aqua-mallorca-diving.com
Balear Divers
Tél. 971 674 217
www.baleardivers.com
El Buceo
Tél. 971 674 217
www.elbuceo.de
Scuba Activa
Tél. 971 239 102
www.scuba-activa.com

CALVIÀ
Big Blue Diving
Tél. 971 681 686
www.bigbluediving.net
Mar Balear Dive Center
Tél. 971 699 799
www.marbalear.com
OndineEscape
Tél. 638 027 260
www.ondineescape.com
ZOEA Mallorca
Tél. 971 691 444
www.zoeamallorca.com

CAPDEPERA
Albatros Diving
Tél. 971 586 807
www.albatros-diving.com
Skualo Cala Rajada
Tél. 971 564 303
www.mallorcadiving.com
Dive & Fun
Tél. 971 818 036
www.mallorcadiving.com
Top Dive
Tél. 639 745 555
www.dive1.net

FELANITX
Skualo Portocolom
Tél. 971 825 082
www.mallorcadiving.com

MANACOR
Skualo Porto Cristo
Tél. 971 815 094
www.mallorcadiving.com

MARRATXÍ
Aventura IB
Tél. 620 287 732
www.mallorcadiving.com

PALMA
Aventura IB
Tél. 871 574 937
www.bucearenmallorca.com
Curso de Buceo en Palma
Tél. 699 308 075
www.cursosdebuceoenpalma.com
Isurus
Tél. 971 730 943
www.isurussub.com
Oceanides Aquaventura
Tél. 971 910 052
www.oceanides-aquaventura.com
Siete Mares
Tél. 971 910 281
www.sietemares.com
Subdelmar
Tél. 633 103 829
www.subdelmar.com
West Coast Divers
Tél. 664 592 946
www.buceoenmallorca.com

POLLENÇA
Scuba Mallorca
Tél. 971 868 087
www.scubamallorca.com

SANTA MARGALIDA
Skualo Can Picafort
Tél. 971 852 700
www.mallorcadiving.com

SANTANYÍ
Petro Divers
Tél. 971 659 846
www.petro-divers.eu
Skualo Cala Figuera
Tél. 971 645 300
www.mallorcadiving.com

SÓLLER
Octopus-Mallorca
Tél. 971 633 133
www.octopus-mallorca.com
Marina Tramontana
Tél. 971 632 960
www.marinatramontana-divingcenter.com

PARCS AQUATIQUES,
PARCS À THÈME ET CENTRES D'AVENTURE

Les parcs aquatiques avec des toboggans vertigineux, ou des centres d'aventure aux tyroliennes survolant des bois, comme celui de Galatzó, réservent d'agréables moments de loisirs en famille. Un observatoire astronomique, une vallée pleine de dinosaures, un jardin de cactus ou un sous-marin révélant des secrets cachés sous l'eau sont quelques-unes des activités qui raviront tous les publics.

PARCS AQUATIQUES

ALCÚDIA
Hidropark
Tél. 971 891 672
www.hidropark.com

CALVIÀ
Aqualand Magaluf
Tél. 971 130 811
www.aspro-ocio.es
Western Park
Tél. 971 131 203
www.western-park.com

LLUCMAJOR
Aqualand El Arenal
Tél. 971 440 000
www.aspro-ocio.es

PARCS A THEME ET CENTRES D'AVENTURE

ALGAIDA
El Valle de los Dinosaurios
Tél. 971 126 589

CALVIÀ
Golf Fantasia
Tél. 971 135 040
www.golffantasia.com
Jungle Park
Tél. 630 948 295
www.jungleparc.es
Karting Magaluf
Tél. 971 131 734
www.kartingmagaluf.com
The House of Katmandu
Tél. 971 134 660
www.katmandupark.com
Marineland
Tél. 971 675 125
www.aspro-ocio.es
Submarino Nemo
Tél. 971 130 244
www.nemosub.com

COSTITX
Observatori Astronòmic de Mallorca
Tél. 971 513 344
www.oam.es

LLUCMAJOR
Mallorca en Arena
Tél. 971 446 090
www.mallorcarennarena.com

PALMA
Palma Aquarium
Tél. 971 264 275
www.palmaaquarium.com

PUIGPUNYENT
La Reserva Puig de Galatzó
Tél. 971 616 622
www.lareservamallorca.com

SANTA EUGÈNIA
Natura Parc
Tél. 971 144 532
www.fundacionaturaparc.org

SANTA MARGALIDA
Club Karting
Tél. 971 850 748
www.kartingcanpicafort.com

SES SALINES
Botanicactus
Tél. 971 649 494
www.botanicactus.com

CYCLOTOURISME ET VTT

Quelques équipes de cyclisme européennes choisissent Majorque comme piste d'entraînement au printemps et en automne, pour son climat doux et son réseau de presque 700 km de chemins et de routes départementales — dont 20 % en montagne — avec différents degrés de difficulté et de dénivelé. Plusieurs entreprises conseillent les cyclistes, leur proposent des circuits ou leur louent tout le matériel nécessaire.

FÉDÉRATION DE CYCLISME DES ÎLES BALÉARES
www.webfcib.es

Circuits à vélo
www.illesbalears.es
www.wikiloc.com

ALCÚDIA
Didis Coast Adventure
Tél. 617 075 764
www.coastadventure.net

FELANITX
Bicillevant
Tél. 971 825 498
www.bicillevant.com

MURO
Bicycle Holidays Max Hürzeler
Tél. 971 890 586
www.bicycle-holidays.com

PALMA
Bergantí Bikes
Tél. 971 744 096
www.bergantibikes.com
Palma on Bike
Tél. 971 918 988
www.palmaonbike.com
Palma lock and go
Tél. 971 716 417
www.palmalockandgo.com
Tramuntbike Mallorca
Tél. 608 310 998
www.tramuntbike.com

POLLENÇA
Bike & Kite
Tél. 622 788 878
Pollença Cycling
Tél. 971 866 119
www.pollensacycling.com

SÓLLER
Tramuntana Tours
Tél. 971 632 423
www.tramuntanatours.com

EQUITATION
ET PROMENADES À CHEVAL

Le rêve de se promener à cheval au bord de la mer ou le long de chemins de montagne est une expérience à la portée de tous. Il n'est pas nécessaire d'être un cavalier averti, puisque les centres équestres proposent des circuits adaptés à tous les niveaux, pour les débutants et les cavaliers chevronnés.

FÉDÈRATION D'EQUITATION DES ÎLES BALÉARES
www.fhbalear.com

ALCÚDIA
Ranxo Ses Roques
Tél. 971 892 809
www.ranxosesroques.com

ARTÀ
Club Hípic Artà
Tél. 646 549 691
www.clubhipicarta.com

BUNYOLA
Club Hípic Son Reus
Tél. 647 358 241
www.sonreus.galeon.com
La Gubia
Tél. 971 613 693
www.clubhipicolagubia.com
Real Club Escuela de Equitacion de Mallorca
Tél. 971 613 157
www.equitacionrceem.com
Son Molina Centre d'Equitació
Tél. 609 098 317
www.sonmolina.es

CALVIÀ
Es Pas
Tél. 971 670 651 / 639 660 032
www.club-equitacion-mallorca.com
Rancho La Romana
Tél. 971 687 160
www.rancholaromana.com

CAPDEPERA
Rancho Bonanza
Tél. 619 680 688
www.ranchobonanza.com

FELANITX
Son Menut
Tél. 971 582 920
www.sonmenut.com

MANACOR
Club Equitació Manacor
Tél. 971 557 266
www.clubequitacionmanacor.com

MARRATXÍ
Hípica Sa Fita
Tél. 669 431 395
www.hipicasafita.com

PALMA
Club Equitació Son Gual
Tél. 971 798 578
www.hipicasongual.com
Equitec Balear
Tél. 616 074 439
www.equitecbalear.com
La Caramera Western
Tél. 971 140 727
www.lacaramera.webs.com
Son Magraner
Tél. 619 031 973
www.sonmagraner.com

POLLENÇA
Club Equitació Pollença
Tél. 667 665 667

SANTA MARGALIDA
Rancho Can Picafort
Tél. 971 850 060 / 616 832 484
www.ranchocanpicafort.com
Rancho Grande
Tél. 971 854 121
www.ranchograndemallorca.com

SENCELLES
S'Hort Vell
Tél. 971 870 543 / 627 308 286
www.shortvell.com

SA POBLA
Hípica Formentor
Tél. 609 826 703
www.hipicaformentor.com

▲ Paysages uniquement accessibles à pied

RANDONNÉES

RUTA DE LA PEDRA EN SEC

Le circuit de randonnée le plus important de Majorque est la *Ruta de la Pedra en Sec* ou **GR-221**. Ce sentier de grande randonnée traverse la Serra de Tramuntana. Lorsque son aménagement sera achevé, il disposera de 271 km, répartis sur 8 tronçons de l'axe principal et 9 tronçons alternatifs. À la fin de chaque étape, le marcheur peut passer la nuit dans un refuge. Le trajet permet de découvrir des paysages modelés par la technique ancestrale de la pierre sèche, utilisée pour construire des murs ou des cabanes en pierre sans mortier. Ce circuit se rapproche souvent de la côte et des sommets les plus élevés de la chaîne montagneuse. Le point culminant est le **Coll de ses Cases de sa Neu**, à plus de 1 000 m d'altitude.

Le **GR-222** relie Artà à Lluc, les Serres de Llevant au cœur de la Tramuntana. L'itinéraire, qui disposera de 134 km praticables répartis en 5 étapes et 5 parcours alternatifs lorsque son aménagement aura été terminé, présente une grande diversité de paysages, comme le littoral presque vierge de la péninsule de Llevant, les zones dunaires de la baie d'Alcúdia, les espaces agricoles du Pla de Mallorca ou les terrasses des montagnes de Caimari.

Les passionnés de **marche nordique** peuvent se rendre au premier parc des Baléares consacré à ce sport à Alcúdia. Les offices de tourisme locaux fournissent toutes les informations nécessaires pour effectuer l'un des trois itinéraires balisés avec différents degrés de difficulté : le circuit d'Es Barcarés, celui de La Victòria et celui du Es Coll Baix.

GR-221

D'Andratx à Pollença, sur 90 km. Ce guide de randonnées propose d'effectuer le parcours en huit étapes, divisées en différents tronçons pour faciliter l'orientation. Les sentiers, les chemins, les logements et les sites à voir à chaque étape sont décrits.

TRIANGLE POSTALS
Version française
ISBN : 978-84-8478-623-8

▲ De nombreuses routes vont de la montagne à la mer

RUTA DE LA PEDRA EN SEC

GR-221 et GR-222
Renseignements, étapes et refuges :
www.conselldemallorca.net
www.gr221.info

MARCHE NORDIQUE

ALCÚDIA
Bureau d'informations touristiques
Tél. 971 549 022
www.alcudiamallorca.com

PALMA
Nordic Walking Palma
Tél. 653 688 986
www.nordicwalkingpalma.com

RANDONNÉES

ALARÓ
Mallorca Activities
Tél. 971 510 144
www.mallorcactivities.com

ARTÀ
Artà Move
Tél. 654 399 262
www.artamove.com

BINISSALEM
Escull Aventura
Tél. 691 230 291
www.escullaventura.com

CAPDEPERA
Karakorum Adventure
Tél. 610 344 702
www.karakorum-adventure.com

PALMA
Mallorca Top Activities
Tél. 971 552 355
www.mallorcatopactivities.com
Nordic Walking Palma
Tél. 653 688 986
www.nordicwalkingpalma.com

POLLENÇA
Experience Mallorca
Tél. 678 576 943
www.experience-mallorca.com
Món d'Aventura
Tél. 971 535 248
www.mondaventura.com
Trekking Tours
Tél. 971 864 073
www.trekkingtoursmallorca.com

SÓLLER
Tramuntana Tours
Tél. 971 632 423
www.tramuntanatours.com

BIRDWATCHING

PALMA
Balearic Shearwater Tours
Tél. 679 775 531
www.balearicshearwater-tours.com
Wildlife Mallorca
Tél. 640 344 192
www.wildlifemallorca.com

SÓLLER
BalearsWildlife
Tél. 679 775 531
www.balearswildlife.com

▲ Andratx

Mallorca Balloons

ACTIVITÉS AÉRIENNES

Voler comme un oiseau est possible à Majorque grâce à plusieurs modalités de vol : la lenteur et l'élégance d'un vol en montgolfière, l'immédiateté d'une promenade en avion de tourisme ou en hélicoptère, ou les émotions fortes d'un saut en parachute ou en parapente.

ALCÚDIA
École de Parapente Alfàbia
Tél. 622 600 900
www.parapentealfabia.com
Funny Beach
Parasailing
Tél. 609 621 469
www.funnybeachalcudia.com
Paragliding Mallorca
Tél. 633 342 843
www.paragliding-mallorca.com
Tandem Mallorca
Parapente
Tél. 616 173 402
www.mallorcaparapente.es

INCA
Aviació a les Aules
Tél. 619 720 206
www.aviacioalesaules.com

CALVIÀ
Twister Mallorca
Simulateur de saut en parachute
Tél. 650 709 394
www.twister-mallorca.com

CAPDEPERA
Illes Balears Ballooning
Tél. 607 647 647
www.balloningmallorca.net

MANACOR
Mallorca Balloons
Tél. 971 596 969
www.mallorcaballoons.com

PALMA
Club de Vol Mediterrani
Parapente
Tél. 666 410 616 / 971 735 746
www.clubdevolmediterrani.com
Illes Balears Ballooning
Tél. 607 647 647
www.ballooning-mallorca.com
Mallorca Extreme Sports
Tél. 649 751 222
www.mallorcaextremesports.com

MARRATXÍ
Panamedia
Avionetas
Tél. 971 601 749
www.panamedia.org
Rotorflug Helicopters
Tél. 971 593 069
www.rotorflug.com
Sky Helicópteros
Tél. 971 794 040
www.skyhelicopteros.com
Sloane Helicopters
Tél. 971 794 132
www.sloanemallorca.com

GOLF

Les golfeurs disposent de plusieurs terrains avec différents degrés de difficulté, à l'intérieur de l'île ou au bord de la mer. Il s'agit d'installations modernes, bien entretenues, dont certaines disposent d'excellents restaurants pour associer le sport et la gastronomie.

FÉDÉRATION BALÉARE DE GOLF
www.fbgolf.com

ALCÚDIA
Golf Alcanada
Tél. 971 549 560
www.golf-alcanada.com

ANDRATX
Golf d'Andratx
Tél. 971 236 280
www.golfdeandratx.com

ARTÀ
Capdepera Golf
Tél. 971 818 500
www.golfcapdepera.com

BUNYOLA
Golf Son Termens
Tél. 971 617 862
www.golfsontermens.com

CALVIÀ
Golf de Poniente
Tél. 971 130 148
www.ponientegolf.com
Golf Santa Ponsa I
Tél. 971 690 211
www.golf-santaponsa.com
Golf Santa Ponsa II
Tél. 971 232 531
www.golf-santaponsa.com
Golf Santa Ponsa III
Tél. 971 232 531
www.golf-santaponsa.com
Real Golf de Bendinat
Tél. 971 405 200
www.realgolfbendinat.com

CAPDEPERA
Canyamel Golf
Tél. 971 841 313
www.canyamelgolf.com

FELANITX
Vall d'Or Golf
Tél. 971 837 001
www.valldorgolf.com

LLUCMAJOR
Golf Maioris
Tél. 971 748 315
www.golfmaioris.es
Golf Son Antem Este
Golf Son Antem Oeste
Tél. 971 129 200
www.sonantemgolf.com

PALMA
Executive Pitch & Putt
Tél. 971 793 424
www.sonquintgolf.com
Golf Puntiró
Tél. 971 603 851
www.golfparkmallorca.com
Golf Son Gual
Tél. 971 785 888
www.son-gual.com
Golf Son Muntaner
Tél. 971 783 030
www.sonmuntanergolf.com
Golf Son Quint
Tél. 971 606 175
www.sonquintgolf.com
Golf Son Vida
Tél. 971 791 210
www.sonvidagolf.com
Son Vida Club de Golf
Tél. 670 535 559
www.sonvidaclubdegolf.com

POLLENÇA
Golf Pollença
Tél. 971 533 216
www.pollensagolf.com

SON SERVERA
Golf Son Servera
Tél. 971 840 096
www.golfsonservera.com
Pula Golf
Tél. 971 817 034
www.pulagolf.com

SOBRASSADA
DE
PORC NEGRE
BALEARS
FRUTAS
1 05
PRUNASOL
FRUTAS
1 15

◂ Épicerie Santo Domingo, Palma

GASTRONOMIE

SAVEURS MÉDITERRANÉENNES

Les aliments de Majorque se devinent en observant le paysage : huile d'olive, vin, amandes, figues, miel, charcuterie, fromage de chèvre et de brebis, viande de porc, poissons, fruits et légumes... Des ingrédients de qualité qui constituent une gastronomie originale, entre la terre et la mer.

LE PORC → P. 296
POISSON ET FRUITS DE MER → P. 298
DELICES DE LA BOULANGERIE → P. 300
ENSAÏMADES → P. 302
HUILE D'OLIVE → P. 304
LIQUEURS ET VINS → P. 306
PLATS POPULAIRES → P. 309

▲ Soubressades

LE PORC

Cet animal a été pendant des siècles un véritable bienfaiteur pour le monde rural de Majorque, comme en témoignent les recettes traditionnelles. Il y a à peine 50 ans, presque toutes les familles rurales engraissaient un porc pendant toute l'année pour le sacrifier en hiver et profiter ainsi de chacune de ses protéines. Les viscères étaient consommés immédiatement, et des charcuteries étaient élaborées afin d'être conservées plus longtemps, comme les *botifarrons* (saucisses) et la soubressade. Cette tradition existe toujours à certains endroits de la *part forana* — la Majorque agricole —, où le sacrifice du cochon constitue une journée de fête et de dur travail, où les participants dégustent le *frit de matances*, une recette élaborée à partir de viscères coupées en morceaux et accompagnées de pommes de terre et de légumes aromatisés au fenouil.

Le produit dérivé le plus populaire est sans aucun doute la **soubressade**, typique de Majorque, élaborée depuis le Moyen Âge et épicée grâce aux poivrons importés d'Amérique, séchés et transformés en paprika. Elle est préparée avec de la viande crue de qualité supérieure, dépourvue de sang, à laquelle on ajoute un peu de saindoux (*xulla*), du sel, et une quantité généreuse de paprika doux et fort. Le mélange, bien travaillé, est frit puis introduit dans les intestins propres du porc, pour former les soubressades qui sont ensuite cousues et attachées. Lorsqu'elles sont pendues, leur transformation commence : elles perdent de l'humidité, la chair devient plus compacte, et l'arôme, la saveur et la couleur rouge sont renforcées.

D'INNOMBRABLES VARIETES

La charcuterie et les soubressades sont généralement préparées avec les tripes du porc, bien qu'il y ait des

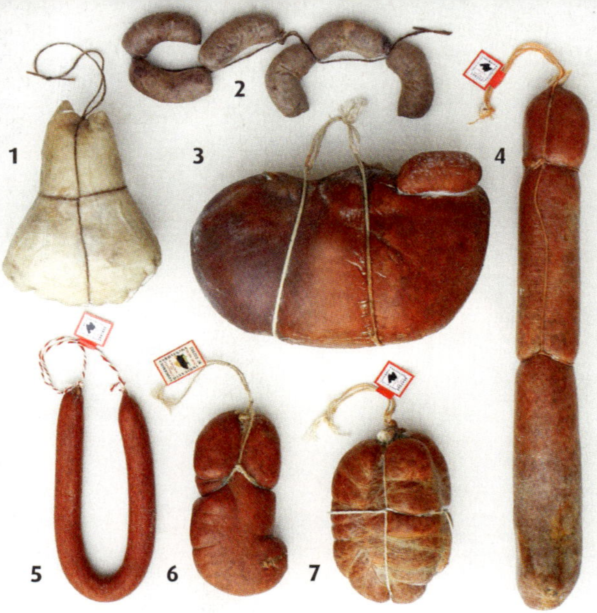

1 *CAMAIOT* 2 *BOTIFARRÓ* 3 *BISBE* 4 *CULANA*
5 *LLONGANISSA* 6 *ARRISSADA* 7 *BUFETA*

exceptions, comme l'excellent ***camaiot***, riche en gras et fourré dans la couenne de la cuisse ou du cou de l'animal. Le ***botifarró*** est élaboré avec du sang et se conserve donc moins longtemps. Il est consommé cru, frit ou en accompagnement de plats comme les soupes majorquines ou les lentilles. Les soubressades sont appelées de différentes manières en fonction de la partie du porc qu'elles contiennent : le ***bisbe*** est farci dans l'estomac et la ***bufeta*** dans la vessie de l'animal. Ces morceaux sont énormes et peuvent peser jusqu'à 8 kg. Ces exemplaires requièrent donc un temps de séchage plus long. La ***culana*** est une soubressade longue et grosse élaborée avec le rectum du porc ; la ***llonganissa*** est fourrée dans l'intestin grêle et peut être consommée après une semaine de maturation. L'***arrissada*** est élaborée avec le gros intestin.

Une **Indication géographique protégée** (IGP) garantit la qualité de la soubressade, qui doit être fabriquée dans l'île, sans colorant, uniquement avec de la viande de porc, du paprika, du sel, des épices et des arômes naturels. Cette IGP distingue la Sobrassada de Mallorca et la Sobrassada de Mallorca de Porc Negre.

PORC NEGRE
Le porc noir (*porc negre*) est la race porcine autochtone de Majorque, au pelage sombre couleur ardoise et légèrement plus petit que d'autres espèces. Les meilleurs exemplaires sont élevés en liberté puis sacrifiés à 18 mois.

LLOM AMB COL
Le filet de porc au chou constitue un plat aussi populaire que délicieux, et figure sur la carte de nombreux restaurants. Les tranches de porc sont mijotées, enveloppées dans des feuilles de chou dans une *greixonera*, une casserole en terre cuite qui garantit le succès de plusieurs recettes locales.

PORCELLA
Le cochon de lait au four est un plat de fête dans les foyers et les *cellers* — des restaurants qui perpétuent la gastronomie traditionnelle. Leur couenne croustillante est très appréciée. Le secret réside dans la cuisson, de préférence au feu de bois de chêne ou d'amandier.

▲ Barque de pêche

POISSON ET FRUITS DE MER

Les recettes de la mer comportent de nombreux plats de pêcheurs, désormais servis par les meilleurs restaurants de poisson frais, souvent situés en bord de mer, dont certains s'approvisionnent grâce à leur propre barque de pêche.

Le **mérou**, omniprésent, à la chair blanche et fine et au goût doux et délicat, est généralement préparé selon le style Majorquin, c'est-à-dire au four et accompagné de légumes de saison. La tête et les arêtes sont la base d'un bouillon qui enrichit les soupes et les plats à base de riz. La **sardine** est très appréciée : en été, on la sert grillée et assaisonnée d'huile d'olive vierge et de sel de mer, mais elle est également délicieuse pannée et frite.

Le **rouget** occupe une place de choix dans les restaurants gastronomiques. Il s'associe très bien avec des légumes sautés et des herbes aromatiques, et est également très bon en friture. En hiver, le ***picarel*** est particulièrement recherché, surtout les femelles, car elles sont plus grasses. Leur texture est souple, leur arôme intense et leur prix accessible. La tradition recommande de le préparer en friture ou à l'escabèche, mais il est également idéal dans des bouillons de poisson.

La **sériole** (*Seriola dumerili*) est l'un des plus grands poissons utilisés dans les recettes de cuisine : elle peut atteindre les 50 kg. Elle est généralement coupée en tranches qui sont ensuite préparées grillé, à l'escabèche ou cuisinées en cocotte. Les exemplaires jeunes (***verderoles***) sont préparés de préférence en friture ou à l'escabèche. Leur chair, compacte et forte, est exquise.

La **rascasse** rouge (*cap roig* en catalan) est appréciée pour sa chair blanche, ferme, consistante et au fort goût de mer. Elle est généralement cuisinée très simplement : à la plancha, ou bien bouillie et accompagnée de pommes de terre et de légumes. La **dorade** est devenue l'un des poissons emblématiques de Majorque :

MARCHÉ DE L'OLIVAR
La section de poissonnerie du Mercat de l'Olivar est une véritable vitrine des produits de la mer que l'on peut trouver à Majorque. Certains stands proposent de délicieux sushi frais ou des huîtres accompagnées d'une coupe de Cava.

bien qu'elle ne soit pas considérée comme l'un des meilleurs poissons, sa chair a un goût intense. Elle est pêchée à la fin de l'été avec des filets spéciaux (*llampugueres*) soutenus par des flotteurs. Elle est élaborée à la plancha, à l'escabèche ou frite à l'huile d'olive, et est accompagnée de poivrons rouges ou *tumbet* — pommes de terre, aubergines et poivrons frits, nappés de sauce tomate.

Le **poulpe** est généralement mijoté avec des oignons, mais il peut être également cuit et arrosé d'huile d'olive, de paprika et de gros sel. Il est utilisé dans le *frit de pop*, accompagné de pommes de terre et de légumes agrémentés d'épices. Les **calamars** sont incontournables, cuits à la plancha ou farcis à la viande et aux pignons de pin. Les meilleurs sont sans aucun doute les calamars de *potera*, c'est-à-dire capturés par cette technique ancestrale. La **seiche** est excellente mijotée avec des oignons, des raisins secs et des pignons de pin, et aussi avec des oignons, des tomates et une noix de soubressade.

En ce qui concerne les fruits de mer, les **crevettes roses** sont très appréciées cuites simplement à la plancha. La **langouste** permet de réaliser des plats mémorables comme la cassolette majorquine ou la langouste marinière, avec du riz.

FOIRE DE LA *LLAMPUGA* (DORADE)
La Foire de la dorade est organisée tous les ans en octobre à la Cala Rajada, dans le port de Capdepera. À cette occasion, les chefs prestigieux et les restaurants locaux cuisinent plus de 3 000 kg de dorade dans des recettes traditionnelles ou modernes.

LA RAIE
Les nageoires et l'axe central du squelette sont les parties les plus appréciées de ce poisson ailé, à la chair blanche et cartilagineuse. Son goût assez fort est adouci par une marinade de plusieurs heures. Ensuite, elle est préparée en friture, à l'escabèche, avec des vermicelles ou cuisinée avec des pommes de terre et des légumes.

ANGUILLES
La pêche artisanale des anguilles est autorisée à S'Albufera. C'est un ingrédient indispensable des *espinagades* de Sa Pobla, des galettes de pain fourrées à l'anguille et aux légumes, ou du pot-au-feu *greixonera amb anguiles*.

▲ Robiols

DÉLICES DE LA BOULANGERIE

À Majorque, les gâteaux et les viennoiseries sont élevés au rang d'art. Les innombrables boulangeries témoignent de l'amour des Majorquins pour le pain, les galettes sucrées ou salées et les spécialités dominicales comme la traditionnelle *ensaïmada*.

PAIN, GALETTES ET GATEAUX

Le pain traditionnel est le pain de campagne, rond et sans sel, blanc ou brun selon la farine utilisée. Le pain brun est le plus apprécié. Il est reconnaissable par sa mie brune et sa croûte épaisse et sombre qui en prolonge la conservation.

Les ***panades*** remportent un grand succès parmi les préparations salées : ce sont des pâtes à pain sans levure en forme de boîtes cylindriques fermées, fourrées à la viande, au poisson, aux petits pois ou avec un excellent mélange de viande d'agneau et de cheveux d'ange. Les ***cocarrois*** sont de petites tourtes à la forme semi-circulaire fourrées aux légumes, aux raisins secs et aux pignons de pin.

Les coques aux légumes sont réalisées sur une base de pâte à pain, et recouvertes de persil, de blettes, de poivrons grillés, de ***trempó*** — un mélange d'oignons, de poivrons verts et de tomates —, ou enrichies de poisson comme le hareng.

Dans le royaume des gâteaux, plusieurs spécialités font les délices des gourmands. La ***coca bamba***, bombée et à la texture douce, se déguste et accompagnée de chocolat chaud ou de glace à l'amande. Les ***duquesses*** sont des petits gâteaux à la pâte fine avec du fromage blanc. Les ***robiols*** ont une forme semi-circulaire, et sont fourrés aux cheveux d'ange, au fromage blanc, à la crème ou à la confiture. Les ***doblegats***, à la pâte feuilletée, en forme de demi-lune, peuvent contenir des cheveux d'ange, de la crème ou du chocolat. Ceux d'Inca sont connus pour la finesse de leur pâte et leur plus grande taille, ***cremadillos***. La galette aux abricots,

DOUX *SOSPIRS*
Les *sospirs* ou soupirs de Manacor sont des douceurs typiques élaborées par les pâtisseries de la localité. Des gâteaux secs et croquants qui se conservent bien pendant des semaines, élaborés avec du sucre, des œufs, de la farine, du citron et de la levure.

délicieuse, à la texture aérée et spongieuse, est généralement préparée au printemps. Il ne faut pas oublier les ***crespells***, petits gâteaux en forme d'étoile ou de cœur, recouverts de sucre, que les enfants adorent et jadis préparés pour Pâques.

SPÉCIALITÉS LOCALES

Certains villages élaborent des gâteaux à partir de recettes transmises de génération en génération, qui sont généralement dégustées le dimanche en dessert. Le ***pastís de pobre*** est une spécialité de Manacor. Il est constitué de trois couches de pâte feuilletée et de deux couches de crème pâtissière, couronnées par une crème au jaune d'œuf et à la noix de coco. La ***coca americana*** est préparée dans le même village : deux couches de pâte *cristina* avec un fourrage de crème chantilly et de noix de coco. Les ***sospirs*** sont encore plus connus : ce sont des gâteaux secs élaborés avec de la farine, du sucre et des œufs. À Lloseta, le Forn de Baix — le plus ancien commerce du village — élabore les délicieux ***cardinals*** : deux plaques de biscuit embrassent une languette de meringue, le tout couronné par un toit de crème chantilly et une autre couche de pâte sucrée. Son nom provient de l'expression *bocatto di cardinale*.

COCA DE PATATA
Galette de pain à la pomme de terre, croustillante, sucrée, ronde et tendre, typique de Valldemossa. On la déguste généralement accompagnée d'une tasse de chocolat chaud en hiver ou d'une glace à l'amande en été.

GALETTES D'INCA
Également connues comme les *galetes d'oli* (galettes à l'huile), elles sont présentes dans la plupart des foyers de Majorque. Elles ont commencé à être élaborées au XIXe siècle pour les marins : elles remplaçaient le pain car elles se conservaient pendant très longtemps. Elles sont élaborées à base d'huile d'olive, de farine, de levure et de sel.

QUARTOS EMBETUMATS
C'est une spécialité de quelques pâtisseries de Palma, élaborée sur la base d'un biscuit spongieux fourré à la crème au jaune d'œuf, recouvert de meringue et d'une couche de chocolat.

▲ *Ensaïmada*

L'*ENSAÏMADA*

L'*ensaimada* est tout un symbole gastronomique local. Elle est élaborée avec de la farine, du sucre, des œufs et un ingrédient essentiel : du saindoux (*saïm*), d'où provient le nom d'*ensaïmada*, qui lui donne sa texture et sa saveur. Bien que ces viennoiseries soient désormais fabriquées en dehors de l'île, la légende raconte que la recette contient deux ingrédients indispensables : l'air et le climat de Majorque.

Les *ensaïmades* d'aujourd'hui respectent la recette traditionnelle, mais sont fourrées avec différents ingrédients selon les goûts des clients : cheveux d'ange, crème, crème chantilly aux noix, nougat ou chocolat. Elles peuvent également être recouvertes d'abricots coupés en deux, ou bien de tranches de soubressade et de pâte de citrouille, spécialité du carnaval. Une Indication géographique protégée (IPG) garantit leur qualité et les protègent des imitations. Elle s'applique aussi bien pour les *ensaïmades* nature que pour celles fourrées aux cheveux d'ange.

RECETTE D'*ENSAÏMADA*

Pour préparer une *ensaimada*, les pâtissiers majorquins respectent les étapes suivantes :

1. Pétrissage. Dissoudre la levure dans de l'eau tiède et mélanger tous les ingrédients avec les mains jusqu'à l'obtention d'une pâte élastique et fine. Laisser reposer la pâte dans un endroit chaud jusqu'à ce que son volume double par l'effet de la levure.
2. Étalage. Étaler la pâte sur une surface farinée avec un rouleau également saupoudré de farine.
3. Roulage. Ajouter le saindoux et étaler à nouveau la pâte jusqu'à obtenir une crêpe très fine et ovale, puis la replier vers le bas en formant une bande fine et longue.

ORIGINES CONTROVERSÉES

L'*ensaïmada* pourrait avoir des racines hébraïques ; on dit qu'un pâtissier juif en offrit au roi Jacques Ier après la conquête. D'autres lui attribuent une origine arabe, en la comparant avec des gâteaux élaborés avec les mêmes ingrédients, bien que le saindoux soit remplacé par du beurre de lait de brebis.

4. Élaboration de la bande. Enrouler la pâte en forme de bande avec les deux mains, et laisser reposer jusqu'à ce que la pâte gonfle.

5. Étirage. Après ce temps de repos, prendre la bande par les deux extrémités et l'étirer.

6. Spirale. Après avoir étiré la bande, l'enrouler en forme de spirale ou de serpent enroulé, en tournant la pâte dans le sens des aiguilles d'une montre et en lui faisant faire au moins deux tours sur son axe. Ne pas toucher la bande. En reposant, elle gonflera et les bords se rejoindront.

7. Fermentation. Placer l'*ensaïmada* sur un plateau et laisser reposer 10 à 12 heures. Certains pâtissiers disposent d'une armoire avec des étagères consacrées exclusivement à cette phase, avec une température et un degré d'humidité déterminants pour le résultat final.

8. Enfournage. Enfourner l'*ensaïmada* avec son plateau au four préchauffé à environ 180° C. Retirer du four lorsque que le gâteau acquiert des tons dorés à rougeâtres et que les bords sont croustillants.

9. Saupoudrage. Lorsque l'*ensaïmada* est bien froide, la saupoudrer abondamment de sucre glace jusqu'à ce qu'elle soit totalement enneigée.

GREIXONERA

La *greixonera* est un dessert traditionnel réalisé avec les *ensaïmades* de la veille, des œufs, du sucre, de la cannelle et des zestes de citron. Elle est généralement proposée dans la carte des restaurants traditionnels. Cette sorte de pudding porte le nom du récipient en céramique dans lequel il est cuit.

▲ Récolte d'olives

HUILE D'OLIVE

Les oliviers font partie du paysage et de la gastronomie de Majorque. Ils poussent aussi bien près de la mer qu'à l'intérieur des terres, dans les chaînes montagneuses ou sur les plaines. Leurs olives permettent de produire de l'huile d'olive vierge extra d'appellation d'origine, élaborée avec les variétés mallorquina, arbequina et picual. Le degré de maturation des fruits détermine deux types d'huile : fruitée — récolte précoce — et douce, élaborée avec les olives les plus mûres.

Les premiers indices de l'existence d'oliviers sur l'île datent du VXe siècle. Quelques arbres de cette époque sont encore vivants, et certaines plantations traditionnelles, situées surtout dans la Serra de Tramuntana, datent d'environ 500 ans. L'huile a été depuis lors la principale source de richesse de nombreuses propriétés agricoles ou *possessions*, dont certaines possédaient leur propre moulin à huile. Jusqu'au XIXe siècle, elle constitua un produit d'une importance capitale pour l'économie insulaire, et représenta jusqu'à 80 % des exportations. Après une période de déclin, la production d'huile s'étend désormais dans presque toutes les communes et connaît une époque de prospérité remarquable.

Des facteurs environnementaux expliquent l'expansion de cette activité agricole : le taux d'humidité élevé favorise l'adaptation de l'olivier aux périodes de sécheresse, et la Serra de Tramuntana agit comme une barrière naturelle qui protège les parcelles cultivés des forts vents du nord.

Les plantations s'étendent sur différentes altitudes, du niveau de la mer à des zones montagneuses pouvant s'élever jusqu'à 800 mètres. Pour atténuer les pentes et éviter l'érosion, les oliviers de montagne sont cultivés depuis des siècles sur des terrasses aménagées à cet effet, configurant à l'île un paysage original et caractéristi-

FIRA DE S'OLIVA

Les olives sont récoltées en novembre. Le village de **Caimari** profite de l'occasion pour célébrer la Foire de l'olive, à laquelle participent tous les producteurs d'huile de Majorque. Des dégustations sont organisées ainsi que des visites d'anciens moulins à huile. www.ajselva.net

CANYON DE BINIARAIX

La piste forestière (GR-221) naît dans la vallée de Sóller, se glisse dans le canyon de Biniaraix et suit un chemin de pierre parmi des cultures d'oliviers centenaires, véritables sculptures de la nature.

que. En raison de leur accès difficile, ces parcelles sont moins productives que celles de la plaine, puisque la mécanisation et le ramassage sont compliqués ; pour cela, les olives sont ramassées lorsqu'elles sont plus mûres, ce qui donne une huile douce et sucrée, issue d'arbres plusieurs fois centenaires.

Les olives sont indissociables de la cuisine locale. L'Appellation d'origine protégée « Oliva de Mallorca » concerne trois présentations de la variété locale Mallorquina : verte, verte brisée et noire naturelle. Ce sont des olives de table partiellement fermentées dans de la saumure, au goût amer et à la pulpe onctueuse.

VISITE DE MOULINS A HUILE

La visite de *tafones* permet de connaître en direct le processus de production et d'acquérir les meilleurs produits.

Es Verger
S'Hort des Verger
Esporles
Tél. 609 900 611
www.esverger.es

Olis Sóller
Route de Fornalutx, 8
Tél. 971 630 294
www.cooperativasoller.com

Son Catiu
Route Inca-Artà,
rond-point Llubí-Muro
Inca
Tél. 971 500 001
www.soncatiu.com

Oli Caimari
Route Inca-Lluc, km 6
Caimari
Tél. 971 873 577
www.aceites-olicaimari.com

Can Det
Ozonas, 8
Sóller
Tél. 971 630 303

LES *ROTES* DE CAIMARI

Les *rotes*, des parcelles de montagne délimitées par des murs en pierres sèches où poussent des oliviers centenaires, dont certains sont toujours productifs, se trouvent à la sortie de Caimari, en direction de Lluc. Elles ont été déclarées Biens d'intérêt culturel en raison de leur beauté et de leur valeur ethnologique.

▲ Raisins mûrs

LIQUEURS ET VINS

Les liqueurs d'herbes et le palo (liqueur à base de quinine) sont très appréciés. La vigne est une activité en plein essor, et les deux appellations d'origine délimitent les principales zones de production. Plusieurs caves indépendantes produisent des cuvées reconnues dans le monde entier.

LIQUEURS D'HERBES ET PALO

Les liqueurs typiques de l'île sont les ***herbes*** et le ***palo***. Elles constituent toutes les deux un remède médicinal contre la fièvre, les vers ou le mal de ventre.

Les ***herbes*** sont préparées par les habitants de l'île depuis environ 200 ans. Plusieurs familles perpétuent encore la tradition de faire macérer un bouquet d'herbes aromatiques, ramassées entre mai et juin, dans une bouteille de liqueur d'anis. La composition botanique constitue un secret transmis de génération en génération. Les plantes habituellement utilisées sont la verveine, la camomille, l'oranger, le citronnier, le romarin, la mélisse et le fenouil. Ces liqueurs ont commencé à être fabriquées de façon industrielle au XIXe siècle. Les arômes des herbes étaient extraits par distillation et/ou macération. Le résultat est un liquide transparent d'une couleur verte à ambre ; selon la quantité de sucre ajoutée, la liqueur d'herbes peut être douce, mixte ou sèche.

Le ***palo*** est un apéritif dense et sombre à base de quinine et de gentiane. Le nom de cette boisson provient du terme désignant la quinine, dont l'écorce était prise en infusion pour faire baisser la fièvre. Le sucre a permis d'améliorer son goût, et l'alcool l'a hissé au sommet des apéritifs. Cette liqueur est généralement consommée avec des glaçons et de l'eau gazeuse, ou avec des glaçons, un peu de jus de citron et quelques gouttes de gin. Avant d'être embouteillée, elle est conservée dans des tonneaux de chêne.

▲ Barriques

VINS D'APPELLATION D'ORIGINE

Deux grandes zones de production de vin existent à Majorque avec appellations d'origine (AO). La région viticole de l'**AO Binissalem** est située au centre de l'île : c'est une zone au climat méditerranéen doux, agréable, avec des étés secs et chauds et des hivers courts. Pour le vin rouge, les variétés de raisin utilisées sont : le Manto Negre — la principale variété —, le Callet, le Tempranillo, le Monastrell, le Cabernet Sauvignon, le Syrah et le Merlot. Pour le vin blanc, on utilise de préférence le Moll, le Prensal Blanco et le Moscatel, associés au Parellada, au Macabeu et au Chardonnay.

La zone géographique de l'**AO Pla i Llevant** bénéficie d'une longue tradition viticole, puisque la vigne est cultivée ici depuis l'époque de domination romaine. Le climat est typiquement méditerranéen, avec des hivers légèrement froids et des étés secs et chauds, sous l'influence bénéfique de la mer, toute proche. Cette AO englobe des vins rosés, blancs, pétillants, perlants, liquoreux, élaborés avec les variétés noires Callet, Fogoneu, Ull de llebre, Manto Negre, Monastrell, Cabernet Sauvignon, Merlot, Syrah et Pinot Noir ; et avec les variétés blanches Chardonnay, Moll, Macabeu, Parellada, Moscatel et Riesling.

REMEDES MEDICINAUX

Entre le XVIe et le XVIIe siècle, les navigateurs ramenaient de la quinine et de la gentiane d'Amérique, qu'ils échangeaient contre de l'huile d'olive. Les extraits de ces plantes étaient réputés efficaces contre « les fièvres », une maladie transmise par les moustiques dans les zones humides.

ESSOR DE LA BIÈRE

La bière artisanale est à la mode, et plus de 30 marques élaborent leur breuvage dans différents points de l'île, comme la Cervesa des Pla (Algaida), Beer Lovers (Alcúdia), Sullerica (Sóller) ou Tramuntana (Selva). Le salon de la bière Palma Beer a lieu tous les ans en avril-mai au Parc de la Mar à Palma.

VINS ECOLOGIQUES

Les caves Jaume de Puntiró sont situées à Santa Maria del Camí. Elles produisent des vins biologiques sous l'AO Binissalem. Les vignes s'étendent sur des terrains de terre rouge, protégés par la Serra de Tramuntana, ce qui favorise une bonne maturation des raisins.

CAVES INDEPENDANTES
Certaines caves produisent des vins de variétés non rattachés à des appellations d'origine, dont certains figurent parmi les meilleurs de Majorque, selon les caractéristiques du sol et les variétés locales.
www.petitscellers.es

MALVOISIE DE BANYALBUFAR
La culture du malvoisie a été récupérée depuis des années sur des terrasses façonnées au bord de la mer, sur la côte de Banyalbufar. Cette variété donne son nom à un excellent vin blanc qui est proposé dans les restaurants locaux.

FESTES DES VERMAR
Fin septembre, Binissalem célèbre les fêtes des vendanges, une semaine d'activités autour du vin et des caves, où l'on confectionne une recette ancienne appelée *fideus des vermar*.
www.ajbinissalem.net

CAVES AO BINISSALEM

BINISSALEM

ANTONIO NADAL
Finca Son Roig
Camí de Muro
Tél. 971 515 060
www.bodegasantonio nadal.es

JOSÉ LUIS FERRER
Conquistador, 103
Tél. 971 511 050
www.vinosferrer.com

TIANNA NEGRE
Camí des Mitjans
Tél. 971 886 826
www.tiannanegre.com

BINIAGUAL
Llogaret de Biniagual
Tél. 971 511 524
www.bodegabiniagual .com

CELLER ALBAFLOR VINS NADAL
Ramon Llull, 2
Tél. 971 511 058
www.vinsnadal.com

CAN VERDURA
S'Era, 6
Tél. 695 817 038/692 499 332
tomeuverdura@gmail .com

SANTA EUGÈNIA

VINYA TAUJANA
Balanguera, 40
Tél. 971 144 494
vinyataujana@gmail.com

SANTA MARIA DEL CAMÍ

MACIÀ BATLE
Camí de Coanegra, s/n
Tél. 971 140 014
www.maciabatle.com

JAUME DE PUNTIRÓ
Batle Bartomeu Simonet
Tél. 971 620 023
www.vinsjaumede puntiro.com

RAMANYÀ
Camí des Coscois
Tél. 971 620 040
www.bodegaramanya .com

CELLER SEBASTIÀ PASTOR
Camí de Palma a Muro
Tél. 971 620 358
www.sebastiapastor .com

SENCELLES

CELLER CAN RAMIS
Sor Francinaina Cirer, 14
Tél. 971 872 418
perecanramis@hotmail .com

JAUME BENNÀSSAR
Camí de Consell, s/n
Tél. 971 615 153

CA SA PADRINA
Camí dels Horts, s/n
Tél. 660 211 939 / 971 874 370

CAVES AO PLA I LLEVANT

ALGAIDA

CAN MAJORAL
Campanar, s/n
Tél. 971 665 867
www.canmajoral.com

CAPDEPERA

CAS BEATO
Av. des Camp Vermell, s/n
Tél. 971 841 313

FELANITX

ARMERO I ADROVER
Camada Reial s/n
Tél. 971 827 103
www.armeroiadrover .com

ES FANGAR
Camí de Son Prohens, s/n
Tél. 971 183 710

VI D'AUBA
Sa Volta, 2
Ctra. Felanitx - Santanyí, km 0,5
Tél. 699 096 295
www.vidauba.com

LLUCMAJOR

BODEGAS BORDOY
Camí de Muntanya, s/n
Tél. 971 774 081
www.bodegasbordoy.es

MANACOR

MIQUEL GELABERT
Sales, 50
Tél. 971 821 444
www.vinsmiquel gelabert.com

TONI GELABERT
Camí dels Horts de Llodrà, km 1,3
Tél. 971 552 409
www.vinstonigelabert .com

PERE SEDA
Cid Campeador, 22
Tél. 971 550 219
www.pereseda.com

MURO

BUTXET
Bisbe Albertí, 10
Crta. Muro - Can Picafort
Tél. 971 537 005
www.butxetviticultors .com

PETRA

VINS CAN COLETO
Convent, 10
Tél. 658 879 488
www.vinscancoleto.com

GALMÉS I FERRER
Barracar Alt, 56
Tél. 971 561 088
www.galmesiferrer.com

MIQUEL OLIVER
Font, 26
Tél. 971 561 117
www.miqueloliver.com

PORRERES

JAUME MESQUIDA
Camí de sa Serra, s/n
Tél. 971 647 106

SON ARTIGUES
Camí de Son Artigues, s/n
Tél. 971 181 314
www.sonartigues.com

SOPES MALLORQUINES

Avec les restes du pain complet, on coupe des tranches très fines utilisées pour préparer les *sopes mallorquines*, que l'on place sur une base de légumes cuisinés dans une casserole en terre cuite et que l'on mouille avec le bouillon qui reste. Le pain absorbe tout le liquide du ragoût.

PA AMB OLI

Le pain complet est le plus indiqué pour préparer un bon *pa amb oli* : du pain sur lequel on écrase de la tomate de *ramellet*, de l'huile d'olive et du sel. On l'accompagne de charcuteries et de fromages, d'olives ouvertes et de *fonoll marí* —fenouil marin dans du vinaigre.

TREMPÓ

Cette salade d'été traditionnelle associe avec bonheur trois légumes de saison : les tomates, les oignons blancs et le poivron vert, le tout finement haché et assaisonné de sel et d'huile d'olive vierge. Elle est servie en entrée et accompagnée de tranches de pain complet.

FRIT DE MATANCES

Le *frit* est élaboré avec des viscères de porc ou d'agneau, des pommes de terre, du poivron rouge et d'autres légumes. Les ingrédients, coupés en petits morceaux, sont frits et agrémentés de laurier, de piment rouge et de fenouil. Il peut également être préparé avec des fruits de mer.

ARRÒS BRUT

Bouillon à base de riz généralement servi en automne ou en hiver. Il est élaboré avec de la viande d'agneau, de poulet ou de porc, — parfois avec de la seiche —, des légumes ou des champignons. L'un de ses secrets est le mélange d'épices qui l'agrémentent.

AUBERGINES FARCIES

Les aubergines sont utilisées dans plusieurs recettes majorquines, comme la délicieuse *granada*. Les aubergines farcies à la viande de veau et de porc sont irrésistibles. Elles peuvent être nappées de sauce tomate, et il en existe des versions végétariennes.

TOMBET

Recette estivale qui conjugue avec sagesse la pomme de terre et l'aubergine -coupée en rondelles- et le poivron découpé, le tout frit et couvert de sauce tomate. Il peut être servi en plat unique ou comme accompagnement de viandes ou de poissons. Il est encore meilleur le lendemain de sa préparation.

À NE PAS MANQUER

MAJORQUE GASTRONOMIE ET CUISINE

La cuisine de Majorque est un mélange de tradition et d'exotisme. Cet ouvrage vous permettra de découvrir la culture gastronomique et de préparer les ragoûts les plus caractéristiques de l'île.

TRIANGLE POSTALS
Version française
ISBN : 978-84-84-78-339-8

AGENDA CULTUREL

MAJORQUE, TOUTE L'ANNÉE

L'agenda de Majorque est rempli d'activités culturelles. Les fêtes des villages sont la meilleure façon de découvrir l'esprit festif et la culture ancestrale de Majorque. Ce bouillonnement culturel est également perceptible dans les nombreux marchés et foires gastronomiques et artisanales, où il est possible de déguster et d'acheter les meilleurs produits locaux, comme la fameuse soubressade ou les *siurells*, d'ancestrales petites figurines en terre cuite toujours élaborées par les maîtres céramistes. Les mélomanes ne rateront pas les rendez-vous incontournables avec les grands festivals de musique qui se succèdent tout au long de l'année sur des scènes de toute beauté, comme la place d'armes du château de Bellver ou l'impressionnant Torrent de Pareis.

FÊTES TRADITIONNELLES

Des fêtes populaires ont lieu régulièrement dans tous les villages de l'île. Certaines sont célébrées au cœur de l'hiver, comme celle de **Sant Antoni**, où le diable et le saint incarnent le bien et le mal, tout en se disputant la vedette. Mais c'est surtout en été que les **festivités patronales** remplissent les villes et les villages de musique et d'événements, dont certains sont particulièrement spectaculaires, comme les luttes de **maures et chrétiens** de Sóller et Pollença. À Noël, le mystère est incarné par le ***Chant de la Sibylle***, un chant d'origine médiévale qui est interprété dans la plupart des paroisses de l'île le soir du 24 décembre.

JANVIER

ALGAIDA
Sant Honorat
La danse ancestrale des *Cossiers* est interprétée le 16 janvier par six hommes et une dame, vêtus de blanc, accompagnés par le diable qui tente de saboter la cérémonie.

ARTÀ, MANACOR, MURO, SA POBLA
Sant Antoni
Dans de nombreux villages, le démon s'en donne à cœur joie le 16 janvier. Des brasiers (*foguerons*) sont allumés dans la rue et des joutes orales sont célébrées.

PALMA
Sant Sebastià
La nuit du 19 janvier, Palma s'illumine de *foguerons* et de bonne musique, avec de nombre ux concerts sur des places, comme celle de Santa Eulàlia, Cort et la Plaça Major.

POLLENÇA
Pi de Sant Antoni
Le 17 janvier, les pollencis (habitants de Pollença) se rendent à la propriété de Ternelles pour y couper un pin qu'ils déplacent jusqu'à la Plaça Vella. Ils savonnent le tronc, puis les jeunes tentent de grimper au sommet pour y attraper un coq — emblème local — dans un panier.

Sant Sebastià
Le 20 janvier, deux jeunes déguisés avec une figuie de cheval appelés Cavallets dansent et parcourent le village précédés par l'étandard de saint Sébastien.

FÉVRIER

CAMPOS
Sant Blai
Le dimanche suivant la fête en l'honneur du saint, une procession populaire est organisée jusqu'à l'oratoire de Sant Blai. Des bonbons contre le mal de gorge sont bénis.

PALMA
Carnestoltes
Le carnaval commence le *Dijous Llarder* (jeudi du lard), le jeudi avant le mercredi des Cendres, avec des défilés et des fêtes, et s'achève le mardi suivant. La *Rua de Palma* est la plus populaire de l'île.

SÓLLER
Processó de ses Torxes
Les événements organisés en l'honneur de la Mare de Déu de Lourdes, le 11 février, culminent avec un défilé mené par la statue de la vierge accompagnée par des fidèles portant des cierges.

MARS

PORRERES
Mascarada del Jai Carnal i de la Jaia Corema
Le quatrième mercredi de Carême, un procès public a lieu, dans lequel deux pantins de paille sont accusés et exécutés pour leurs méfaits. La fête s'achève par un goûter populaire.

SANT JOAN
Festa des Pa i es Peix
Le quatrième mercredi de Carême, une procession est organisée jusqu'à l'église de la Mare de Déu de la Consolació. Les origines de cette tradition remontent au XVIIe siècle.

AVRIL

ARTÀ, POLLENÇA, SINEU, FELANITX
Davallament
Le soir du Vendredi Saint, un émouvant *davallament* ou descente de Jésus de la croix a lieu dans différents endroits, comme le Calvari de Pollença ou la chapelle de Sant Salvador d'Artà.

PALMA
Processó de la Sang
La procession du Sant Crist de la Sang (Saint Christ du Sang) est l'événement principal de la Semaine Sainte, avec 30 confréries qui défilent dans les rues de la ville le Jeudi Saint.
Diumenge de l'Àngel
Depuis des temps immémoriaux, une procession a lieu après Pâques dans le bois de Bellver pour y déguster les dernières *panades*. Plusieurs milliers de personnes s'y retrouvent, et l'événement est animé par de la musique traditionnelle.

SINEU
Sant Marc
Les fêtes patronales de Sineu sont animées par

◂ **Museu de sa Jugueta, Palma**

des événements religieux, culturels, des concerts et une traditionnelle dégustation d'escargots.

MAI

MANACOR
Ball de Moretons
Lors des fêtes de Sant Domingo, les *Moretons* (des enfants déguisés en pirates berbères et faisant s'entrechoquer des bâtons en bois au son de la musique) représentent une danse dont l'origine est incertaine.

SÓLLER
Moros i cristians
Les Valentes Dones
Le 11 mai, les villageois représentent la bataille gagnée par les chrétiens contre les troupes sarrasines qui débarquèrent au Port de Sóller.

JUIN

FELANITX
Sant Joan Pelós
Le 24 juin, Sant Joan Pelós — qui représente saint Jean-Baptiste — se promène dans les rues habillé d'une chemise blanche, d'une jupe rouge et d'une cape en soie. Il porte un masque sur le visage et danse au son de la musique traditionnelle.

MANACOR
Rituel du saule
La veille de la Saint-Jean, un rituel est célébré à S'Hort de Cas Correu, où un saule est réputé guérir les hernies des enfants si ceux-ci frottent leur ventre avec une branche.

MARRATXÍ
Sant Marçal
Ces fêtes populaires ont lieu fin juin près de l'église de Sant Marçal, avec des concerts et des activités très appréciées par les habitants de toute l'île.

PALMA
Corpus Christi
Une procession circulaire part de la cathédrale. On assiste à un défilé des Tamborers de la Sala, des *Cossiers*, des *Cavallets*, des *Banderoles*, de la Lledània et de l'ostensoir du Très-Saint sur des tapis de fleurs.

PALMA, CALVIÀ, DEIÀ, MANCOR DE LA VALL
Sant Joan
La veille de la Saint-Jean, des spectacles sont organisés, où le feu et le diable sont à l'honneur. Les brasiers et les fêtes populaires s'achèvent par un bain de mer

POLLENÇA
Ball de les Àguiles
Le dimanche suivant le Corpus Christi, deux fillettes représentent la danse des *Àguiles* (aigles). Elles sont ornées de bijoux et portent une armure représentant un aigle. Ces fêtes suivent celles de Sant Joan Pelós, qui symbolise saint Jean-Baptiste.

PORT D'ALCÚDIA, PORT DE POLLENÇA, PORT DE SÓLLER
Sant Pere (Saint Pierre)
Un hommage est rendu au patron des marins par des fêtes estivales très populaires dans plusieurs villes et villages du bord de mer.

SANT JOAN
Festa del Sol que Balla (Fête du soleil qui danse)
À l'aube de la Saint-Jean, enfants et adultes montent à la Consolació pour voir le lever du soleil et prendre un chocolat chaud. L'après-midi est animé par des diables, des musiciens, Sant Joan Pelós et le Corb de Sant Nofre, un corbeau dont les ailes lancent des feux de bengale.

JUILLET

ALCÚDIA, BANYALBUFAR, BINISSALEM, CALVIÀ, MANACOR, SANTANYÍ
Festes de Sant Jaume
Plusieurs localités célèbrent leurs fêtes patronales à l'occasion de la Saint-Jacques, avec des activités pour tous les âges, de la musique et des fêtes populaires nocturnes.

ALGAIDA
Festes de Sant Jaume
Fêtes populaires où la danse des *Cossiers* est présentée par six hommes et une dame qui interprètent des danses anciennes, et un diable qui essaie de saboter le spectacle, au son du *tamborí*, du *flabiol* et des *xeremies*.

CAMPANET
Festes de Sant Victorià
Fêtes d'été de Campanet, avec des activités pour toute la famille, de la musique et des fêtes populaires en plein air le soir

FELANITX
Festes de Santa Margalida
Le 19 juillet c'est le tour de la danse des *Cavallets*, un groupe de sept enfants qui portent un cheval en carton et une fillette qui joue le rôle de la dame. Ils sont accompagnés de diables, de *caparrots* (personnages à grosse tête) et de géants.

INCA
Sant Abdò et Sant Senén
Les fêtes patronales d'Inca se déroulent pendant une semaine, avec des activités et des concerts pour tous les habitants et les visiteurs, ainsi que des commémorations de la cession de la ville au roi Jacques Ier.

PETRA
Santa Pràxedis
Fêtes patronales de Petra avec toutes sortes d'activités, de fêtes nocturnes et de concerts très populaires.

PORT D'ANDRATX, PORT DE POLLENÇA
Nostra Senyora del Carme
Processions maritimes de bateaux décorés, au large de nombreuses localités côtières, comme par exemple Port de Sóller, Portocolom, Sa Ràpita et Cala Figuera de Santanyí.

SANTA MARGALIDA
Festes de Santa Margalida
Fêtes patronales avec de multiples activités, concerts et fêtes nocturnes en plein air. Sa Pobla et Santa Maria del Camí sont également en fête à ces mêmes dates.

VALLDEMOSSA
Festes de la Beata
La béate locale, Catalina Tomàs, est honorée par un défilé de chars décorés, parmi lesquels le char triomphal, où une jeune fille représente la béate.

AOÛT

ALARÓ
Festes de Sant Roc
Fêtes patronales avec toutes sortes d'activités, de fêtes nocturnes et de concerts.

ALCÚDIA
Processó de les Llanternes
Le jour de la Saint-Bartolomé, les enfants vident des pastèques ou des melons, découpent des formes sur leur écorce et placent une bougie à l'intérieur. Les *llanternes* parcourent le village.

ARTÀ
Festes de Sant Salvador
Ces fêtes estivales proposent toutes sortes d'activités, de concerts et de fêtes nocturnes en plein air.

CALVIÀ, CAMPOS, DEIÀ
Mare de Déu d'Agost
En plein cœur de l'été, la Mare de Déu d'Agost est l'occasion de participer à l'une des fêtes locales de nombreux villages, comme également Santa Margalida, Puigpunyent, Caimari, Sineu, etc., avec des activités, des concerts et des fêtes nocturnes.

FELANITX
Sant Agustí
Ces fêtes patronales toujours très fréquentées mettent à l'honneur la représentation des *Cavallets*, 6 garçons et 6 filles qui portent un cheval en carton et interprètent autour d'une dame des danses remontant au XVIIe siècle.

FORNALUTX
Processó del Pebre
La veille de la Sant Bartomeu (Saint-Bartolomé), les enfants défilent dans le village en portant des poivrons rouges évidés contenant une bougie.

MONTUÏRI
Sant Bartomeu
Ces fêtes patronales sont célèbres pour leur danse des *Cossiers*, six hommes et une dame vêtus de blanc qui interprètent des danses, tandis que le diable tente de saboter la fête.

PALMA
Mare de Déu Morta
De nombreuses églises célèbrent la mort de la Vierge représentée sur son lit de mort. Cette célébration a également lieu à Campos, Esporles ou Puigpunyent.

POLLENÇA
Festes de la Patrona
Bataille des maures et des chrétiens
Le jour de la Mare de Déu dels Àngels, on joue la musique de La Alborada, on représente la danse des *Cossiers* et on célèbre la bataille commémorant la victoire des chrétiens sur les troupes du corsaire Dragut.

SINEU
Es Much - Sa Mucada
Le 14 août, les jeunes montent au Puig de Reig pour invoquer Es Much, une espèce de démon qui déambule ensuite dans tout le village et qui croise d'autres personnages. Tous les participants s'habillent en rose.

VALLDEMOSSA
Processó de ses Crestes
Une procession nocturne originaire du XVIe siècle. La statue de la Mare de de Déu Morta est portée à l'extérieur de l'église de Sant Bartomeu par onze hommes portant des coiffures appelées crestes.

SEPTEMBRE

BINISSALEM
Festes des Vermar
Fin septembre, Binissalem célèbre les fêtes des vendanges, une semaine d'activités autour du vin et des caves, où l'on confectionne une recette ancienne appelée *fideus des vermar.*

BUNYOLA
Sant Mateu
Fêtes patronales avec de multiples activités, concerts et fêtes nocturnes en plein air.

CALVIÀ
Festes del Rei En Jaume
Le débarquement des troupes du roi Jacques Ier au XIIIe siècle et la conquête chrétienne de l'île sont représentés par des reconstitutions dans la baie de Santa Ponça.

PETRA
Festes del Pare Serra
Ces fêtes sont constituées de défilés de chars et de différentes activités en commémoration de Fra Junípero Serra, évangélisateur de la Californie.

SANTA MARGALIDA
Festes de la Beata Catalina Tomàs
La journée démarre par le vacarme d'un groupe de diables dont le but est de réveiller les voisins. Ensuite, des cruches en céramique sont distribuées au public. Les diables tentent de les voler pour ensuite les briser aux pieds d'une jeune fille représentant Catalina Tomàs.

OCTOBRE

BÚGER, MARRATXÍ, PALMA, PORRERES
Festa de ses Verges
Jadis, la nuit du 20 octobre, les garçons faisaient la cour à leur bien-aimée en musique, et les jeunes filles leur offraient en échange des beignets de pommes de terre ou de patates douces. Ces gâteaux sont toujours confectionnés dans toute l'île, et vendus dans la rue par les *bunyoleres*.

PALMA
Colcada de la Beata
Procession de chars organisée par le couvent de Santa Magdalena, où Santa Catalina Tomàs mourut en 1574. Une jeune fille l'incarne.

DÉCEMBRE

PALMA
El Cant de la Sibil·la
Ce chant, prophétisant la fin du monde, créé au XIIIe siècle, est inscrit au patrimoine immatériel mondial, et interprété dans la plupart des paroisses le soir de Noël. Le spectacle de la cathédrale de Palma est spectaculaire.

FOIRES GASTRONOMIQUES ET ARTISANALES

Des produits essentiels de la gastronomie locale comme les amandes, la seiche, la lamproie, les lactaires délicieux, les abricots ou le vin connaissent leur jour de gloire lors de journées thématiques, accompagnés de différents produits d'artisanat. Ces foires sont la fierté de tous les villages, une vitrine du goût, de la culture et de l'artisanat de l'île.

JANVIER

SON SERVERA
Fira de Sant Antoni
Foire artisanale.

FÉVRIER

SON SERVERA
Fira de s'Ametler
Amandes et artisanat.

MARS

MARRATXÍ
Fira del Fang
Foire de la poterie et de la céramique.

SANTA MARGALIDA
Fira de Santa Margalida
Foire de l'agriculture, du bétail et de l'artisanat

SON FERRIOL (PALMA)
Fira Agrícola i Ramadera de Son Ferriol
Foire de l'agriculture, du bétail et de l'artisanat.

AVRIL

ALCÚDIA
Fira Nàutica i Gastronòmica de la Sípia (Salon nautique et foire gastronomique de la seiche)
La mer et la gastronomie de la seiche.

ANDRATX
Fira d'Andratx
Foire de l'agriculture, du bétail et de l'artisanat.

CALVIÀ
Fira Ovina i Caprina
Foire de l'agriculture, du bétail et de l'artisanat.

MURO
Fira de Sant Francesc
Foire de l'agriculture, du bétail et de l'artisanat.

POLLENÇA
Fira del Vi
Vins et caves.

PORRERES
Journée de l'agriculture biologique

SANTA EUGÈNIA
Fira de Santa Eugènia
Présentation de bétail de races locales, foire agricole et de l'artisanat.

SANTA MARIA DEL CAMÍ
Fira de Santa Maria del Camí
Foire de l'agriculture, du bétail de l'artisanat et des produits bio.

MAI

BÚGER
Fira des Jai
Foire du bétail, de l'agriculture et de l'artisanat.

BINISSALEM
Fira de sa Pedra
Artisanat en pierre.

CAMPANET
Fira de Maig
Foire du bétail, de l'agriculture et de l'artisanat.

CAMPOS
Fira de Maig
Foire commerciale, artisanale, du bétail et de la gastronomie.

CAPDEPERA
Foire médiévale
Foire médiévale d'artisanat et de gastronomie.

COSTITX
Costitx en Flor
Jardinerie, fleuristes et horticulture.

ESTELLENCS
Fira del Vi i el Formatge
Vins et fromages.

FELANITX
Fira de Maig
Foire agricole et artisanale.

LLORET DE VISTALEGRE
Fira de Maig
Foire de l'artisanat, de l'agriculture et du bétail.

MANACOR
Fira Agrícola i Ramadera de Primavera
Foire de l'agriculture, du bétail, des produits bio et des produits locaux.

PUIGPUNYENT
Fira ecològica, pagesa i artesanal
Produits bio et d'artisanat.

SANT JORDI (PALMA)
Fira del Caragol
Foire de l'escargot, de la gastronomie et de l'artisanat.

SENCELLES
Fira de Maig
Foire agricole, du bétail et de l'artisanat.

SINEU
Fira de Maig
Foire de l'agriculture, du bétail, de l'artisanat et de l'industrie.

SÓLLER
Fires i Festes de Maig
Foire agricole, du bétail et de l'artisanat.

SON CARRIÓ (SANT LLORENÇ DES CARDASSAR)
Fira Ramadera de Son Carrió
Foire agricole, du bétail et de l'artisanat.

JUIN

BINIALI (SENCELLES)
Fira de Biniali
Jeux traditionnels de Majorque.

LLOSETA
Fira de sa Sabata
Chaussures et articles en cuir.

PORT DE POLLENÇA (POLLENÇA)
Fira de la Mar
Foire de la mer et de ses produits.

PORRERES
Fira de l'Albercoc
Gastronomie à base d'abricots.

PORTOCOLOM (FELANITX)
Fira Gastronòmica del Pop de Portocolom
Gastronomie à base de poulpe.

SANTANYÍ
Fira d'Art i Artesania
Artistes et artisans de Santanyí.

SA POBLA
Fira Nocturna de sa Patata
Dégustation de plats à base de pommes de terre.

SELVA
Fira de ses Herbes
Artisanat et plantes médicinales.

SON SERVERA
Fira de Sant Joan
Foire de l'artisanat, de l'agriculture et du bétail.

JUILLET

ARIANY
Fira Nocturna
Foire nocturne de l'artisanat, de la gastronomie et du folklore.

CALA BONA (SON SERVERA)
Fira del Carme
Foire artisanale.

MANACOR
Fira Nocturna Artística i Artesana de Sant Jaume
Foire nocturne de l'art et de l'artisanat.

PORTOCOLOM (FELANITX)
Fira Marinera
Foire de l'artisanat et des activités maritimes et commerciales.

PORTOCRISTO (MANACOR)
Jornada de Cuina Marinera
Cuisine de la mer.

VALLDEMOSSA
Artdemossa

Foire artisanale et culturelle.

AOÛT

CAN PICAFORT (SANTA MARGALIDA)
Fira Ecològica Nocturna
Foire de produits bio.

ES MOLINAR (PALMA)
Fira Ran de Mar
Foire de l'artisanat, de la gastronomie et de la mer.

FELANITX
Fira de Sant Agustí
Foire agricole, industrielle et de l'artisanat.

MARIA DE LA SALUT
Fira Nocturna d'Oficis Tradicionals i Productes Autòctons
Foire nocturne des métiers traditionnels et des produits locaux.

SANT LLORENÇ
Fira Nocturna
Foire agricole, du bétail, industrielle et de l'artisanat.

SON MACIÀ (MANACOR)
Fira Nocturna de Son Macià
Foire nocturne de l'agriculture, du bétail, des produits bio et des produits des Baléares.

VILAFRANCA DE BONANY
Firó del Meló
Foire du melon et de l'artisanat.

SEPTEMBRE

ARTÀ
Fira d'Artà
Foire de l'agriculture, du bétail et de l'industrie.

BINISSALEM
Fira des Vi
Vins et caves.

CALVIÀ
Fira Medieval
Foire médiévale, artisanale et culturelle.

CAS CONCOS (FELANITX)
Fira de Sant Nicolau
Foire agricole, industrielle et de l'artisanat.

FELANITX
Fira de Sant Miquel
Foire agricole, industrielle et de l'artisanat.

LLORET DE VISTALEGRE
Festa des Sequer
Foire agricole, du bétail, industrielle et de l'artisanat.

LLUCMAJOR
Fira de Sant Miquel
Foire artisanale.

PETRA
Sa Fira de Petra
Pots de fleurs et artisanat.

SANTA MARGALIDA
Fira de l'Ametlla
Amandes et produits dérivés.

SANTANYÍ
Fira d'Art i Artesania
Artistes et artisans locals.

OCTOBRE

ALARÓ
Fira de Gremis Artesans d'Alaró
Foire artisanale.

ALCÚDIA
Fira d'Alcúdia
Foire de l'agriculture, du bétail et de l'industrie.

ALGAIDA
Fira d'Algaida
Foire commerciale, du bétail, de l'artisanat et de la gastronomie.

CALA RAJADA (CAPDEPERA)
Fira de la Llampuga
Foire de la lamproie, foire gastronomique avec des produits de la mer.

CAMPOS
Fira de sa Sobrassada
Gastronomie et artisanat.

CONSELL
Fira de Tardor / Fira des Vi
Gastronomie, vin et artisanat.

ESPORLES
Fira Dolça
Pâtisserie.

ESCORCA
Fira de la Serra de Tramuntana
Foire de l'agriculture, du bétail et de l'industrie.

FELANITX
Fira del Pebre Bord
Paprika, produits agricoles, produits manufacturés et artisanat.

LLUCMAJOR
Darrera Fira
Foire de l'agriculture, du bétail, de l'artisanat et de l'industrie.

PALMA
Fira de les Flors
Fleurs et plantes ornementales.

PORRERES
Fira de Tardor
Foire de l'agriculture, du bétail et de l'artisanat.

SANTANYÍ
Sa Fira de Santanyí
Foire de l'artisanat, de l'agriculture du bétail et de l'industrie.

SANT JOAN
Fira Industrial, Agrícola i Ramadera
Foire de l'agriculture, du bétail et de l'industrie.

NOVEMBRE

BUNYOLA
Fira de Santa Catalina
Foire de l'agriculture, du bétail et de l'artisanat.

CAIMARI (SELVA)
Fira de s'Oliva
Huile d'olive, olives et produits d'artisanat.

INCA
Dijous Bo
Foire agricole, du bétail, industrielle, alimentaire et de l'artisanat.

LLUBÍ
Fira de sa Mel
Miel et artisanat

MANCOR DE LA VALL
Fira de l'Esclata-sang i de la Muntanya
Champignons et gastronomie du lactaire délicieux.

MURO
Fira de sa Carabassa
Potirons, gastronomie et artisanat.

POLLENÇA
Fira d'Artesania
Foire artisanale.

SA POBLA
Fira de Tardor
Foire de l'agriculture, du bétail et de l'artisanat.

DÉCEMBRE

MONTUÏRI
Fira de sa Perdiu
Foire de la perdrix, foire agricole et du bétail.

SINEU
Fira de Sant Tomàs i Mostra de Matances
Produits issus du porc

MARCHÉS HEBDOMADAIRES

LUNDI
Biniamar (Selva), Caimari (Selva), Calvià, Lloret de Vistalegre, Manacor, Mancor de la Vall, Montuïri.

MARDI
Alcúdia, S'Alqueria Blanca (Santanyí), S'Arenal (Llucmajor), Artà, Campanet, Llubí, Moscari (Selva),

Es Pla de na Tesa (Marratxí), Pina (Algaida), Porreres, Portocolom (Felanitx), Santa Margalida.
Palma : Can Pastilla, Pere Garau, Santa Catalina.

MERCREDI
Andratx, S'Arenal (Llucmajor), Bunyola, Sa Cabaneta (Marratxí), Capdepera, Cas Concos (Felanitx), Llucmajor, Petra, Port de Pollença (Pollença), Santanyí, Sa Ràpita (Campos), Selva, Sencelles, Sineu, Vilafranca de Bonany.
Palma : S'Arenal, Es Coll d'en Rabassa.

JEUDI
S'Arenal (Llucmajor), Ariany, Calonge (Santanyí), Campos, Can Picafort (Santa Margalida), Consell, Inca, Es Llombards (Santanyí), Pòrtol (Marratxí), Port de Sóller (Sóller), Ses Salines, Sant Joan, Sant Llorenç des Cardassar, Sa Torre (Llucmajor).
Palma : Can Pastilla, Pere Garau.

VENDREDI
Alcúdia, Algaida, S'Arenal (Llucmajor), Binissalem, Can Picafort (Santa Margalida), Inca, Llucmajor, Maria de la Salut, Es Pont d'Inca (Marratxí), Son Carrió (Sant Llorenç des Cardassar), Son Ferrer (Calvià), Son Servera.
Palma : Rafal Nou (entre les rues Selva et Ses Salines), Sa Vileta (Plaça de Tarent).

SAMEDI
Alaró, S'Arenal (Llucmajor), S'Arracó (Andratx), Artà, Badia Gran/Pedrafort (Llucmajor), Biniali (Sencelles), Búger, Bunyola, Cala Rajada (Capdepera), Campanet, Campos, Can Picafort (Santa Margalida), Costitx, S'Illot (Manacor), Esporles, S'Horta (Felanitx), Lloseta, Manacor, Las Palmeras (Llucmajor), Portocolom (Felanitx), Santa Eugènia, Santa Margalida, Santanyí, Sa Ràpita (Campos), Sóller.
Palma : Avingudes (rastro), Plaça del Bisbe Berenguer de Palou (mercado ecológico), Pere Garau, Santa Catalina, Son Ferriol.

DIMANCHE
Alcúdia, Consell, Felanitx, Inca, Llucmajor, Muro, Sa Pobla, Marratxí, Pollença, Portocristo, Santa Maria del Camí, Valldemossa.

MARCHÉS D'ÉTÉ

ALCÚDIA
Port d'Alcúdia. De juin à septembre, stands d'été le vendredi et le samedi 18h à 22h sur la promenade maritime.

ANDRATX
Sant Elm. Le premier week-end d'août, marché artisanal de 18h à minuit.

ARTÀ
Artà. D'avril à octobre, marché artisanal le mardi de 8h à 13h.

CALVIÀ
Peguera
Santa Ponça
Palmanova et **Magaluf.** De mai à septembre, marché artisanal tous les jours de 19h à minuit.

CAMPOS
Ses Covetes. De juin à octobre, marché artisanal de 9h à 20h du jeudi au dimanche.

CAPDEPERA
Cala Rajada. De mai à octobre, marché sur la place du Castellet, de 18h à minuit, les lundis, mercredis, vendredis et dimanches.

CONSELL
Le 24 août, marché nocturne de 20h à minuit.

ESPORLES
Tous les premiers dimanches du mois, sauf en août, marché aux puces et d'articles d'occasion. Marché de Noël tous les samedis de décembre, de 9h à 14h.

FELANITX
Cala Ferrera. De mai à octobre, marché artisanal le vendredi de 17h à minuit.
Portocolom. De mai à octobre, marché artisanal le samedi de 17h à minuit.

LLUCMAJOR
S'Estanyol. De juin à septembre, marché sur la place du Pescador le mardi après-midi.
Cala Pi. De juin à septembre, marché sur la place du Pescador le mercredi après-midi.

MANACOR
S'Illot. De juin à septembre, marché artisanal tous les jeudis de 18h à minuit.

MURO
Platja de Muro. Du 15 mai au 15 octobre, marché tous les jours sur l'Av. del Mar, de 19h30 à 23h.

PALMA
Plaça Major. Marché artisanal : en janvier et février, du mardi au samedi de 10h à 14h ; en mars, avril, novembre et décembre, les lundis, jeudis, vendredis et samedis. En mai, juin et octobre, les lundis, mardis, jeudis, vendredis et samedis.
Platja de Palma. De mai à octobre, marché artisanal tous les jours de 20h à minuit.
S'Hort des Rei. Marché de produits d'artisanat, d'avril à septembre, du jeudi au samedi.

POLLENÇA
Port de Pollença. De juin à septembre, marché nocturne le mardi et le jeudi.

SANT LLORENÇ DES CARDASSAR
Sa Coma. De mai à octobre, marché tous les mercredis à partir de 19h.

SANTANYÍ
Cala Egos. De juin à octobre, marché artisanal le jeudi de 18h à 23h 30.
Cala d'Or. De juin à octobre, marché artisanal le dimanche de 18h à 23h 30.
Portopetro. De juin à octobre, marché artisanal le vendredi de 18h à 23h30.
Cala Figuera. De juin à octobre, marché artisanal tous les lundis de 9h à 13h 30.

SES SALINES
Colònia de Sant Jordi. En été, marché artisanal tous les mercredis de 16h à 23 h.

SON SERVERA
Cala Millor. De mars à octobre, marché dans la rue de Na Penyal tous les samedis.

FESTIVALS DE MUSIQUE

Musique classique au château de Bellver, de Son Marroig ou au cloître de Pollença. Jazz à Banyalbufar et à Sa Pobla. Chant choral dans l'impressionnant Torrent de Pareis... Les festivals de musique se succèdent pendant toute l'année et attirent à Majorque les meilleurs groupes et solistes du monde.

JANVIER

PALMA
Concert du Nouvel-An
Tél. 971 287 565
www.simfonicadebalears.com

MARS

PALMA
Check In, Festival de Músicas del Mundo
www.artsmallorca.com
Live on Març!
sapossessio@gmail.com
www.sapossessio.com
Oboe Festival Palma (festival de hautbois)
Tél. 971 498 935
www.conservatorisuperior.com

AVRIL

ANDRATX
Serenata Berlín
Tél. 971 235 268
www.serenataberlin.com

PALMA
Concerts dans les Cours de Palma (à l'époque du Corpus Christi)
Tél. 971 225 900
www.palmademallorca.es

D'AVRIL À SEPTEMBRE

PALMA
Alternatilla
www.alternatilla.com
Concerts au Palau March
Tél. 971 711 122
www.fundacionbmarch.es

D'AVRIL À JUIN

CAMPANET
Printemps musical à Campanet
Tél. 971 516 005
www.ajcampanet.net

DE MAI À SEPTEMBRE

DEIÀ
Festival International de musique de Deià
Tél. 678 989 536
www.dimf.com

DE JUIN À OCTOBRE

MANACOR
Serenates a l'Auba
Tél. 971 552 283
www.alauba.com

ARTÀ
Sent el Patrimoni (Sentir le patrimoine)
Tél. 971 82 97 00
www.teatrearta.com

DE JUIN À AOÛT

BANYALBUFAR
Banyalbujazz
Tél. 971 148 580
www.ajbanyalbufar.net

DE JUIN À SEPTEMBRE

CALVIÀ
Festival Mallorca Rocks
Tél. +44 (0) 20 8133 3930
www.mallorcarocks.com

JUILLET

INCA
Incajazz
Tél. 971 880 150
www.ajinca.net

TORRENT DE PAREIS (ESCORCA)
Concert du Torrent de Pareis
fundacio@sanostra.es
www.obrasocialsanostra.com

JUILLET ET AOÛT

PALMA
Cançons de la Mediterrània
Tél. 971 225 900
www.palmademallorca.es
Festival Internacional de Música 'Serenates d'Estiu'
Tél. 680 190 683
www.asociaciones.jmspain.org/palma

POLLENÇA
Festival de Pollença
Tél. 971 53 40 11
www.festivalpollenca.com

AOÛT

ESTELLENCS
Festival de guitare d'Estellencs « Mémorial Xavier Bestard »
info@serenatesestellencs.org
www.serenatesestellencs.org

D'AOÛT À OCTOBRE

ALCÚDIA
Alcúdia Jazz
Tél. 971 548 233
www.auditorialcudia.net

D'AOÛT À DÉCEMBRE

PALMA
Jazz Voyeur Festival
Tél. 971 905 292
www.jazzvoyeurfestival.com

SEPTEMBRE

ARTÀ
Cool Days Festival
Tél. 971 829 700
www.teatrearta.com

PALMA
Festival International d'orgue Antoni Martorell
Tél. 971 225 900
www.palmademallorca.es

PALMA
Festival Neotokyo
Tél. 971 908 200
www.esbaluard.org

DE SEPTEMBRE À DÉCEMBRE

BUNYOLA
Festival de musique de Bunyola
Tél. 971 615 298
www.ajbunyola.net

OCTOBRE

PALMA
Festival International d'orgue à la cathédrale
Tél. 971 723 130
www.catedraldemallorca.info
Festival d'orgues historiques
Tél. 971 723 130
www.catedraldemallorca.info

OCTOBRE ET NOVEMBRE

PALMA
Festival Música Mallorca
Tél. 971 227 563
www.musicamallorca.com

NOVEMBRE

PALMA
Rencontres internationales de compositeurs des îles Baléares
Tél. 971 516 501
www.fundacioaca.org
Concerts de Santa Cecília
Tél. 680190683
www.joventutsmusicals.cat/palma

NOVEMBRE ET DÉCEMBRE

PALMA
Saisons musicales CaixaForum
Tél. 971 178 500
www.obrasocial.lacaixa.es

DE NOVEMBRE À JUIN

PALMA
Saison de concerts de la Fundació Studium Aureum
Tél. 971 765 156
www.fundaciostudiumaureum.cat

MUSÉES ET SALLES D'EXPOSITION

Majorque a toujours été un point de rencontre de différentes cultures. Son paysage et sa personnalité continuent d'attirer de nombreux artistes qui y trouvent l'inspiration. Le patrimoine historique et artistique est exposé dans des musées qui présentent les manifestations artistiques de toutes les époques. Ces collections permettent de voyager de la Préhistoire à l'époque contemporaine.

CIRCUIT ARCHEOLOGIQUE

Voir page 260

CIRCUIT DU *MODERNISME*

Voir page 270

CIRCUIT DE L'ART CONTEMPORAIN

Voir page 276

ALCÚDIA

Musée monographique de Pol·lèntia
Tél. 971 547 004
www.alcudiamallorca.com
Musée paroissial de Sant Jaume
Tél. 971 548 665
www.parroquiadealcudia.com
Fondation Yannick et Ben Jakober
Tél. 971 549 880
www.fundacionjakober.org

ALGAIDA

Can Gordiola Musée du verre
Tél. 971 665 046
www.gordiola.com

ANDRATX

Centre culturel
Tél. 971 137 770
www.ccandratx.com

ARTÀ

Musée régional d'Artà
Tél. 971 829 778
www.museuarta.com

BINISSALEM

Maison-musée Llorenç Villalonga Can Sabater
Tél. 971 886 556
www.cmvillalonga.org

CAPDEPERA

Château de Capdepera
Tél. 971 818 746
www.castellcapdepera.com

Musée de la Llata (lambourde)
Tél. 971 818 746
www.castellcapdepera.com

Sa Torre Cega
Cala Rajada
Tél. 971 711 122
www.fundbmarch.es

COSTITX

Musée des sciences naturelles de Costitx
Tél. 971 876 070
www.museuciencies.com

DEIÀ

Ca n'Alluny Maison-musée Robert Graves
Tél. 971 636 185
www.fundaciorobertgraves.com
Musée archéologique de Deià
Tél. 971 639 001
www.ajdeia.net
Musée paroissial de Deià
Tél. 630 015 574
www.ajdeia.net
Musée Norman Yanikun
Tél. 676 324 234
www.ajdeia.net
Son Marroig
info@sonmarroig.com
www.sonmarroig.com

ESPORLES

La Granja
Tél. 971 610 032
www.lagranja.net
Musée Parc de Canet
Tél. 971 610 002
www.ajesporles.net

FELANITX

Fondation Barceló
Tél. 971 722 467
www.barcelo.com

FORNALUTX

Musée de Can Xoroi
Tél. 971 631 901
www.ajfornalutx.net

INCA

Musée de la chaussure et du cuir
Tél. 871 911 643
www.incaturistica.es

LLUBÍ

Musée d'apiculture
Tél. 686 230 703
www.ajllubi.net

MANACOR

Musée d'histoire de Manacor
Torre dels Enagistes
Tél. 971 843 065
museu.manacor.org

MARRATXÍ

Musée de la terre cuite
Tél. 971 797 624
www.ajmarratxi.net

MONTUÏRI

Musée de Son Fornés
Tél. 971 644 169
www.sonfornes.mallorca.museum

MURO

Musée ethnologique de Muro
Tél. 971 860 647
www.ajmuro.net

PALMA

Es Baluard, Musée d'art contemporain
Tél. 971 908 200
www.esbaluard.org
Fondation Pilar et Joan Miró
Cala Major
Tél. 971 701 420
miro.palmademallorca.es
Musée de Majorque
Tél. 971 717 540
museudemallorca.caib.es

CaixaForum Palma Gran Hotel
Tél. 971 178 500
www.obrasocial.lacaixa.es
Fondation « Sa Nostra »
Concepció, 12
Tél. 971 725 210
www.obrasocialsa nostra.com
Fondation Juan March, Musée d'Art moderne espagnol
Tél. 971 713 515
www.march.es
Musée Palau March
Tél. 971 711 122
www.fundbmarch.es
Ses Voltes
Tél. 971 728 739
www.sesvoltes.org
Casal Solleric
Tél. 971 722 092
www.casalsolleric.com
Musée Krékovic
Tél. 971 249 409
www.kristiankrekovic.com
Musée de la cathédrale de Majorque
Tél. 902 022 445
www.catedralde mallorca.org
Musée diocésain
Tél. 971 723 860
www.artsmallorca.com
Musée des poupées anciennes
Tél. 971 729 850
www.palmamuseo pepas.com
Musée militaire San Carlos
Tél. 971 402 145
www.museomilitarsan carlos.com
Can Balaguer
Tél. 971 712 489
www.palmademallorca.es
Musée de sa Jugueta
Tél. 971 715 208
www.museudesa jugueta.com
Can Alcover Espace de culture
Tél. 971 729 446
www.canalcover.cat
Musée de Cabrera « Es Celler »
Tél. 630 982 363
www.balearsnatura.com

PETRA

Musée et maison natale de Fra Juníper Serra
Tél. 971 561 149
www.frayjunipero serra.org

POLLENÇA

Musée de Pollença
Tél. 971 531 166
www.ajpollenca.net
Maison-musée Dionís Bennàssar
Tél. 971 530 997
www.museudionis bennassar.com
Musée Martí Vicenç
Tél. 971 532 867
www.martivicens.org

PORRERES

Musée et fonds artistique de Porreres
Tél. 971 166 617
www.porreres.cat

SANT JOAN

Maison-musée du Pare Ginard
Tél. 971 526 672
www.fundaciocasa museu.cat

SA POBLA

Can Planes
Tél. 971 540 054
www.ajsapobla.net
Musée des jouets anciens
Tél. 971 540 054
www.ajsapobla.net
Musée de Sant Antoni et du Dimoni
Tél. 971 540 054
www.ajsapobla.net

SÓLLER

Can Prunera Musée moderniste
Tél. 971 638 973
www.canprunera.com
Jardin botanique de Sóller
Tél. 971 634 064
www.jardibotanicde soller.org
Musée baléare des Sciences naturelles
Tél. 971 634 064
www.museuciencies naturals.org
Musée de Sóller « Casal de cultura »
Tél. 971 634 663
www.sollernet.com

VALLDEMOSSA

Miramar
Tél. 971 616 073
www.sonmarroig.com/ miramar.html
Chartreuse royale de Valldemossa
Tél. 971 612 106
www.museochopin.com
Centre culturel Costa Nord
Tél. 971 612 425
www.costanord.es
Fondation culturelle Coll Bardolet
Tél. 971 612 983
www.fccollbardolet.org

▲ **Musée Diocésain de Majorque**

HÉBERGEMENTS ET RESTAURATION

L'offre gastronomique et d'hébergément à Majorque est très vaste : hôtels et appartements dans des zones touristiques, hôtels et gîtes ruraux pour profiter de la paix de la campagne, auberges dans des monastères, refuges de montagne, etc. Voici une courte sélection fondée sur des critères comme le paysage, le rapport qualité-prix, la sensibilité envers le tourisme actif, l'accès à des plats végétariens, et quelques recommandations personnelles concernant des paysages ou une gastronomie particulière. Les prix des restaurants correspondent à un repas à la carte, bien que la plupart d'entre eux disposent de menus plus économiques. Dans tous les cas, les visiteurs trouveront partout des établissements adaptés à tous les goûts et à tous les budgets. Pour obtenir les meilleures recommandations, nous vous recommandons de consulter les résidents locaux.

Plus d'informations :
Association de tourisme rural des Baléares
www.rusticbooking.com
Association hôtelière de Palma
www.visit-palma.com
Fédération d'entreprises hôtelières de Majorque
www.visitmallorca.com
Pensions à Majorque
www.infohostal.com
www.hostalenmallorca.com
Mallorca Vegan
www.mallorcavegan.com
Cómete Mallorca
www.cometemallorca.com

🛏	Où dormir
🍽	Où se restaurer
€	Moins de 30 euros
€€	De 30 à 50 euros
€€€	Plus de 50 euros

ALARÓ

🛏

Tourisme rural Son Penyaflor
Tél. 971 510 071
www.sonpenyaflor.com
Petit Hotel Alaró
Tél. 971 518 751
www.petithotelalaro.es

🍽

Ecosenalla €
Menus végétariens et bio.
Tél. 971 518 293
www.ecosenalla.com
Es Veger €
Spécialités de Majorque, surtout à base d'agneau.
Tél. 971 182 126

ALCÚDIA

🛏

Tourisme rural Son Simó Vell
Tél. 971 547 305
www.sonsimovell.com
Hôtel Can Simó
Tél. 971 549 260
www.cansimo.com
Alcúdia Petit Hotel
Tél. 971 515 260
www.alcudiapetithoTél.com

🍽

Jardín €€€
Cuisine méditerranéenne d'auteur.
Tél. 971 892 391
www.restaurantejardin.com
Gastrobar €
Bistrot, cuisine de saison.
www.restaurantejardin.com
Mirador de la Victòria €€
Cuisine de Majorque et de la mer.
www.miradordelavictoria.com

ALGAIDA

🛏

Algaida Petit Hotel
Tél. 971 515 260
www.algaidahotel.com
Auberge du sanctuaire de Cura
Tél. 971 120 260
www.santuaridecura.com

🍽

El Celler de Randa €
Cuisine de Majorque.
Tél. 971 660 989
www.cellerderanda.es
Es 4 Vents €€
Cuisine de Majorque.
Tél. 971 665 173
www.es4vents.es

ANDRATX

🛏

Son Esteve
Tél. 655 572 630
www.sonesteve.com

🍽

Cala Conills €€
Poissons, fruits de mer et plats à base de riz.
Tél. 971 239 186
www.calaconills.com

ARIANY

🛏

Es Convent
Tél. 639 668 567
www.esconvent.org

🍽

Ses Torres €
Cuisine de Majorque.
Tél. 971 830 429
www.sestorres.restaurantesok.com

ARTÀ

🛏

Tourisme rural Na Set Centes
Tél. 971 835 429
www.nasetcentes.com
Hôtel Casal d'Artà
Tél. 971 829 163
www.casaldarta.de

🍽

Sa Grípia €
Cuisine de Majorque.
Tél. 971 836 925
Sa Teulera €€
Cuisine d'auteur.
Tél. 971 829 245
www.sa-teulera.com

BANYALBUFAR

🛏

Hôtel d'intérieur Ca Madó Paula
Tél. 971 148 717
www.camadopaula.com
Pension rurale Can Busquets
Tél. 639 737 630
www.hostalcanbusquets.com

🍽

Can Paco €
Cuisine de Majorque.
Tél. 971 618 148
www.canpaco.es
Can Toni Moreno €
Poissons et plats à base de riz.
Tél. 971 610 426

BINISSALEM

🛏

Tourisme rural Es Quatre Cantons
Tél. 971 870 162
www.esquatrecantons.es

🍽

Ca n'Arabí €€
Cuisine majorquine d'auteur.
Tél. 971 512 211
www.restaurantcanarabi.com

BÚGER

🛏

Tourisme rural Son Pons
Tél. 971 877 142
www.sonpons.com

BUNYOLA

🛏

Tourisme rural Alqueria Blanca
Tél. 971 148 400
www.alqueria-blanca.com
Tourisme rural Tourisme rural Alfàbia Nou
Tél. 971 148 248
www.alfabia-nou.com

🍽

Ca s'Espardenyer €
Pa amb oli et assiettes variées.
Tél. 971 613 740

CALVIÀ

Tourisme rural Son Malero
Tél. 971 670 301
www.sonmalero.es

Café-boutique Palmanova €
Cuisine de saison, produits du potager.
Tél. 971 597 300
cafesbotiga.amadipesment org

Mesón Cal Pulga €
Pa amb oli.
Tél. 971 234 415

Las Terrazas de Bendinat €€€
Haute cuisine méditerranéenne.
Tél. 971 675 725
www.hotelbendinat.es

Zaranda €€€
Cuisine d'auteur.
Tél. 971 138 620
www.zaranda.es

CAMPANET

Fangar
Tél. 971 516 352
www.fangar.com

Tourisme rural Monnàber Vell
Tél. 971 516 131
www.monnabervell.com

Cas Reto €
Pa amb oli et assiettes variées.
Tél. 971 516 429
www.casreto.com

CAMPOS

Tourisme rural Es Torrent
Tél. 971 650 957
www.estorrent.com

Tourisme rural Son Lladó
Tél. 971 652 572
www.sonllado.es

Can Calent €€
Cuisine majorquine d'auteur.
Tél. 971 651 455
www.cancalent.com

Can Pep €€
Cuisine de la mer.
Tél. 971 640 102

Sa Canova €
Cuisine majorquine de saison.
Tél. 971 650 210
www.sacanovarestaurant.com

CAPDEPERA

Tourisme rural Cases de Son Barbassa
Tél. 662 482 357
www.sonbarbassa.com

Tourisme rural S'Horta
Tél. 600 232 627
www.finca-shorta.com

Andreu Genestra €€
Cuisine méditerranéenne d'auteur.
Tél. 971 565 910
www.andreugenestra.com

Porxada de sa Torre €
Cuisine de Majorque.
Tél. 971 841 310
www.restauranteporxadadesatorre.com

CONSELL

Hôtel Rural Sa Cabana
Tél. 971 622 060
www.hotelsacabana.com

DEIÀ

Hôtel Es Molí
Tél. 971 639 000
www.esmoli.com

Tourisme rural Sa Pedrissa
Tél. 971 639 111
www.sapedrissa.com

Cas Patró March €€
Poisson et fruits de mer.
Tél. 971 639 137

Es Racó des Teix €€
Cuisine méditerranéenne d'auteur.
Tél. 971 639 501
www.esracodesteix.es

ESCORCA

Auberge de Lluc
Tél. 971 871 525
www.lluc.net

Es Guix €€
Cuisine majorquine de saison.
Tél. 971 517 092
www.esguix.com

Es Vergeret €€
Poisson et cuisine de la mer.
Tél. 971 517 105
www.esvergeret.com

ESPORLES

S'Hostal d'Esporles
Tél. 971 610 202
www.hostalesporlas.com

Tourisme rural Son Galceran
Tél. 971 611 224
www.songalceran.com

ESTELLENCS

Hôtel Sa Plana
Tél. 971 618 666
www.saplana.com

Hôtel Nord
Tél. 971 149 006
www.hotelruralnord.com

FELANITX

Tourisme rural S'Horabaixa
Tél. 971 183 09
www.horabaixa.es

Petit Hôtel Auberge Sant Salvador
Tél. 971 515 260
www.santsalvadorhotel.com

Son Menut
Tél. 971 582 920
www.sonmenut.com

Colón €€
Cuisine créative de saison.
Tél. 971 824 783
www.restaurante-colon.com

Celler Sa Sínia €€
Cuisine de Majorque et de la mer.
Tél. 971 824 323
www.cellersasinia.com

FORNALUTX

Fornalutx Petit Hotel
Tél. 971 631 997
www.fornalutxpetithoTél.com

Hôtel Can Reus
Tél. 971 639 866
www.canreushotel.com

INCA

Tourisme rural Son Vivot
Tél. 971 880 124
www.sonvivot.com

Celler Ca n'Amer €€
Cuisine de Majorque.
Tél. 971 501 261
www.celler-canamer.es

Celler Can Ripoll €€
Cuisine de Majorque.
Tél. 971 500 024
www.restaurantcanripoll.com

Es Ginebró €
Cuisine végétarienne bio.
Tél. 971 500 209
www.es-ginebro.com

Joan Marc €€
Cuisine créative de saison.
Tél. 971 500 804
www.joanmarcrestaurant.com

LLORET DE VISTALEGRE

Son Bauló
Tél. 971 524 206
www.son-baulo.com

LLOSETA

Finca Filicumis
Tél. 630 663 056
www.filicumis.com

Santi Taura Restaurante €€€
Cuisine majorquine d'auteur.
Tél. 971 514 622
www.restaurantsantitaura.com

Celler Can Carrossa €
Cuisine majorquine d'auteur.
Tél. 971 514 023

LLUBÍ

Hôtel de la Vila
Tél. 971 857 181
www.hoteldelavila.com

Daica €€
Cuisine majorquine d'auteur.
Tél. 971 522 567
www.daica.es

LLUCMAJOR

Tourisme rural Perola
Tél. 971 121 143
www.agroturismeperola.com
Propriété Can Carro
Tél. 630 966 820
www.cancarro.es

MANACOR

Tourisme rural Ses Rotetes
Tél. 699 661 789
www.agroturismosesrotetes.com
Es Pla de Llodrà
Tél. 610 634 697
www.espladellodra.com

Can March €€
Cuisine méditerranéenne d'auteur.
Tél. 971 550 002
www.canmarch.com
Plaer Vegetarià €
Cuisine végétarienne.
Tél. 971 555 504

MARIA DE LA SALUT

Tourisme rural Roqueta
Tél. 971 525 088
www.agroroqueta.com

MARRATXÍ

Tourisme rural Son Caulelles
Tél. 664 674 274
www.son-caulelles.com

Cafè des Cine €
Pa amb oli et assiettes variées.
Tél. 971 603 917
Pizzeria Sant Marçal €
Cuisine italienne.
Tél. 971 797 965

MONTUÏRI

Tourisme rural Ses Cases de Sabor
Tél. 971 646 665
www.fincasabor.com

S'Hostal €
Excellent *pa amb oli*.
Tél. 971 646 049

MURO

Ponderosa Beach €
Cuisine méditerranéenne.
Tél. 971 184 118
www.ponderosabeach.com

PALMA

Hôtel Dalt Murada
Tél. 971 425 300
www.daltmurada.com
Pension Apuntadores
Tél. 971 713 491
www.apuntadoreshostal.com

Arume €€
Cuisine fusion japonaise-méditerranéenne.
Tél. 971 214 121
www.arume-sushi.com
Bodega Gaudeix €€
Tapas gourmet.
Tél. 871 231 024
www.gaudeixpalma.com
Bri Restaurant €
Cuisine méditerranéenne d'auteur.
Tél. 971 595 904
www.brirestaurant.com
Casa de Comestibles €€
Cuisine de produits frais.
www.casadecomestibles.blogspot.com
Casa Maruka €€
Cuisine de produits frais.
Tél. 971 200 272
www.casamaruka.com
El Patrón Lunares €€
Cuisine méditerranéenne.
Tél. 971 577 154
www.patronlunares.com
Emilio Innobar Restaurant €€
Cuisine fusion mexicaine, méditerranéenne, japonaise.
Tél. 657 507 294
www.emilioinnobar.com
Forn de Sant Joan €€
Cuisine méditerranéenne et cocktails.
Tél. 971 728 422
www.forndesantjoan.com
Hostal Cuba-Gastrobar €€
Cuisine traditionnelle et d'auteur.
Tél. 971 452 237
www.hotelhostalcuba.com
Marisquería Can Jordi €€
Poisson et fruits de mer.
Tél. 971 491 909
www.marisqueriacanjordi.com
Restaurant Casa Fernando €€
Poisson et fruits de mer.
Tél. 971 265 417
www.restaurantecasafernando.com
Can Toni €
Cuisine méditerranéenne.
Tél. 871 716 661
www.cafecantoni.com
El Pes de Sa Palla €
Cuisine méditerranéenne, produits du potager.
Tél. 971 722 505
www.amadipesment.org
Bon Lloc €
Cuisine végétarienne.
Tél. 971 718 617
www.bonllocrestaurant.com
Quina Creu €€
Cuisine créative.
Tél. 971 711 772
www.quinacreu.com
Sa Roqueta €€
Cuisine méditerranéenne et plats à base de riz.
Tél. 971 244 658
www.restaurantesaroqueta.com
Simply Fosh €€
Cuisine d'auteur.
Tél. 971 720 114
www.simplyfosh.com
Tast Club Restaurant €€
Cuisine méditerranéenne et *tapas*.
Tél. 971 710 150

POLLENÇA

Tourisme rural Can Guilló
Tél. 687 896 815
www.canguillo.com
Hôtel Son Sant Jordi
Tél. 971 530 389
www.hotelsonsantjordi.com

Bellaverde €
Cuisine végétarienne.
Tél. 680 947 971
Clívia €€
Cuisine méditerranéenne, poisson.
Tél. 971 533 635
www.restclivia.restaurantesok.com
Cal Patró €€
Cuisine à base de poisson et de riz.
Tél. 971 533 899

PETRA

Sa Plaça Petit Hotel
Tél. 971 561 646
www.petithotelpetra.com
Agroturisme Son Burgues
Tél. 639 921 472
www.sonburguesmallorca.com

Es Celler €€
Cuisine de Majorque.
Tél. 971 561 056

PORRERES

Tourisme rural Son Roig
Tél. 971 032 032
www.fincasonroig.com
Tourisme rural Son Mercadal
Tél. 971 181 307
www.son-mercadal.com
Tourisme rural Can Feliu
Tél. 609 613 213
www.ecocanfeliu.com

Sa Plaça €
Cuisine majorquine d'auteur.
Tél. 971 599 095

PUIGPUNYENT

Tourisme rural Son Pont
Tél. 971 719 527
www.sonpont.com

Cafè Sa Plaça de Galilea €
Cuisine de Majorque.
Tél. 971 147 206

SA POBLA

Tourisme rural Son Siurana
Tél. 971 549 662
www.sonsiurana.com

SANT LLORENÇ DES CARDASSAR

Hôtel Rural Son Trobat
Tél. 971 569 674
www.sontrobat.com
Tourisme rural S'Hort de sa Begura
Tél. 971 843 138
www.sabegura.com

Es Molí d'en Bou €€€
Cuisine méditerranéenne d'auteur.
Tél. 971 569 663
www.esmolidenbou.es

SANTA EUGÈNIA

Hôtel Sa Torre
Tél. 971 144 011
www.sa-torre.com

Can Prim €
Cuisine familiale et *tapas*.
Tél. 971 144 408
Santi Pons €€
Cuisine de saison et d'auteur.
Tél. 971 144 158
www.santipons.es

SANTA MARGALIDA

Hôtel Sa Roqueta
Tél. 971 852 941
www.hotelsaroqueta.com
Es Bauló Petit Hotel
Tél. 971 850 063
www.esbaulo.com

SANTA MARIA

Hôtel Es Torrent Fals
Tél. 971 144 584
www.torrentfals.com

Molí des Torrent €
Cuisine méditerranéenne d'auteur.
Tél. 971 140 503
www.molidestorrent.de

SANTANYÍ

Hôtel Rural Sa Galera
Tél. 971 842 079
www.hotelsagalera.com
Tourisme rural Ca's Pagès des Pujol
Tél. 630 170 841
www.espujol.com

SELVA

Propriété hôtel Es Castell
Tél. 971 875 154
www.fincaescastell.com
Hôtel Sa Bisbal
Tél. 649 910 476
www.hotelsabisbal.com

Ca na Toneta €€
Cuisine de Majorque d'auteur, produits du potager.
Tél. 971 525 226
www.canatoneta.com
Miceli €€
Cuisine de Majorque d'auteur.
Tél. 971 873 784
www.miceli.es
Ses Deveres €
Cuisine de Majorque de saison.
Tél. 618 267 709

SENCELLES

Hôtel Rural Son Jordà
Tél. 971 872 279
www.sonjorda.com

Sa Cuina de n'Aina €€
Cuisine méditerranéenne d'auteur.
Tél. 971 872 992
www.sacuinadenaina.com

SES SALINES

Hôtel Can Bonico
Tél. 971 649 022
www.hotelcanbonico.com
Tourisme rural Sa Carrotja
Tél. 971 649 053
www.sacarrotja.com

Casa Manolo-Bodega Barahona €€
Poisson et fruits de mer.
Tél. 971 649 130
www.bodegabarahona.com

SINEU

Tourisme rural Sa Casa Rotja
Tél. 971 185 290
www.sacasarotja.com
Hôtel Son Cleda
Tél. 971 521 027
www.hotelsoncleda.com
Hôtel Celler Can Font
Tél. 971 520 295
www.hotelcanfont-mallorca.com

Celler Son Torelló €
Cuisine de Majorque.
Tél. 971 520 138
Molí d'en Pau €
Cuisine de Majorque.
Tél. 971 855 116
www.molidenpau.es

SÓLLER

Tourisme rural Cas Sant
Tél. 971 630 298
www.cas-sant.com
Can Abril
Tél. 971 633 579
www.hotelcanabril.com

Béns d'Avall €€€
Cuisine méditerranéenne d'auteur.
Tél. 971 632 381
www.bensdavall.com
Es Canyís €€
Cuisine de produits frais.
Tél. 971 631 406
www.escanyis.es
Es Faro €€
Poisson et fruits de mer.
Tél. 971 633 752
www.restaurantesfaro.es
Las Olas €€
Poissons et plats à base de riz.
Tél. 971 632 515
www.restaurantelasolas.net

SON SERVERA

Hôtel Son Corb
Tél. 971 587 092
www.soncorb.com
Ca s'Hereu
Tél. 609 392 971
www.cashereu.com

VALLDEMOSSA

Hôtel Mirabó de Valldemossa
Tél. 661 285 215
www.mirabo.es
Hôtel Es Molí
Tél. 971 639 000
www.esmoli.com

Pension Can Marió €
Cuisine de Majorque.
Tél. 971 612 122
Es Port €€
Cuisine méditerranéenne et de la mer.
Tél. 971 616 194
www.restaurantesport.es

VILAFRANCA DE BONANY

Sa Franquesa Vella
Tél. 629 834 452
www.safranquesavellamallorca.com

INDEX TOPONYMIQUE

ALARÓ 201, 216
Alaró, château d' 200, 201, 264
Albarca 251
Albarca, torrent d' 93
Albercuix, talaia d' 101
Alcanada, îlot d' 115
Alcanada, plage de 115
ALCÚDIA 111
Alcúdia, baie de 103
Alcúdia, plage de 110
Alcúdia, talaia d' 115
Alfàbia 199
ALGAIDA 193, 213, 216
Almadrà, torrent d' 220
ANDRATX 59
Àngel, torre de l' 27
ARIANY 216
ARTÀ 125
Aubarca, tour de 127
Auditórium Sa Màniga 143
Banc de Sóller 273
BANYALBUFAR 49, 65, 256
Bains Arabes 33, 263
Bar Bosch 29
Bella Miranda 231
Bellver, forêt de 44
Bellver, château de 21, 42, 43
Belvédère del Mal Pas 101
Bendinat 55
Bendinat, château de 55
BINIALI 213
Biniamar 207
Biniaraix 83, 85, 307
Binibona 207
Binifaldó 89, 329
BINISSALEM 205, 217
Bonaire 111
Botanicactus 181
BÚGER 217
BUNYOLA 199
Ca n'Alluny 268
Ca s'Amitger 89
Ca s'Apotecari 225
Ca s'Hereu 227
Cabrera, château de 232, 233
Cabrera, parc national de l'archipel de 181, 231
Caimari 207
Cala Agulla 137
Cala Anguila 153, 222
Cala Antena 155
Cala Banyalbufar 65, 67
Cala Barques 99
Cala Beltrán 189
Cala Blava 189
Cala Bona 141, 143
Cala Bóquer 99
Cala Brafi 165
Cala Carbó 99
Cala Castell 99
Cala Clara 99
Cala Comtessa 55
Cala d'Egos 60
Cala d'Or 169, 171
Cala de ses Penyes Rotges 57
Cala Deià 81, 253
Cala es Conills 61
Cala es Matzoc 129
Cala es Port, 231
Cala Estància 42
Cala Estellencs 63
Cala Estreta 129, 165
Cala Falcó 56
Cala Ferrera 161, 166
Cala Figuera 172, 243
Cala Fornells 57
Cala Llamp 60
Cala Llombards 156, 175
Cala Magraner 155
Cala Major 40, 42
Cala Marçal 165
Cala Mendia 153, 222
Cala Mesquida 137
Cala Millor 141, 143, 147
Cala Mitjana 129, 166
Cala Molins 99
Cala Moltó 137
Cala Mondragó 171, 241
Cala Moragues 60
Cala Moreia 147
Cala Morlanda 151
Cala Mosques 189
Cala Murada 155, 222
Cala Murada, grotte de 155
Cala n'Aladren 139
Cala Petita 61, 151
Cala Pi 187, 189
Cala Pi de sa Posada 16, 107
Cala Pi, tour de 186, 189
Cala Pilota 155
Cala Rajada 132, 135, 137, 139
Cala s'Almonia 175
Cala sa Nau 165
Cala Sant Vicenç 95, 99
Cala Santanyí 169, 173
Cala Serena 166
Cala Torta 129
Cala Tuent 93, 257
Cala Varques 153
Cala Vinyes 56
Cala Virgili 155
Cales de Mallorca 149, 155, 222
Caló d'en Boira 172
Caló d'en Busques 172
Caló d'en Monjo 57
Caló d'en Pellicer 57
Caló de Sant Antoni 191
Caló de ses Dones 166
Caló de ses Lleonardes 189
Caló de ses Llises 57
Caló des Màrmols 175
Caló des Mercadal 189
Caló des Moro 18
Caló des Parral 127
Calonet des Fornàs 191
Calonge 169
Calvari, oratoire du 96
CALVIÀ 53
Camí del Correu 219
Camí dels Carabiners 129
Camí Vell de Lluc 89
Camp de Mar 58
CAMPANET 207, 217
CAMPOS 183, 218
Can Alomar 224
Can Bàrbara 177
Can Bell Esguard 273
Can Bisbal 87
Can Bonico 177
Can Casasayas 270, 271
Can Cinto 213
Can Corbella 271
Can Cós 218
Can Dameto 209
Can Forteza Rey 272
Can Joan de s'Aigo 30
Can Juny 32
Can Ledesma 273
Can Lis 169
Can Mavi 213
Can Mopi 213
Can Pere Antoni, plage de 41
Can Perico Ferrer 217
Can Picafort 121, 123
Can Pomar 218
Can Proens de la Font 220
Can Prunera 83, 271, 273
Can Rafel Niu 217
Can Ramis 213
Can Ros 53
Can Sabater 217
Can Socies de Tagamanent 223
Can Torró, 111
Canyamel, plage de 135, 138, 139
Canyamel, tour de 139
Cap Blanc 187, 190, 191
Cap de Ferrutx 251
Cap de Formentor 101, 253, 254, 269
Cap de ses Salines 175, 179
Cap de Tramuntana 245
Cap des Freu 251
Cap des Pinar 115
Cap Ferrutx 123
CAPDEPERA 131, 133
Capdepera, château de 135
Capdepera, punta de 137
Capelleta, oratoire de la 53
Capocorb Vell, village de 189
Cas Batle Negre 65
Cas Concos 161
Cas Cosí 65
Casa d'Arnau de Santacília 219
Casal Solleric 29, 33, 270
Cascanar 213
Cases d'Albarca 251
Cases de Can Ribes 218
Cases de Massanella 223
Cases de s'Arenalet 251
Caseta dels Oguers 251
Casetes des Capellans 119
Cathédrale de Majorque 20, 23, 270
Cercle majorquin 270
Chapelle de Betlem 129
Chapelle de la Trinitat 75
Chapelle de la Victòria 115
Chapelle de Maristella 219
Chapelle del Sant Crist 221

Chartreuse de Valldemossa 75, 266
Ciutat Blanca 117
Ciutat Jardí 41
Club de Mar 41
Club Nàutic s'Arenal 191
Club Nàutic de Sóller 85
Club Pollença 95
Coanegra 226, 254
Coll de ses Cases de sa Neu 290
Colònia de Sant Jordi 177, 179
Colònia de Sant Pere 125, 127
CONSELL 218
Consell de Mallorca 30
Consolat de Mar 39
Costa d'en Blanes 55
Costa de la Calma 57
Costa de Llevant 131
Costa de Migjorn 157
Costa dels Pins 141
COSTITX 219, 263
Couvent dels Mínims 209
Cova Blava 233
Cova de la Mare de Déu 56
Crestatx, oratoire du 226
Creu del Desembarc 57
Cúber 91, 253
Davallador des Carros 189
DEIÀ 79, 268
El Born 25
El Comtat 224
El Jonquet 35
El Mago 56
El Pla 209
El Puget 225
El Raiguer 201
El Sec, îlot d' 56
El Terreno 44
El Toro 53
El Toro, plage de 57
Els Antigors 177
Els Closos de Can Gaià 163
En Beu, tour de 172
En Miquel Nunis, tour de 135
En Repic, plage de 85
En Suau, moulin de 221
En Tem Alemany, tour de 63
Enagistes, tour dels 148, 222
Es Baluard 39, 276, 277
Es Barcarés 113
Es Barracar 199
Es Capdellà 53, 55
Es Carbó 179
Es Carnatge 42
Es Carregador 55, 61
Es Carregador, plage de 139
Es Cascanar, talayots de 213
Es Coll Baix, plage de 115
Es Coll Baix, refuge de 115
Es Colomer 101
Es Comú, plage de 119
Es Domingos 155
Es Far Vell 245
Es Fortí 55
Es Freu 185, 244
Es Frontet 171
Es Galatzó 55
Es Geperut 61
Es Gorg Blau 91, 253
Es Grau 239
Es Gulló, punta de 248
Es Lledó 247
Es Llombards 169
Es Marquès 181
Es Matzoc, tour de 127
Es Molinar 41
Es Molinar (Montuïri) 224
Es Morer Vermell 113
Es Morro de sa Carabassa 151
Es Pantaleu 59, 61
Es Pont d'Amunt 59
Es Pontàs 169, 171, 173
Es Portitxol 41
Es Racó de s'Arena 187
Es Racons, talayot de 221
Es Rafal 217
Es Rec, torrent d' 239
Es Rentador de sa Senyora 191
Es Ribell 141
Es Riuetó 163
Es Salobrar de Campos 181, 185
Es Senyals, tour de 41
Es Través, plage de 85
Es Trenc 181, 183, 185
Es Verger 249
Es Verger, tour de 65, 67
ESCORCA 89
ESPORLES 197, 219
ESTELLENCS 63, 256
FELANITX 161, 219
Ferrutx 250
Fondation Pilar et Joan Miró 41, 276
Fondation Bartolomé March 276, 278
Fondation Coll Bardolet 75
Fondation Yanick et Ben Jakober 113, 276, 278
Fontaine de Coanegra 226
Fontaine de sa Menta 63
Fontaine de ses Tortugues 29
Fontaine des Forat d'Amunt 63
Fontaine des Gall 96
Fonts Ufanes 218, 255
Formentor 69, 100, 269
Formentor, plage de 107
Forn des Teatre 30, 271, 272
FORNALUTX 87
Galatzó 57, 63
Galatzó, *possessió* de 57
Galilea 197
Gorg Blau, torrent del 89, 91, 93
GR-221 290
GR-222 125, 290
Gran Hotel Sóller 29, 273
Grottes d'Artà 139
Grottes de Campanet 207, 218
Grottes del Drach 149, 153
Grottes dels Hams 149, 153
Hostals 225
Hotel Espanya 221
Hotel Formentor 107, 269
Illa d'en Sales 55
Illes Malgrats 57
Illot de sa Caleta 55
Illot des Porros 261
INCA 205
Jornets 213
L'Almudaina (Artà) 125
L'Almudaina (Palma) 23, 25
L'Entreforc 93
L'Olla 92, 93
L'Olla (Cabrera) 231
La Granja 197
La Llotja 35, 38, 39
La Marina 111
La Misericòrdia 29
La Trapa 61, 247, 283
Lac Martel 153
Laiar 213
Llevant, parc naturel de la península de 129, 249
LLORET DE VISTALEGRE 220
LLOSETA 220
LLUBÍ 221
Lluc, torrent de 89, 93
Llucalcari 79, 81, 268
LLUCMAJOR 187, 221
Magaluf 53, 56
Magaluf, plage de 56
Mal Pas 111
MANACOR 149, 222
MANCOR DE LA VALL 222
Manresa 111
Marché de Santa Catalina 41
Marché de l'Olivar 29, 299
Mare de Déu del Cocó, oratoire du 220
MARIA DE LA SALUT 223
MARRATXÍ 201, 223
Mer de Venise 153
Migjorn, réserve marine de 175
Miramar, monastère 77, 267
Mola de Planícia 65
Mondragó, parc naturel de 171, 241
Monti-Sion, oratoire du 281
MONTUÏRI 210, 215, 223
Mortitx, torrent de 89
Moscari 207
Mossa, *possessió* de 88
Muleta, refuge de 85
MURO 119, 224
Musée archéologique de Deià 79, 260
Musée Can Xoroi 87
Musée d'Artà 260
Musée d'Histoire de la Ville (Palma) 43
Musée de la fondation Joan March 30, 276, 277
Musée de Lluc 91
Musée de Majorque 33, 260, 261
Musée de Pollença 95, 96, 276, 278
Musée de Son Marroig 80
Musée del Chaussure 205
Musée diocésain de Palma 25, 321
Musée Militaire du Château de Sant Carles 41
Musée du Modernisme 83, 271, 273
Musée Paroissial d'Alcúdia 111

GUIDE PRATIQUE

Musée et Maison de naissance de Fray Juníper Serra 215
Musée et le Fonds Artistique de Porreres 224, 276, 279
Musée de la Llata 135
Musée de la terre cuite 201
Museu d'Història de Manacor 148, 222 , 260, 263
Museu Monogràfic de Pol·lèntia 260
N'Amer, château de 145
N'Amer, punta de 145, 147
N'Amer, torrent de 147
Na Batlessa 125
Na Borges, torrent de 123
Na Guardis, îlot d' 179
Na Miranda, tour de 245
Na Picamosques 231
Na Pontons, camí de 217
Nus de sa Corbata 93
Observatoire Astronomique 219
Oratori, plage del 55
ORIENT 199
Palais d'Aiamans 220
Palais du roi Sanche 75
Palais Épiscopal 25
Palau March 27
Palau, tour del 222
PALMA 21
Palma Aquarium 42
Palmanova 53, 55
Palmanyola 199
Palmira 57
Paraires, tour de 41
Parc de la Mer 35
Pareis, torrent de 89, 93, 255
Passeig des Born 27
Peguera 53, 57
Peguera Romana 57
Peguera Torà 57
Penya Bosca 169
Penya Rotja 115
Penyal d'Honor 199
PETRA 215
Phare de Formentor 101
Phare de Llebeig 245
Phare de N'Ensiola 233
Phare de Portopí 41
Picada, tour 85
Pina 216
Pla de Tel 218
Pla del Pouet 201
Plaça de Cort 30
Plage de Muro 102, 119
Plage de Palma 42
Plage des Dolç 179
Planícia, propriété publique de 67
POLLENÇA 95
Pollença, baie de 103
Pollentia 111, 262
Pont Romà 95, 96
PORRERES 224
Port Adriano 57
Port d'Alcúdia 111, 117
Port d'Andratx 59, 60
Port de Pollença 109
Port de Pollença, plage del 109
Port de Sóller 83, 85
Port de Valldemossa 77
Port des Canonge 65, 67, 253
Portals Nous 53
Portals Nous, plage de 55
Portals Nous, port de plaisance de 55
Portals Vells 53
Portals Vells, plage de 56
Portocolom 161, 163, 165
Portocristo 149, 151, 222
Pòrtol 223, 274
Portopetro 169, 171
Portopí 41
Posada de Bàlitx 87
Pou del Rei 224
Puig d'Alaró 216
Puig de Galatzó, reserve 197
Puig de la Font Seca, 216
Puig de la Victòria 115
Puig de Maria 97
Puig de Massanella 222, 253
Puig de na Morisca, parc archéologique del 57
Puig de Randa 216
Puig de s'Alcadena 216
Puig de sa Fita 222
Puig de sa Tudossa 251
Puig de Sant Pere 35
Puig de Santa Magdalena 205
Puig de Son Seguí 225
Puig des Porrassar 251
Puig Major 89, 253
Puig Morei 251
Puig Romaní 115
PUIGPUNYENT 197
Pujol dels Misteris 91
Pula, *possessió* de 227
Punta de sa Torre 171
Punta Plana 187
Racó de sa Fragata 57
Raixa 193, 199
Rei, château del 99, 265
Rei, plage del 56
Ruberts 213, 216
Ruta de la Pedra en Sec 256, 290
S'Albarca 249
S'Albufera de Mallorca, parc naturel de 119, 235
S'Albufereta, reservé naturelle de 109, 239
S'Algar 161
S'Aljub (Ariany) 216
S'Almudaina 59
S'Alqueria Blanca 169
S'Alqueria Vella 249
S'Amarador 242, 243
S'Amarador, plage de 171, 241
S'Amarador, torrent de 243
S'Arenal 187, 191
S'Arenal, plage de 190
S'Arenalet d'Albarca 127, 249
S'Arenalet des Verger 249
S'Arracó 59, 60
S'Estaca 77
S'Estanyol de Migjorn 187
S'Hort des Rei 27, 277
S'Hospitalet Vell 222
S'Illot 145, 147, 226
S'Illot, plage de 113, 114
S'Illot, village talayotique de 147
Sa Bella Dona, plage de 56
Sa Cabaneta 201, 223, 274
Sa Calatrava 35
Sa Calobra 93
Sa Canova 127
Sa Coma 145, 147, 226
Sa Comuna 199
Sa Comuna de Lloret 220
Sa Costera, camí de 85
Sa Dragonera, parc naturel de 59, 245, 283
Sa Font Celada 127
Sa Font de sa Cala 135, 139
Sa Foradada 80, 267
Sa Fosca 91
Sa Jordana 227
Sa Marjal 141
Sa Mola, tour de 60
Sa Nineta, talayot de 121
Sa Pedrissa, tour de 81
Sa Pesquera Plana 189
Sa Platgeta 56
Sa Platja Gran 61
Sa Platja Petita 61
SA POBLA 226
Sa Porrassa, 56
Sa Punta de ses Punxes 189
Sa Ràpita 183, 187
Sa Ràpita, plage de 185
Sa Riera 27
Sa Roca des Turista 191
Sa Torre Cega 137, 279
Sa Torre Nova 173
Sa Vileta 219
Salines de sa Vall 181
Sanctuaire de Bonany 215, 281
Sanctuaire de Cura 212, 213, 216, 281
Sanctuaire de Gràcia 187, 216
Sanctuaire de la Consolació 226
Sanctuaire de la Mare de Déu de la Bona Pau 224
Sanctuaire de Lluc 89, 91, 255, 280
Sanctuaire de Monti-Sion 224, 281
Sanctuaire de Sant Honorat 216
Sanctuaire de Sant Salvador 161, 281
Sanctuaire du Puig de Maria 280
Sanctuaire, château de 165, 265
Sant Bartomeu, monastère de 205
Sant Blai, oratoire du 218
Sant Domingo, couvent de 96
Sant Elm 59, 61
Sant Elm, château de 61
Sant Francesc, cloître de 33
SANT JOAN 226
Sant Joan, plage de 113
SANT LLORENÇ DES CARDASSAR 145, 226

Sant Pere, plage de 113
Sant Ramon de Penyafort, oratoire du 85
Sant Salvador, oratoire du 125
Santa Catalina 39
Santa Caterina, oratoire du 85
SANTA EUGÈNIA 224
SANTA MARGALIDA 121, 225
SANTA MARIA DEL CAMÍ 225
Santa Ponça 53
Santa Ponça, plage de 57
SANTANYÍ 18, 169
SELVA 207
SENCELLES 213
Serra de Ternelles 99
Serra de Tramuntana, site naturel de la 49, 69, 253
Serral de ses Monges 205
Ses Alqueries 225
Ses Coves 225
Ses Covetes 185
Ses Fontanelles 42
Ses Fonts de n'Alis 171, 241, 243
Ses Illetes 53, 55
Ses Olleries 225
Ses Païsses, village de 129, 260
Ses Planes 57
Ses Puntes, tour de 222
SES SALINES 177
Ses Voltes 25
SINEU 209
SÓLLER 83, 87, 256, 272
Sóller, jardin botanique de 85
Son Bauló 121, 123
Son Caliu 55
Son Carrió 145
Son Corró, sanctuaire talayotique de 219, 262
Son Durí, tour de 185
Son Fornés 215
Son Fornés, village et musée de 215
Son Fortuny 63
Son Garriga 209
Son Jordi 227
Son Macià 222
Son Mansena 213
Son Marroig 68, 80, 267
Son Mas, tour de 59
Son Maties 55
Son Moll, plage de 137
Son Peretó, basilique paleochretienne de 222, 263
Son Pou 226
Son Pou Vell, talayots de 227
Son Real 123
Son Real, propriété publique de 121
Son Real, nécropole de 121, 261
Son Serra de Marina 121, 123
SON SERVERA 141, 227
Son Simó 222
Son Torelló 209
Tafona Caimari 207
Talaia Moreia 250, 251
Tossals Verds, refuge de 85, 89, 221
VALLDEMOSSA 75, 266
VILAFRANCA DE BONANY 227
Volta des General 67

▲ Caló des Moro

▲ Orient

▲ Binifaldó

GUIDE PRATIQUE

TRANSPORTS

AÉROPORT PALMA DE MAJORQUE
Tél. 902 404 704
www.aena-aeropuertos.es

Iberia
Tél. 902 400 500
www.iberia.com
Ryanair
Tél. 00 44 871 246 0011
www.ryanair.com
Lufthansa
Tél. 902 883 882
www.lufthansa.com

BUS (AÉROPORT)
Tél. 971 214 444
www.emtpalma.es
L1 · Aéroport-Palma-Port
L2 · S'Arenal-Aéroport
Navettes d'autobus toutes les 15 minutes.

LOCATION DE VOITURES (AÉROPORT)
www.avis.es | Tél. 902 248 824
www.hertz.es | Tél. 902 402 405
www.europcar.es | Tél. 902 405 020
www.goldcar.es | Tél. 902 119 726

PORT DE PALMA
Tél. 971 228 150
www.portsdebalears.com

Balearia
Tél. 902 160 180
www.balearia.com
Trasmediterránea
Tél. 902 454 645
www.trasmediterranea.es
Iscomar
Tél. 902 119 128
www.iscomar.com

TRAIN
SFM
Lignes de train Palma-Inca, Palma-Sa Pobla et Palma-Manacor
Tél. 971 177 777
www.trensfm.com

Train de Sóller
Palma-Sólier-Port de Sóller
Tél. 902 364 711
www.trendesoller.com

URGENCES
Tél. 112

CENTRES MÉDICAUX

Hôpital Universitarie Son Espases
Palma
Tél. 871 205 000
Hôpital Son Llàtzer
Palma
Tél. 871 202 000
Hôpital de Manacor
Manacor
Tél. 971 847 000
Hôpital Régional d'Inca
Inca
Tél. 971 888 500

CENTRE DE SOINS (CAP)
De nombreuses villes et villages disposent de **Centres de soins**. Consulter les adresses sur : www.ibsalut.es

Pharmacies de garde
www.cofib.es
Tél. 971 228 888

RESEAUX SOCIAUX

@ajuntpalma
ajuntpalma
ajuntamentdepalma
ajuntamentdepalma

© Triangle Postals SL
Sant Lluís, Menorca
Tél. +34 971 150 451
triangle@triangle.cat
www.triangle.cat

Texte
© Marga Font
Photographies
© Oleguer Farriol, Hans Hansen, Ricard Pla, Biel Puig, Sebastià Torrens
Oriol Aleu, Neil Austen, Joan Colomer, Laia Moreno, Juanjo Puente, Jordi Todó, Pere Vivas
Lluís Mas, Sebastià Mas, Imma Planas, Toni Salas
Direction éditoriale
Ricard Pla
Conception graphique
Joan Colomer
Mise en page
Alba Palet, Vador Minobis
Cartes
Triangle Postals SL, Joan Esteve
Traduction
Laurent Cohen
Alice Dénoyers
Production éditoriale
Imma Planas, Aina Pla
Mercè Camerino
Imprimé à Barcelone
Creación Estelar S.L.
2-2016

DL : Me 153-2015
ISBN : 978-84-8478-637-5

Édité avec le soutien de
institut d'estudis baleàrics